Manfred Overesch
Die Deutschen und die Deutsche Frage
1945 – 1955

Manfred Overesch

Die Deutschen und die Deutsche Frage 1945 – 1955

Darstellung und Dokumente

Droste Verlag Düsseldorf

Buchhandelsausgabe des von der
Niedersächsischen Landeszentrale für politische Bildung
herausgebenen Werkes

CIP-Kurztitelaufnahme der Deutschen Bibliothek

Die Deutschen und die Deutsche Frage 1945 – 1955
Darst. u. Dokumente / Manfred Overesch.
Düsseldorf: Droste, 1985.
ISBN 3–7700–0681–X; NE: Overesch, Manfred (Hrsg.)

Einbandentwurf: Helmut Schwanen / Fotos: Archiv Rheinische Post
Gesamtherstellung: Buchdruckwerkstätten Hannover GmbH
ISBN 3–7700–0681–X

Inhalt

Der Verfasser:
Manfred Overesch

Dr. phil. habil., Professor für Geschichte und Didaktik der Geschichte an der Wissenschaftlichen Hochschule Hildesheim

Veröffentlichungen:

- Presse zwischen Lenkung und Freiheit, München 1974
- Gesamtdeutsche Illusion und westdeutsche Realität, Düsseldorf 1978
- Deutschland 1945 – 1949, Königstein 1979
- Chronik deutscher Zeitgeschichte: Politik – Wirtschaft – Kultur
  Bd. 1 (zus. mit F.-W. Saal): Die Weimarer Republik, Düsseldorf 1982
  Bd. 2, Teil I (zus. mit F.-W. Saal): Das Dritte Reich 1933 – 1939, Düsseldorf 1982
  Bd. 2, Teil II: Das Dritte Reich 1939 – 1945, Düsseldorf 1983
  Bd. 3: Das besetzte Deutschland, Düsseldorf 1985
  Bd. 4: Die Bundesrepublik Deutschland (erscheint 1986)

Vorbemerkung

Das am 8. Mai 1945 zusammengebrochene nationalsozialistische Reich beanspruchte, mehr zu sein als eine zeitgebundene Ausdrucksform deutscher Staatlichkeit und Geschichte. Es wollte ihre Vollendung sein. Zur Begründung dienten weniger rational und historisch überzeugende Argumente als vielmehr ein ebenso mythisch wie eschatologisch bestimmtes Eigenbewußtsein. Dessen Umsetzung in konkrete Politik erschöpfte sich jedoch auf der einen Seite in der Leere einer ständigen, mit theatralisch-suggestiver Choreographie vorgetragenen Selbstinszenierung, während es auf der anderen Seite in diktatorisches Handeln, politisches Morden und imperiales Unterdrücken mit apokalyptischem Ende für Deutschland und Europa entartete.

Alfred Rosenberg hatte gleich am 31. Januar 1933 im »Völkischen Beobachter« in triumphaler Selbsteinschätzung Hitlers Machtergreifung in die ihm richtig erscheinende historische Dimension eingeordnet, als er dazu schrieb, »Ströme deutscher Sehnsüchte . . . fern aus vergangenen Jahrhunderten« seien am Tag zuvor endlich in ein Bett zusammengelaufen. Carl von Ossietzky hatte jedoch am selben Tag gewußt (»Weltbühne«), wie dieser neue Strom hieß und welche Richtung er nahm: »Der Acheron schäumt.« Der Todesfluß der griechischen Mythologie schäumte auf ob seiner Last toter Seelen. Das Ende 1945 hat die Vision des Anfangs 1933, die ja auch schon in Paul Webers damaliger Lithographie zum Ausdruck kam, mehr als bestätigt.

Der erwirkte Schaden hat sich für uns heute als noch größer, denn in der lastenden Erinnerung an die über 50 Millionen Toten des 2. Weltkrieges meßbar, erwiesen. Er ist, anders als nach früheren Kriegen, in die Substanz des deutschen Volkes eingedrungen. Er hat den Deutschen ihr moralisches Selbstbewußtsein in Frage gestellt und ihnen Staat und Nation als feste Bezugsgrößen öffentlichen Lebens entzogen. Der deutsche Staat ist geteilt, die Nation, der so schwierige Bezugspunkt deutscher Geschichte, scheint durch die nationalsozialistische Hypertrophie vollends seine orientierende Kraft, die jedes Volk ihm auf natürliche Weise entnimmt, verloren zu haben, ja sie scheint sogar dem Bewußtsein der Deutschen schon weit entglitten zu sein.

Die Haftung für die Geschichte kann sich nicht in ihrer ganzen oder teilweisen Aufgabe ausdrücken. Zukunft ist nie ohne Herkunft zu gestalten. Die Renaissance der Deutschen Frage im öffentlichen Bewußtsein heute ist eine große didaktische Chance. Die DDR, der eine territorialgeschichtliche Selbstlegitimation fehlt, greift seit Jahren selektiv in das Reservoir der gesamtdeutschen Geschichte, um der ideologischen jetzt auch eine historische Begründung ihrer Staatlichkeit folgen zu lassen. Dies ist eine Herausforderung mehr. Die bundesdeutsche Öffentlichkeit darf die deutsche Geschichte nach 1945 nicht vornehmlich als eine Wirtschafts- und Sozialgeschichte, nicht als eine der formalen Demokratie aufnehmen und reflektieren. Auch eine moderne Massendemokratie findet im Schnittpunkt dieser Inhalte nicht ihre Identität, viel weniger eine gespaltene Nation. Sie muß vielmehr die Beziehung zu ihren geistig-politischen Gründungsmotiven, ihrer Existenzvoraussetzung und historischen Aufgabe stetig wachhalten. Der von den Deutschen selbst 1945 bis 1955 geführte, also innerdeutsche Dialog um diese Fundamente und Perspektiven ist weithin aus unserem Bewußtsein verdrängt.

Die vorgelegte kommentierte Quellenedition will einen Versuch machen, diese Lücke zu schließen. Die kürzer gefaßte Kommentierung hat dabei nur die Aufgabe, zu den Dokumenten als den wesentlichen Inhaltsträgern hinzuführen. Darstellungsprinzip sind nicht politologische Fragestellungen, sondern es ist der historisch-genetische Prozeß. Der Gang der Leidens-, Denk- und Handlungsprozesse der Deutschen selbst in Jahren unvergleichlicher historischer Entscheidungen wird nachgezeichnet. Am Anfang, 1945, stand das Ende der Einheit, am Ende, 1955, der Anfang der Teilung. Als sich der Umschwung deutlich abzeichnete, im Sommer 1948, fand der Westen Deutschlands die ihn treibende Entscheidungshilfe im Aufruf des Berliner Bürgermeisters Ernst Reuter, »ein Muster kraftvoller Demokratie« zu institutionalisieren. Das mitteldeutsche Land zwischen Elbe und Oder wollte ein deutsches Piemont werden. Beide sahen sich als Kern eines ferneren Deutschland. Nur selbstverständlich ist, daß die Deutschen diese Antwort auf die Deutsche Frage nicht allein gefunden haben. Ihre Nation in der geopolitischen Zentrallage Europas war immer sehr wesentlich Thema der internationalen Politik, 1945 noch mehr als etwa 1866.

Heute sehen sich die beiden deutschen Staaten in ihrem Selbstverständnis nicht anders als 1955. Erfreulich entwickeln konnte sich ihr internationales Verantwortungsbewußtsein. Geblieben sind sie füreinander gleichsam inneres Ausland, werden könnten sie vielleicht miteinander ein Deutschland zu zweit. Die historische Wahrscheinlichkeit spräche nicht dagegen, dafür spräche das ebenso emotionale wie rationale Bedürfnis der Deutschen, die Substanz ihrer gemeinsamen Geschichte gemeinsam zu erhalten und fortzuentwickeln.

Verzeichnis der Dokumente

Der innerdeutsche Dialog um die Einheit 1945 – 1955

Anfang 1950 stellte das Allensbacher Institut für Demoskopie 2000 Personen, die man als repräsentativen bundesdeutschen Bevölkerungsquerschnitt ansah, die Frage: »Welcher große Deutsche hat Ihrer Ansicht nach am meisten für Deutschland geleistet?« 41 % der Befragten setzten Otto von Bismarck an die erste Stelle, in weitem Abstand folgten Friedrich d. Gr. (8 %) und Hindenburg (7%); an die vierte Stelle kam Goethe mit 5 %, Luther rangierte nach Wilhelm II. (3 %) und vor dem Frh. vom Stein (2 %) auf dem sechsten Platz. Sicherlich wird man dieses demoskopische Ergebnis in erster Linie als eine Statistik der Erinnerungsbilder öffentlich sichtbarer und personifizierter geschichtlicher Größe ansehen müssen. Bismarck war – und ist nach wie vor – die vielerorts herausgestellte, häufig sogar monumental faßbare Person deutscher Geschichte. Aber man wird in seiner überdimensionierten Bewertung 1950 auch die Ablehnung der damals seit einem halben Jahr zur politischen Tatsache gewordenen deutschen Teilung sehen können.

Dok. 61

Offensichtlich wirkte der Verlust der nationalen Einheit auf das öffentliche Bewußtsein stärker ein als der Gewinn der Freiheit. Das Gefühl für das Ende war mächtiger als das Empfinden für den Neuanfang auf der Basis einer endlich, zumindest in einem Teil Deutschlands, politisch durchgesetzten freiheitlich-demokratischen Grundordnung gemäß den Ideen aus der ersten Hälfte des 19. Jahrhunderts. Wie anders wäre sonst der Umstand zu deuten, daß in der Bewertungsskala der Frh. vom Stein so deutlich auch noch hinter einem Hindenburg rangierte?

Mit der Allensbacher Befragung korrespondierte 1950 eine andere öffentliche Aktion der Meinungsforschung zur Deutschlandpolitik. Im Sommer dieses Jahres setzte der RIAS ein Preisausschreiben zum Thema »Der nächste Schritt zur deutschen Einheit in Freiheit« aus. Bis zum Stichtag, dem 18. September 1950, gingen dem Berliner Rundfunksender 19764 Zuschriften zu, 13807 aus der DDR, 4272 aus Berlin und der Rest aus Westdeutschland. Erste Preise (je 1000 DM) erzielten Einsendungen aus der DDR. Beide, das Allensbacher Institut und der RIAS, artikulierten auf diese Weise mit ihren jeweiligen Mitteln dasselbe Bewußtsein der Deutschen in Ost und West, das Leiden an der deutschen Teilung.

Dok. 65

Mit beiden Aussagen über das öffentliche Bewußtsein der Deutschen beiderseits der Elbe im Gleichklang stand damals das Empfinden des bundesdeutschen Staatsoberhauptes. Als die Bundesrepublik Deutschland am 7. September 1950 erstmalig durch die Feier eines nationalen Gedenktages sich und der Welt den Wiedervereinigungsauftrag des Grundgesetzes in Erinnerung rief, klagte Heuss vor dem Deutschen Bundestag in der ihm eigenen bildhaften und oft von musischen Anklängen durchsetzten Sprache darüber, daß »die Geschichtsmelodie Deutschland zerbrochen« sei. In dem Wort schwingt unüberhörbar eine Melancholie mit, die im Zeichen erfahrener Apokalypse die einzig gebotene Ausdrucksform von Humanität ist. Es ist aber auch ein politisches Urteil gesprochen, vornehmlich im Blick auf die seit 1945 gewachsene Realität einer staatlichen Teilung in Deutschland. Der Bundespräsident ging in seiner Rede nicht der Frage nach, ob es vor 1945 eine kontinuierliche deutsche Geschichtsmelodie gegeben haben könnte, die sogar mit einem nationalen »basso continuo« unterlegt gewesen wäre.

Fragen nach einer solchen Kontinuität würden schnell sichtbar machen, daß die politische Geschichte der Deutschen eine solche thematische Stetigkeit entbehrt, da sie nicht durch nationale Gestimmtheit in internationaler Berechenbarkeit gekennzeichnet ist. Im Gegenteil, sie ist gerade hier voller Dichotomien und Brüche, gekennzeichnet von Hypertrophien und Apokalypsen. Ohne Überdehnung und Beschränkung, also ohne Identitätsstörung haben die Deutschen kein politisches Leben von einiger Dauer aufzubauen vermocht. Die europäischen Randstaaten haben die europäische Mitte aber auch nicht ungestört nach der nationalstaatlichen Identität suchen lassen. Wir fassen diese zumindest seit 1648 gegebene historische Tatsache als Deutsche Frage.

Die Antwort, die Bismarck zwischen 1866 und 1871 auf diese Frage fand – der machtpolitisch und territorial saturierte preußisch-deutsche Einheitsstaat unter Ausschluß Österreichs in einer Europa beherrschenden geopolitischen Zentrallage –, war wegen eines internationalen Glücksfalls (Lähmung Rußlands durch den Krimkrieg, Ablenkung Englands und Frankreichs durch den amerikanischen Bürgerkrieg) möglich geworden. Als der Kraftakt 1866 eingeleitet wurde, urteilte der Völkerrechtler Constantin Franz: »Die deutsche Frage ist das dunkelste, verwickeltste und umfassendste Problem der ganzen neueren Geschichte.« Die europäischen Nachbarn, allen voran Frankreich, waren aus eigener Staatsräson bemüht gewesen, dieses Problem weiterhin deutlich unterhalb der Schwelle einer nationalen Einheit der Deutschen als »gelöst« zu behandeln. Im selben Stufenjahr der Geschichte, 1866, erinnerte Adolphe Thiers vor der Pariser Deputiertenkammer die Deutschen daran, »daß das oberste Prinzip darin besteht, daß sich Deutschland aus unabhängigen Staaten zusammensetzt, die nur durch einen losen föderativen Faden verbunden sind. Das war das beim Abschluß des Westfälischen Friedens von ganz Europa verkündete Prinzip.«

Nun, Napoleon selbst hatte die Deutschen verstärkt auf den Weg zur nationalen Einheit gewiesen. Als Bismarck am 18. Januar 1871 auf französischem Boden ihren Vollzug proklamierte, schäumte die Begeisterung in Deutschland über. Das Empfinden des Historikers Heinrich von Sybel, wenige Tage später an einen Freund geschrieben, kann als Zeugnis für viele gelten: »Die Tränen fließen mir über die Backen. Wodurch hat man die Gnade Gottes verdient, so große und mächtige Kriege erleben zu dürfen? Wie wird man nachher leben? Was zwanzig Jahre der Inhalt alles Wünschens und Strebens gewesen, das ist nun in so unendlich herrlicher Weise erfüllt! Woher soll man in meinen Lebensjahren noch einen neuen Inhalt für das weitere Leben nehmen?«

Die Erfüllung der Reichseinheit war nicht so unendlich herrlich, wie es Sybel empfand oder die politische Didaktik der Zeit in Monumenten (Niederwald-Denkmal, Kölner Dom, Goslarer Kaiserpfalz u. a.) zu demonstrieren suchte. Bismarcks Antwort auf die Deutsche Frage war innenpolitisch unzulänglich geblieben. Die nationale Identität war in der Priorität der Einheit gefunden worden, nicht der Freiheit. Derselbe Dichter und Professor für Ästhetik, dem wir das Frühlingslied »Der Mai ist gekommen« verdanken, Emanuel Geibel, formte auch den Zweizeiler: »Und es mag am deutschen Wesen/Einmal noch die Welt genesen.« Darin fanden die folgende wilhelminische Ära und mehr noch spätere Jahrzehnte ein willkommenes mystisches Kampfsignal. Die Einheit entglitt den Deutschen schnell in nationale und imperiale Hypertrophien und in deren Folge erneut in internationale Abhängigkeiten. An dem apokalyptischen Ende, 1945, waren sie nicht nur wieder vor 1871 zurückgeworfen, sondern wegen der sie belastenden – und nur natürlichen – Schuldgefühle und der nun bipolar strukturierten Weltlage, deren Antagonismen sich gerade auf deutschem Boden manifestierten, auch in eine wesentlich ungünstigere Ausgangsposition geraten. Von der Geschichte ebenso wie von der damaligen Gegenwart ernüchtert und in gewisser Weise orientierungslos gemacht, schrieb Dolf Sternberger 1949: »Wir wissen nicht, wer wir sind. Das ist die Deutsche Frage.« Constantin Franz war 1949 wieder genauso aktuell geworden, wie er es 1866 war.

Heute, nach zwei Jahrzehnten deutschlandpolitischer Lethargie, in denen die mitteldeutsche Bevölkerung zu einer Nischengesellschaft politisch verkümmert und die westdeutsche in eine Wirtschaftsgemeinschaft deutschsprachiger Konsumenten abgeglitten ist, ist die Renaissance einer nationalen Bewußtseinswilligkeit zu beobachten, mehr noch das Bemühen um eine deutsche Identität jenseits einer traditionellen nationalstaatlichen Lösung auffällig und zu begrüßen. Deutschlandpolitische Lösungsvorstellungen von 1950 wären heute, eine Generation später, so nicht mehr denkbar, opportun oder realistisch. Die 1945 erfolgte Teilung des erst 74 Jahre zuvor gegründeten deutschen Nationalstaates ist zu einem stabilisierenden Faktor der europäischen, mehr noch der globalen Politik geworden. Beide deutsche Staaten wurden in der Vorphase ihrer Gründung zu konstitutiven Teilen des bipolaren Antagonismus, nach 1949 wuchsen sie in steter Zunahme zu unverzichtbaren und unersetzbaren Bestandteilen ihres jeweiligen Lagers heran. Die Deutsche Frage mit der traditionellen Form eines Nationalstaates beantworten zu wollen hieße deswegen, einen regressiven Schritt in die Geschichte zu tun. Schon dessen Versuch müßte für die Deutschen selbst und das sie umgebende politische Umfeld – rebus sic stantibus – destabilisierend wirken. Eine progressive Lösung müßte es sein, etwa in Gestalt einer deutsch-deutschen Konföderation. Sie könnte einerseits den Deutschen das berechtigte Verlangen nach einer erfahrbaren gesamtdeutschen Identität erfüllen, während sie auf der anderen Seite den Weltmächten ihre Vorzonen beließe, diese aber für jene zu unmittelbareren Begegnungszonen für Friedensdialoge würden.

Dennoch, Vorstellungen zur staatlichen Struktur und politischen Kultur in Deutschland, 1945-1955 reflektiert und geäußert aus dem Erlebnis der verschuldeten und erlittenen nationalsozialistischen Geschichtsphase, stetig verändert in der Erfahrung der allmählich entstehenden und sich dann verfestigenden deutschen Teilung, können heute die erneute Suche nach der deutschen Identität begleiten, vertiefen, mitunter sogar sektoral beantworten. Die Auswahl der Dokumente ist so getroffen, daß neben tagespolitischer Gebundenheit und individueller Abhängigkeit bewußt Denkelemente zum Ausdruck kommen, die auf eine neue und neuartige Zukunft des nationalen und internationalen Lebens, allerdings auch vor dem Hintergrund historischer Tradition auf deutschem Boden, hinweisen.

Den Anfang ihrer Reflexionen setzt für viele Autoren das Erlebnis Hitler. Auch wenn die Machtübertragung an ihn 1933 durch die Aktualität politischer, sozialer und wirtschaftlicher Miseren am Ende der Weimarer Republik, durch Fehleinschätzungen und menschliche Unzulänglichkeiten, durch Latenzen in der deutschen Volksseele und Permanenzen demokratisch-parlamentarischer Unerfahrenheit der Handlungsträger bedingt ist, bleibt ein ungeklärter Rest. Kurt Schumachers Wort, den Nationalsozialisten in einer tumultuarischen forensischen Szene am 23. Februar 1932 vor dem Reichstag entgegengehalten – »Die ganze nationalsozialistische Agitation ist ein dauernder Appell an den inneren Schweinehund des Menschen. Wenn wir irgend etwas beim Nationalsozialismus anerkennen, dann ist es die Tatsache, daß ihm zum ersten Mal in der deutschen Politik die restlose Mobilisierung der menschlichen Dummheit gelungen ist.«, interessanterweise an jenem Tag, an dem der braunschweigische Innenminister Klagges Hitler wegen dessen angeblicher »hoher wissenschaftlicher Befähigung (›Mein Kampf‹)« zum Professor mit dem »Lehrauftrag für organische Gesellschaftslehre und Politik« an der dortigen Technischen Hochschule machen wollte –: Schumachers intuitives Bonmot hat viele zu nachfolgender Analyse veranlaßt. Eine in ihrem Ergebnis durchaus rätselhaft bleibende, aber durch das abwägende Bemühen bestechende ist die Thomas Manns. Das Essay »Bruder Hitler« des *Dok. 1*
durch den Nationalsozialismus frühzeitig zur Emigration gezwungenen Dichters bringt dessen angewiderte Verwunderung über Hitler gerade in jenen

Tagen zum Ausdruck, in denen dieser die Krisis seiner Macht erlebte. Die deutsche Wehrmacht war zehn Tage zuvor auf dem Hradschin in Prag einmarschiert, Chamberlain hatte das Ende der Appeasement-Politik verkündet (17. März), Hitler war in Berlin mit dem von Speer inszenierten Lichttunnel empfangen worden (19. März). Die Ambivalenz des Augenblicks war unübersehbar. Die Schlachtschiffe »Bismarck« und »Tirpitz«, stählerne Kolosse mit modernster Waffentechnik und Namen hegemonialen Klangs, liefen gerade vom Stapel, während das KdF-Flaggschiff »Robert Ley«, propagiertes Sinnbild einer beglückten Volksgemeinschaft, für seine Jungfernreise zu den Kanarischen Inseln vorbereitet wurde. Auch im Inland bekamen Aufschwung und Mobilität ein neues Zeichen. Bei Siegburg wurde die erste Autobahn-Raststätte eröffnet. Jedoch 162 734 Deutsche saßen nach offizieller Gestapo-Statistik in diesem Augenblick in Schutzhaft.

Allen, die an einer solchen Lösung der Deutschen Frage mitwirkten oder sich ihr aus Opportunität anpaßten, schrieb zwei Jahre später Lion Feuchtwanger
Dok. 2 die Kritik ins Buch. Sein »Offener Brief an sieben Berliner Schauspieler« nahm das größte nationalsozialistische Verbrechen, den Antisemitismus, aus Feuchtwangers Roman »Jud Süß«, diesen verfälschend, entlehnt und in einem gleichnamigen Film demonstriert, zum Anlaß, die Umkehr der Werte zu beklagen, das Opfern der Wahrheit vor dem verordneten Geist der Zeit.

Der Brief bezog auch die Zukunft mit ein, das Unvermögen zur Sühne, das viele Deutsche nach dem Kriege ihre Mitwirkung am Dritten Reich wie einen abgetragenen Mantel ablegen ließ. Der Prozeß gegen Veit Harlan, den Regisseur des Films »Jud Süß«, 1952 in Hamburg durchgeführt, mit einem Freispruch endend, wird Feuchtwangers Ahnen von 1941 als berechtigt erweisen.

Der Publizist Theodor Wolff hatte am 31. Januar 1933 den Mut, im »Berliner Tageblatt« eine andere Zukunft Deutschlands als die des Tausendjährigen Reiches vorauszusagen: »Ja, man hat an einem Tag viel erreicht, man wird gewiß noch mehr erreichen, aber man wird nicht verhindern, daß in einem großen Volke seelischer und geistiger Widerstand wächst und wartet, seinem eigenen Tage entgegenschwebt.« Dieser Widerstand kämpfte für ein anderes Deutschland. Claus Schenk Graf von Stauffenberg rief es mit seinem letzten Atemzug in die Nacht des 20. Juli 1944: »Es lebe das heilige Deutschland.« Sein Mitkämpfer, Henning von Treskow, zur selben Stunde an der Ostfront in der Hoffnung, daß Gott Deutschland »nicht vernichten wird«, den Tod suchend, hatte in aussichtsloser Lage, nach der alliierten Invasion in der Normandie, dazu geraten, dennoch »vor der Welt und vor der Geschichte« den Willen der Deutschen zu belegen, sich selbst von Hitler zu befreien. Wir wissen, daß die Widerstandskämpfer, die um den 20. Juli zu gruppieren sind, eine überzeugende demokratische Alternative zur nationalsozialistischen Diktatur nicht boten. Carl Friedrich Goerdeler z. B. muß das mit seinen eher großdeutschen außen- wie auch seinen fast antipluralistischen innenpolitischen Vorstellungen bezeugen. Doch gerade dessen noch 1943, nach Stalingrad und Tunis, erkennbare politische Naivität, Hitler durch ein persönliches Gespräch zum notwendigen Rücktritt bewegen zu können, verweist auf den hohen moralischen Kern dieser Männer, auf ihr unbedingtes Rechtsbewußtsein und ihre Wahrheitsverpflichtung. *Dok. 3*

Nicht befangen von einer eigenen eher national-konservativen Vergangenheit konnten andere Widerstandskämpfer freier und progressiver über eine neue Zukunft Deutschlands nachdenken. Hermann Brill steht mit seinem Buchenwalder Manifest »Für Frieden, Freiheit, Sozialismus« für eine solche Richtung. *Dok. 4* Das Erlebnis der thüringischen Politik in den zwanziger Jahren, die von dem extremen Machtbegehren der Kommunisten und Nationalsozialisten geprägt war, die Erfahrung Buchenwalds, des international geläufigen Begriffs für deutsche Konzentrationslager schlechthin, das, anders als das in der Ferne und Fremde errichtete Auschwitz, im Herzen Deutschlands lag, wo Kultur und Geschichte, Reformation, Klassik und Sozialdemokratie eine Landschaft gleichermaßen geprägt hatten, der stetige und existenzielle, vom Tode bedrohte Kontakt mit anderen Häftlingen aus ganz Europa, all dies trug Einflüsse in das Buchenwalder Manifest hinein. Entworfen, »um Deutschland aus diesem geschichtlich beispiellosen Zusammenbruch zu retten und ihm wieder Achtung und Vertrauen im Rat der Nationen zu verschaffen«, will es der politischen Arbeit einer ganzen Generation Konzept des Neubeginnens sein. Nach einer Phase umfassender politischer Säuberung, einer weitgehenden Entmilitarisierung (nur eine Volksmiliz war vorgesehen) und einer behutsamen sozial-ökonomischen Umgestaltung sollten Stufen einer allmählichen demokratisch-parlamentarischen Gestaltung des öffentlichen Lebens, verstanden als gleichzeitiger geistig-politischer Bildungsprozeß, beschritten werden. Der stets internationale Kontext der Deutschen Frage wurde durch den neuen Begriff »des deutschen Europäers« gewürdigt. Der zu diesem Zeitpunkt (13. April 1945) vom Konzentrationslager Buchenwald aus noch nicht erfahrbare bipolare Strukturwandel der Weltpolitik ließ Brill zu durchaus modernen außenpolitischen Vorschlägen kommen, zu einer eher konföderativen Europapolitik »im engsten Einvernehmen« mit der Sowjetunion und im Rahmen der globalen Friedenssicherung durch die UNO.

1945

Das Erlebnis des 8. Mai 1945 ist nicht von einem revolutionären Akt begleitet. Der Zusammenbruch war zu total, eine nennenswerte Aktionsmasse nicht vorhanden, die Erschöpfung aller zu groß. Nachdem sich schon vorher der Hauptakteur, der seinen Anspruch auf heldische Größe stets mit einer theatralisch-suggestiven Choreographie (siehe Leni Riefenstahls Film

»Triumph des Willens«, 1934/35) inszenieren ließ, »wie ein gescheiterter Hasardeur der Chapeau-claque-Ära« (Joachim Fest) auf einem Plüschsofa neben seiner angetrauten Mätresse das Leben genommen hatte, konnten seine Kommandoträger an den Fronten nur noch sagen: »Es ist aus. Stillgestanden. Weggetreten« (Tagebuch Wolfgang Paul). Antreten mußten nun andere Deutsche, jene, die sich durch ihren Lebensnachweis berufen fühlen durften, eine neue Antwort auf die Deutsche Frage zu versuchen. Die ersten Beiträge wiesen in eine ethisch-geistige Dimension. Theodor Heuss fragte am 9. Mai, dem 140. Todestag Friedrich Schillers, vorsichtig nach der Möglichkeit einer
Dok. 5 geistigen Renaissance mit Hilfe der Freiheit. Doch er wußte wohl selbst, daß das Ende des die Deutschen schändenden zwölfjährigen nationalsozialistischen Reiches nicht mit 1806 vergleichbar war, dem Ende des damals überlebten tausendjährigen heiligen römischen Reiches deutscher Nation, dem Schiller die Hoffnung auf eine durch die Dauer unverderbbarer, geistiger und moralischer Werte bestimmte und erneuerte »deutsche Größe« entnommen hatte. Thomas Mann wies am 10. Mai in ähnlicher Weise auf »den freien
Dok. 6 Geist« als Wegweiser durch die »Jahre der Unmacht zur Selbstbesinnung und abbüßenden Erniedrigung«.

Ihm wie vielen anderen war in diesen ersten Nachkriegsmonaten die »Rückkehr Deutschlands zur Menschlichkeit« vorrangiges Ziel, erreichbar vielleicht mit dem Einsatz eines befreiten Geistes. Reputation durch geistig-moralische Dignität schien nach Jahren des Ungeistes – Schumacher am 6. Mai 1945 in Hannover: »Letzten Endes ist die ›nationale Revolution‹ von 1933 nichts weiter als der Aufstand der Taugenichtse.« – einen Weg in eine Zukunft zu weisen. Manche haben diesen Ansatz überspitzt: Der erste bayerische Kultusminister Franz Fendt etwa schlug 1946 vor, in der ehemaligen nationalsozialistischen Bildungsanstalt Sonthofen eine Weltuniversität, »ein neues Athen«, zu errichten, andere dachten für denselben Zweck an das unfertig gebliebene KdF-Bad auf Rügen. Der Neuhumanist Werner Jaeger sah Europa »politisch endgültig Provinz« geworden und wollte Deutschland den Weg eines neuen Hellenenvolkes weisen. An Eduard Spranger schrieb er am 26. Mai 1948: »Wir sind jetzt hellenistische, exilierte oder insulierte Griechen geworden.«

Nicht alle dachten so unpolitisch. Johannes R. Becher gehört zu einer anderen Gruppe politischer Vordenker. Bei der Gründung des Kulturbundes zur
Dok. 7 demokratischen Erneuerung Deutschlands in Berlin am 4. Juli 1945 sprach er einem eher eingeschränkten Gebrauch der Freiheit das Wort. Auch wenn er das humanistische Erbe der Deutschen beschwor, ließ er durch dessen einseitige Anbindung an die Arbeiterbewegung bei gleichzeitiger Verbeugung vor der »freiheitlichen Menschenordnung« in der Sowjetunion politische Zielsetzungen besonderer Art erkennen. Ein selektiver Umgang mit der deutschen Geschichte meldete sich hier ebenso an wie ein durch politische Vorentschei-

dungen gefärbtes Bild anderer Staaten. Bachs Passions-Choral über die Auferstehung, dem Leiden des deutschen Volkes 1945 sicher eine angemessene Zukunftsmusik, später im Text der DDR-Hymne wieder aufgegriffen, wurde von Becher mit fragwürdigen Zielen eines geistigen und politischen Neubeginns verknüpft.

Andere Stimmen haben diese Einengung bewußt vermieden, ja abgelehnt, haben den Studenten des ersten Nachkriegssemesters (WS 45/46) als der zukünftigen geistigen Elite den Weg des Weltbürgers mit der abendländischen Kultur als geistiger Heimat gewiesen, oder sie haben sich selbst als Studenten *Dok. 14* für diesen Weg, fern der traditionellen Mensur und Kneipe, ausgesprochen. *Dok. 11* So hoffte man, aus empfundener und bekannter Schuld neues Ansehen in der *Dok. 9* Welt gewinnen zu können.

Eine erste politische Analyse der neu gestellten Deutschen Frage hat Wilhelm Röpke vorgelegt. Der Nationalökonom, der am 8. Februar 1933 vor der Marburger Universität mutig den nationalsozialistisch inszenierten »Massenaufstand gegen Vernunft, Freiheit, Humanität« angegriffen hatte und danach in die Emigration nach Genf gegangen war, veröffentlichte dort Anfang Juli 1945 das erste Nachkriegsbuch über »Die deutsche Frage«. Kerngedanken der von ihm gewünschten dreifachen Revolution, der moralischen, politischen und wirtschaftlich-sozialen, sollten die Rückbesinnung auf »die unvergänglichen letzten Werte unserer abendländischen Kultur«, die föderative Neuordnung Deutschlands als einer »Nation von Nationen« und eine antikollektivistische Wirtschafts- und Sozialordnung sein. Alle drei Forderungen *Dok. 8* wurden von ihm als eine heilsame Abkehr von der »verpreußten« deutschen Geschichte verstanden.

Dem Wissenschaftler Röpke ist der Politiker Adenauer entgegenzustellen. Adenauers Denkschrift an den Duisburger Oberbürgermeister Weitz vom 31. Oktober 1945 reißt in knappen Sätzen die politischen Realitäten nach dem Zweiten Weltkrieg, das daraus sich ergebende neue Weltbild und die deutschen Konsequenzen auf. Auch Adenauer lehnte die Fortdauer einer *Dok. 10* preußisch-deutschen Geschichtsphase ab, sicher aus der Analyse des inneren Gefüges preußisch-deutscher Staatlichkeit und ihrer außenpolitischen Entartung in den letzten 75 Jahren, auch aus persönlichem Ressentiment. Hier urteilte er wie Röpke. Über diesen hinaus ging sein Verständnis der abendländischen Geschichte, deren geistige Dimension bei Antike und Christentum, deren politische Konkretion mit Karl dem Großen begann; über Röpke hinaus ging vor allen Dingen Adenauers außenpolitische Analyse. Essenz dieser Gedanken war ein klares politisches Programm: »Der nicht von Rußland besetzte Teil Deutschlands ist ein integrierender Teil Westeuropas.« Die deutsche Teilung und die Integration eines freiheitlich-demokratischen westdeutschen Rechtsstaates in eine westliche europäische Union markierten Adenauers politische Grundentscheidung und setzten eine gesamtdeutsche Staat-

lichkeit als Antwort auf die Deutsche Frage nach dem Zweiten Weltkrieg an eine hintere Stelle der Prioritätenliste. Anders urteilten in diesem Augenblick Adenauers große politische Gegenspieler: Heuss hielt trotz des »Schat-
Dok. 13 tens der Ohnmacht«, der über den Deutschen lag, an der politischen Einheit fest, für Schumacher war sie ebenfalls nicht disponibel, er wollte sie nur ganz anders fundiert sehen, als dies in den letzten vierhundert Jahren vorbereitet worden war, d. h., für ihn war sie Ergebnis eines innenpolitischen Ringens
Dok. 12 um die Freiheit.

Am Ende des Jahres 1945 wies der Freiburger Historiker Gerhard Ritter darauf hin, daß wohl der Nationalstaatsgedanke des 19. Jahrhunderts obsolet, eine europäische Union unter Aufgabe nationaler Eigenständigkeit aber Vi-
Dok. 15 sion wäre. Wichtiger noch dies: Ritter zeigte die Konsequenz von Adenauers Programm; der Vorrang westdeutscher Bedürfnisse würde eine Preisgabe des Ostens bedeuten. Noch konnte Ritter es sich indessen nicht vorstellen, daß mit diesem »Osten« bald auch Mitteldeutschland gemeint sein würde. Etwas mehr als ein Jahr später, am 21. März 1947, wird ein Lektor für Slawistik (Manfred Hellmann) an der Leipziger Universität in der »Göttinger Universitäts-Zeitung« schreiben: »Vergessen Sie nie, daß wir hier kein ›Osten‹ sind, daß zum Beispiel Thüringen vor noch nicht allzu langer Zeit das ›grüne Herz Deutschlands‹ genannt wurde.« Doch gerade einen solchen Bewußtseinswandel werden die politischen Ereignisse der späteren 40er Jahre bewirken. Die geographischen Bezüge der Deutschen Frage werden sich verändern.

1946

Das Jahr 1946 ist für die Entwicklung hin zur staatlichen Teilung in Deutschland von herausragender Vorbedeutung; zwei Chiffren, die Gründung der SED am 21./22. April und der gescheiterte Versuch einer ersten gesamtdeutschen Konferenz in Bremen am 4./5. Oktober, machen das deutlich. Kein Politiker hat zu diesem Zeitpunkt die Spannweite der deutschen Geschichte, die sich darin auswirkende innere Polarität des deutschen Volkes, so auf kurze Begriffe gebracht wie Heuss in seiner Festrede zum Gedenken an den 18.
Dok. 16 März 1848, gehalten am 18. März 1946 in Berlin vor dem Kulturbund zur demokratischen Erneuerung Deutschlands. Geistige Welten, aber auch ein anderes Maß an historischer Aufrichtigkeit, trennen ihn dabei von jener Rede, die Becher bei der Gründung dieses Bundes am 4. Juli 1945 gehalten hatte, eine Nähe verbindet ihn mit dem damals an der Leipziger Universität lehren-
Dok. 7 den Philosophen Hans-Georg Gadamer und dessen späterer Rede über
Dok. 29 »Ziele und Aufgaben des Kulturbundes«.

Heuss griff aus der Geschichte die polare Spannung des deutschen Wesens, den »Überschwang des Denkens« hier und die in seinen Worten »spaßige

Subalternität« dort, auf, zeichnete die Geschichte der Freiheitskriege in Deutschland als die Geschichte von Niederlagen nach und charakterisierte mit Trauer und Sarkasmus die Konsequenzen von Polarität und Geschichtsverlauf in der Zeit des Nationalsozialismus: »Der nordische Mensch, Piefke aus Moabit, als Herrenmensch und Held«. Die Lösung von Antike und Christentum hat für sein Urteil die Barbarei erleichtert. Jetzt war der »Schimmer von Größe« dem Reich genommen, der »Schatten der Ohnmacht« ihm auferlegt, das »Ungewisse« stand bevor.

Die Russen haben diese Meisterleistung einer historischen und phänomenologischen Ansprache der politischen Kultur im Deutschland der letzten zwei Jahrhunderte zu verbreiten verboten, in ihrem Sinne verständlich, denn der Weg zu einer undemokratischen Antwort auf die Frage nach der politischen Zukunft in Deutschland war durch die Vorbereitung der SED-Gründung beschritten. Der »offene Brief aus der Provinz Sachsens« vom 15. April 1946 offenbart, hält man ihn offiziellen Kommentaren der Machthaber in der sowjetischen Zone gegenüber, des Volkes Stimme dagegen. Mehr noch offenbart ein demonstratives Ereignis anderer Art die Krisis des Augenblicks. *Dok. 17*

Die erste Leipziger Frühjahrsmesse, bewußt am 1. Jahrestag der Kapitulation, am 8. Mai 1946, als Zeichen des Neuanfangs eröffnet, zeigt in den auf sie bezogenen und von ihrem Erlebnis abgeleiteten Kommentaren die widersprüchlichen Reaktionen auf die als politische Herausforderung empfundene SED-Gründung. Auf der einen Seite ist der Wille zur Anerkennung einer großen Leistung der Messeorganisation zur spüren , die aus Trümmern für 2746 Firmen (1933 : 6292) ein Ausstellungsgelände (25 % von 1933) und ihren Besuchern eine exquisite Versorgung (Zigaretten und Alkohol) bereitete. Auf der anderen Seite wird ein Blick hinter die Kulissen geworfen, z. B. an den Fahrdamm, wo sich an der Stelle des abgebauten zweiten Gleises in Kisten Demontagegüter für den Abtransport in den Osten stapeln, in die leeren Fabrikhallen und leeren Gesichter der Menschen, die hier – wie überall in Deutschland – um das tägliche Überleben kämpfen. Politischer dann dies: In dem einen Bericht über die Leipziger Messe ist die Würdigung einer gerade durch sie in Anfängen erfahrbar werdenden Wirtschaftseinheit in Deutschland (Vorsatz des Potsdamer Kommuniqués) zu lesen, in dem anderen der durch die beginnende Flucht in den Westen erfahrbar werdende Anfang der Teilung Deutschlands. *Dok. 19, 20, 21, 22* *Dok. 20*

Beiden Journalisten sind zwei Politiker an die Seite zu stellen, Hans Schlange-Schöningen, der Beauftragte für Wirtschaft und Ernährung in der britischen Zone, und Rudolf Müller, der Wirtschaftsminister aus Hessen. Beide haben zur Messezeit Thüringen und Sachsen bereist und greifen in ihren Berichten weit über den Journalismus des Tages hinaus. Der eine votiert aus den Erfahrungen des sich in Mitteldeutschland organisierenden »Sowjet-Pufferstaats« für eine schnelle und zielklare Westpolitik, in der Hoffnung, *Dok. 21*

Dok. 22 daß die wirtschaftliche Prosperität eines westdeutschen Staates Magnetwirkung auf den Osten ausüben werde; der andere empfiehlt, der drohenden Teilung den unbedingten und opferbereiten Willen des Westens zur Einheit entgegenzusetzen. In der krisenhaften, aber noch nicht verfestigten politischen Situation in Deutschland rät der hessische Minister für das offene Ringen um den Erhalt der Einheit. Eine Abschließung des Westens diene der SED, eine offensive Begegnung, verbündet mit dem »geistigen Hunger der Bewohner der Ostzone«, werde diese Partei schwächen: »Die nackte Lebensfrage und Rettung des organischen deutschen Körpers müßte die letzte Energie eines jeden deutschen Politikers beanspruchen.«

Es ist nicht überraschend, daß gerade der hessische Wirtschaftsminister ein so beredtes Plädoyer für das Bemühen um die Einheit Deutschlands führte, war es doch dessen Ministerpräsident Karl Geiler, der als erster westzonaler Regierungschef mit einem Vertreter der Ostzone, dem thüringischen Ministerpräsidenten Paul, schon im Spätherbst 1945 Kontakte anknüpfte. Diese hatten am 26./27. Januar 1946 in Weimar und am 25. – 28. April 1946 in Wiesbaden zu wechselseitigen Begegnungen geführt. Von wirtschaftlichen Kontakten ging man aus, zu politischen suchte man zu kommen. Noch ehe sich die Ministerpräsidenten der amerikanischen und britischen Zone in Stuttgart trafen und dort am 3. April 1946 ein erstes mehrzonales Bekenntnis »Für die deutsche Einheit« abgaben, suchten Hessen und Thüringen – seit den Missionsreisen eines Bonifatius im 8. Jahrhundert Herzländer an der Ost-West-Naht in Deutschland –, für eine gesamtdeutsche Zukunft zu wirken. Auch wenn der frühere Jenaer Rechtsanwalt und Angehörige der DDP, Rudolf Paul, eine schillernde Person, willfähriger Parteigänger der Sowjets – denen er beim Einmarsch in Gera einen triumphalen Empfang bereitete: »Dr. Paul fuhr der Panzerspitze der Sowjettruppen im offenen Kraftwagen entgegen, verhandelte mit dem sowjetischen Panzergeneral über das Festprogramm und bereitete alles so großartig vor, als ob Adolf Hitler zum Parteitage erwartet würde«, Urteil Hermann Brills – und der SED – deren politische Ziele er auf der Münchener Ministerpräsidenten-Konferenz unverhüllt und naiv vertreten wird –, ein weniger gewichtiger Partner Geilers war, hat die dritte Begegnung beider im August 1946 in Weimar, als sich die Entscheidung für die Bizone abzuzeichnen begann, zu dem einzigen gesamtdeutschen
Dok. 28 Kommuniqué geführt. In der Konsequenz dieses Aufrufs für die deutsche Einheit ist das Bemühen um die erste gesamtdeutsche Konferenz der Ministerpräsidenten in Bremen am 4./5. Oktober 1946 zu sehen.

Nach der Gründung der SED und vor der Gründung der Bizone, im Sommer 1946, verlieren die Analysen zur Deutschen Frage im Westen mehr und mehr ihren vorher in der Regel selbstverständlichen gesamtdeutschen Bezugsrahmen, in der Ostzone dagegen wird die nationale Einheit vehement in den Vordergrund gestellt. Vorbereitung und Verlauf der Bremer Konferenz können das nachweisen. Der Augenblick ist im Westen darüber hinaus von deutlicher werdenden Fürsprachen für eine europäische Union gezeichnet. Noch ehe Churchill seine Züricher Europarede hielt (19. September 1946), hatten viele, z. B. Henry Bernhard, ehemals Sekretär Gustav Stresemanns, diesen Gedanken öffentlich vorgetragen, war in Schwerte im August 1946 eine »Deutsche Liga für die föderalistische Union Europas« gegründet worden und was da mehr an Zeugnissen dieser Art zu verzeichnen wäre, z. B. die Artikel der »Frankfurter Hefte« oder jene Erklärung, die der Regierungschef von Rheinland-Pfalz, von Boden, vor dem Landtag am 16. Dezember 1946 mit dem Bekenntnis einleitete: »Hoch leben die Vereinigten Freistaaten Deutschlands, hoch das konföderierte republikanische Europa!« *Dok. 18*

Es gibt auch Gegenstimmen, zu den markantesten gehört die Jakob Kaisers, der in seiner großen Rede für den christlichen Sozialismus als Staatsform in Deutschland am 16. Juni 1946 ebenso deutlich einer Priorität der Vereinigten Staaten von Europa vor der deutschen Einheit widersprach. Als unmittelbare Antwort auf Kaiser ist die gleichfalls ideenreiche Rede Schumachers vom 20. Juni zu begreifen. Der Sozialdemokrat wollte zum einen den Sozialismus als politische Ideologie den bürgerlichen Parteien absprechen und der Arbeiterbewegung belassen, das war ein großes Thema zwischen Teilen der CDU und der SPD 1946/47 im Westen Deutschlands. Zum anderen stellte auch Schumacher ein vereinigtes Europa, errichtet gar unter Aufgabe nationaler Eigenständigkeiten, der Einheit Deutschlands hintan. Dieser Gedanke ist für Schumacher bestimmend geblieben. Noch in seinem letzten Interview, das er am 6. August 1952, zwei Wochen vor seinem Tode, auf dem Höhepunkt der Diskussion über die Stalin-Noten, dem NWDR gab, ist zu lesen: »Die Wiedervereinigung Deutschlands ist ein Ziel, das unserer Meinung nach vordringlicher und für die Befriedung und Neuordnung Europas wichtiger ist als jede Form der Integration.« Schumacher gab damals auch einen erwägenswerten Grund an: »Die Teilung Deutschlands ist die große Kraftquelle der kommunistischen Politik in Europa.« Ähnliches hatte auch der hessische Wirtschaftminister Müller am 17. Mai 1946 gesagt, ähnliches wird man der Diskussion über die Deutsche Frage 1950 – 52 entnehmen können. *Dok. 24* *Dok. 25* *Dok. 22*

In die Ereignisse des Sommers 1946 greifen die Vorboten des Kalten Krieges mit ein; sie lassen innerdeutsche Entscheidungen abhängiger werden, indem sie den stets internationalen Kontext der Deutsche Frage betonen. Gustav Stolper, der in seinem amerikanischen Exil durch seine Analyse der deutschen Lage einen bedeutenden Initiativbeitrag für Idee und Durchführung des Marshallplans geleistet hat, schrieb seinem langjährigen politischen Freund Theodor Heuss am 8. Juni 1946 über die ihm in der Neuen Welt sichtbar gewordene Tendenz der internationalen Politik: das Ende des europazentrischen Weltbildes und den Beginn einer bipolaren »balance of power around the world«. Deutschland werde darin seine beiden Plätze finden müs- *Dok. 23* sen. Die Deutsche Frage wäre mit der Zweiteilung Deutschlands zu beantworten.

Natürlich sah das Walter Ulbricht anders, der wenige Tage später, am 23.
Dok. 26 Juni 1946, dem Einfluß der Alliierten auf den Gang des deutschen Schicksals widersprach und mit dem ganzen Vokabular eines SED-Agitators, gestützt auf eine zentrale Konferenz des Parteivorstandes der SED, die Einheit Deutschlands durch die politische Einheit ihrer Arbeiterschaft für erreichbar erklärte. Die demokratische Legitimation ostzonaler Parteiführer blieb unbefragt, blieb hinter der Parole »Einheit Deutschlands« verdeckt. Von der angesprochenen SED-Tagung am 18. – 20. Juni 1946 geht die Arbeit dieser Partei direkt in den »Entwurf einer Verfassung der Deutschen Demokratischen Republik«, der im Dezember 1946 vorgelegt wurde, über. Den Hinter-
Dok. 27 gedanken dieser Aktion legte Heuss offen: »Die Einheit des Reiches wird in einem sowjetischen Deutschland gesichert sein.«

Doch kehren wir zur Bremer Konferenz zurück. Der einladende Bürgermeister Wilhelm Kaisen hatte im Spätsommer das zutreffende Empfinden, daß die deutsche Nachkriegsentwicklung eine Nahtstelle erreicht hatte. Die aufkeimende Diskussion über eine wirtschaftliche Vereinigung mehrerer Zonen als Weg zumindest aus der materiellen Not heraus förderte im Westen eine Denkbereitschaft für eine – vorübergehende – politische Teilung. Kaisen setzte dagegen: »Unsere Zukunft wird nicht allein durch die materiellen und verwaltungsmäßigen Zugeständnisse entschieden, die uns die Alliierten machen, sondern mehr durch den geistigen Beitrag, den wir selbst leisten.« Einen solchen geistigen Beitrag sah Geiler, einer der Initiatoren der Bremer Konferenz, durch eine bewußt politische, der deutschen Tradition des frühen
Dok. 30 19. Jahrhunderts entnommene Programmatik erbracht: »Einigkeit, Recht und Freiheit« sollte das Konferenzthema heißen. Es kam nicht dazu. Der Tenor war zu markant; man schwächte ihn auf der Tagung ab und entwarf einen für Ost und West verbindlicheren Vorschlag zu Errichtung eines vorläufigen Länder- und eines Volksrates in Deutschland.

Dok. 32 Dennoch gab die Reaktion der SED zu erkennen, daß ihre Bereitschaft zu ernsthaften Gesprächen hinter einer verhüllenden Propaganda mit der nationalen Einheit weit zurückstand. Die von ihr mit aller Dynamik und starker russischer Unterstützung geführten Wahlen in der SBZ vom 20. Oktober 1946 brachten ihr dort keine demokratische Legitimation, wo diese Partei mit der SPD konkurrieren mußte, in Berlin.

So steht den Deutschen am Ende des Jahres 1946 die Einheit ihres Staates zur Disposition. Darüber vermag auch nicht das Planziel einer gesamtdeutschen Regierungsmannschaft hinwegtäuschen, das unter dem Datum des 27. De-
Dok. 34 zember 1946 vorliegt, verfaßt im Umkreis des Berliner Bürgermeisters Ferdinand Friedensburg. Die zur selben Zeit initiierte Gründung des »Deutschen

Büros für Friedensfragen« ist in gleicher Weise zu bewerten. Öffentlich dachte man im Westen über die Verlagerung einer deutschen Hauptstadt von Berlin in den Westen oder gar Südwesten nach. Die Teilung des Staates als Antwort auf die Deutsche Frage wird 1947 von den Deutschen selbst offen betrieben. *Dok. 33*

1947

Der bayerische Ministerpräsident Hans Ehard, der im Entscheidungsjahr der deutschen Teilung, 1947, ein wesentlicher Handlungsträger war, sagte in seiner Neujahrsbotschaft, 1947 berge »in seinem Schoße wohl mit die schwersten und bedeutungsvollsten Entscheidungen . . ., die je in der deutschen Geschichte gefällt wurden«. Die zum 1. Januar 1947 Wirklichkeit gewordene Bizone, also die wirtschaftliche Vereinigung der amerikanischen und britischen Zone, hat eine solche Vorschau sicher beeinflußt, mehr aber noch die 1946 deutlich gewordene, jetzt auch von den Deutschen nachvollzogene bipolare Suche nach einer Antwort auf die Deutsche Frage. Man kann diese Bipolarität jenen beiden Dokumenten entnehmen, die in unmittelbarem Bezug zur ersten Deutschlandkonferenz der alliierten Außenminister in Moskau im Frühjahr 1947 stehen, dem Aufruf zu einem »Volksentscheid für die Einheit Deutschlands« der SED vom 1. März 1947 und den »Richtlinien für den Aufbau der deutschen Republik« der SPD 14 Tage später. Jener Aufruf umgeht in seiner Forderung nach einem »Einheitsstaat« notwendige Ausführungen zum demokratischen modus procedendi, fordert stattdessen den Nachvollzug der in der SBZ eingeleiteten inneren Umgestaltung auch im Westen und erhebt die SED vorausgreifend zur stärksten Partei in ganz Deutschland; die SPD-Richtlinien dagegen erläutern dezidiert den Prozeß einer Staatsgründung durch Wahlen und Nationalversammlung, sprechen die Organe eines solchen Staates, dessen Gefüge als Bundesstaat – und nicht Staatenbund – und Ausrichtung auf ein übergreifendes Europa an. *Dok. 35* *Dok. 36*

Angesichts dieser grundlegenden deutschlandpolitischen Kontroverse, hier in Dokumenten von SPD und SED notiert, ist der Vorschlag der Gründung einer nationalen Repräsentation, den Kreise der CDU Mitte März 1947 machten, natürlich unrealistisch. Jakob Kaiser, der wesentliche Initiator der Idee einer nationalen Repräsentation, sah aus ihrer Realisierung Chancen eines gesamtdeutschen Dialogs der Parteien als der wesentlichen gesamtdeutschen Handlungsträger erwachsen. Die SED war nun einmal da, also mußte sie als Gesprächspartner angenommen werden. Schumacher wollte aus seiner – vielleicht zu starren – antikommunistischen Grundhaltung heraus die Grenzen zu einer in ihrem gesamtdeutschen Handlungsauftrag wenig legitimierten SED nicht verwischen. Partnerschaft mit ihr in einer nationalen Repräsentation hätte das aber getan, sie wäre – in Schumachers Worten – ein »Muddel« gewesen. Kaiser dachte weiter. Eine nationale Repräsentation *Dok. 37*

zwischen west- und mitteldeutschen Funktionsträgern hätte das von ihm favorisierte außenpolitische Konzept eines gesamtdeutschen Staates als Brücke zwischen Ost und West innenpolitisch ergänzt. Zu dieser Brückentheorie hören wir ihn gerade in diesen Märztagen auf einer Kundgebung aller Parteien der SBZ auf der Leipziger Messe am 6. März 1947 u. a. sagen: »Wir werden immer den Standpunkt vertreten, daß unser Volk weder die östliche noch die westliche Sprache mechanisch übernehmen kann. Das deutsche Volk will und muß seine eigene Sprache sprechen. Aber es möchte eine Sprache sprechen, daß es zum ehrlichen Mittler werden kann zwischen Ost
Dok. 41,42 und West«.

Der Vorschlag einer nationalen Repräsentation war auch ein innenpolitisches Signal im Westen gegen die gesamtdeutschen Aktivitäten der Ministerpräsidenten. Diese fühlten sich angesichts einer fehlenden Reichsspitze legitimiert, ja berechtigt, treuhänderisch für Gesamtdeutschland zu handeln. Aber gerade eine solche Aktivlegitimation sprachen ihnen alle Parteien aller Zonen mit Hinweis auf ihren letztlich nur regionalen (Land) Handlungsrahmen ab. Der Streit entzündete sich besonders an der Münchener Ministerpräsidentenkonferenz.

Diese Konferenz vom 6./7. Juni 1947 mit dem hochpolitischen Vorabend am 5. Juni ist zum Symbol der deutschen Teilung geworden, nach dem Scheitern der alliierten Moskauer Konferenz im Frühjahr 1947 nun im Frühsommer
Dok. 38,39 desselben Jahres »another Moscou« auf deutschem Boden. Hans Ehard, offizieller Initiator und Vorsitzender der Konferenz, hat den Austritt der Ministerpräsidenten der sowjetischen Zone in der Nacht zum 6. Juni mit dem Bemerken kommentiert, »daß dieser Vorfall die Spaltung Deutschlands bedeutet«. Die Dramatik der vorangegangenen Diskussion hat ein so klares Urteil sicher begünstigt. Es spricht sich darin mehr als eine momentane Empfindung aus; Ehard warf einen richtigen Blick auf die historische Bedeutung des Augenblicks. Dies hat ihn Stunden später, als die Teilnehmer am Morgen des 6. Juni durch ein imposantes Pferdespalier zur offiziellen Eröffnung der Konferenz gekommen waren, nicht daran gehindert, diese Einsicht wieder umzukehren und ein öffentliches Bekenntnis zu Deutschland in den Grenzen des Jahres 1937 abzulegen: »Trotz der Aufspaltung Deutschlands in vier Zonen geben wir keinen Teil unseres deutschen Vaterlandes auf. Trotz des Weggangs der Ministerpräsidenten der Ostzone bleiben wir auch diesem Teile Deutschlands zutiefst verbunden. Den deutschen Osten und Berlin betrachten wir als lebenswichtige Bestandteile Deutschlands. Vor allen Beratungen und Erwägungen wollen wir gemeinsam das Bekenntnis ablegen, in welchem sich der Herzenswunsch und die glühende Sehnsucht aller Teile Deutschlands zu Worten formt: Alle deutschen Länder sollen untrennbar sein, und gemeinsam wollen wir den Weg bauen für eine bessere Zukunft des einen deutschen Volkes.«

Man darf nicht übersehen, daß mit dem Pathos eines solchen Bekenntnisses damals schlichte gesamtdeutsche Sprachlosigkeit, ja Sprechunwilligkeit kontrastierte. Die eher gegeneinander als miteinander geführte Diskussion während der Vorbereitungswochen im Mai offenbart das ebenso wie das Protokoll der Vorbesprechung am Abend des 5. Juni. Die darin festgehaltene Empfehlung des ostzonalen Delegationsleiters Rudolf Paul, Ministerpräsident Thüringens, den Tagesordnungspunkt »Bildung einer deutschen Zentralverwaltung durch Verständigung der demokratischen deutschen Parteien und Gewerkschaften zur Schaffung eines deutschen Einheitsstaates« aufzunehmen, weil er in »nicht mehr als 15 – 20 Minuten« abzuhandeln sei, spielte natürlich die Ost-Berliner Grundsatzforderung zu einer Bagatelle herunter.

Die ostzonalen Ministerpräsidenten wollten eine – zumindest einleitende – politische Konferenz-Thematik, um in einem offiziellen Bekenntnis festgelegt zu sehen, daß gesamtdeutsche Diskussionen plebiszitäreren Instanzen (Parteien und Gewerkschaften) zuzuweisen seien. Der SED wäre so der von ihr wiederholt angestrebte Schritt auf die gesamtdeutsche Szene ermöglicht worden. Trotz eines fundamentalen Gegensatzes in der Ideologie konnte die SED bei dieser Forderung zumindest eine formale Begegnungsebene mit der SPD konstatieren, hatte doch Schumacher gerade erst und häufig vorher allen Ministerpräsidenten die sog. Aktivlegitimation für eine Beratung oder gar Beschlußfassung in gesamtdeutschen Themen abgesprochen. Ihre politischen Chancen im Westen überschätzte die SED allerdings gewaltig. Die Berliner Wahlen vom 20. Oktober 1946 hatten offenbart, daß diese Partei durch eine politische Einheit Deutschlands ins politische Abseits geraten wäre.

Das zog man im Westen nicht genügend ins Kalkül ein. In der konkreten Situation vor und während der Münchener Konferenz wollten sich die westzonalen Teilnehmer nicht aus ihrer selbsterstrebten Rolle einer gesamtdeutschen Treuhandstelle drängen lassen. Übertriebenes Prestigebedürfnis und die falsche Hoffnung, durch die ökonomische Magnetisierung des Westens die in der gerade gegründeten Bizone liegende Gefahr der politischen Teilung Deutschlands in eine Chance für deren Einheit umzuwandeln, waren vorherrschend.

Darüber hinaus wirkten auf die Haltung der westzonalen Entscheidungsträger in München ihre große Unkenntnis der tatsächlichen Lage im Osten ein und ihre übertriebene Angst vor dem Kommunismus, die sogar durch die Tatsache, daß Berlin und die Ostzone stärker an Deutschlands Einheit hingen als der Westen, nicht gemildert werden konnte. Ferner muß man die westdeutsche Neigung, die seit der Truman-Doktrin besonders demonstrative Härte der Westmächte gegen den Kommunismus nachzuahmen, nennen, dazu die verlockende Aussicht auf wachsende Prosperität im Westen und schließlich auch die unelastische Verhandlungsführung Ehards, der die ostzonalen Ministerpräsidenten nicht einmal in eine diplomatische Verlegenheit brachte, sondern sie in dem von ihnen gesuchten Vorwand zur Abreise noch unterstützte.

Diese offiziellen und inoffiziellen Positionen und atmosphärischen Ängste bestimmten in einem wichtigen, wenn auch nicht unbedingt noch entscheidenden historischen Augenblick die realen Verhaltensweisen. Zutreffend wird die Konferenz beurteilt durch das etwas melodramatisch klingende Urteil der »Süddeutschen Zeitung« vom 7. Juni 1947: »Es gehört zu der Tragik der Deutschen, daß sie in geschichtlichen Augenblicken nicht in der Lage sind, in gemeinsamen Schicksalsfragen einen gemeinsamen Nenner zu finden.« Die Kennzeichnung Münchens als »another Moscou«, die ein amerikanischer Journalist fand, war zutreffend. Die Deutschen vollzogen die Uneinigkeit der Alliierten nach. *Dok. 20*

Natürlich war das Urteil etwas einseitig, das Ernst Thape, damals Volksbildungsminister in Sachsen-Anhalt, nach einer Reise durch Süd- und Südwestdeutschland an seinen ehemaligen Buchenwalder Mithäftling, den späteren ersten Ministerpräsidenten von Thüringen und damaligen Staatssekretär in der Wiesbadener Staatskanzlei, Hermann Brill, am 4. Juli 1947 schrieb: »Ich hatte auf dieser Reise . . . den Eindruck, daß sich das Wort ›Deutschland‹ immer leiser anhört, je weiter man nach Südwesten kommt. In der französischen Zone . . . vernahm ich es überhaupt nicht mehr!« Gerade Thapes damaliger Regierungschef, Erhard Hübener, hielt am Ende des Jahres 1947 vor dem Landtag in Halle ein durch den historischen Rückgriff auf die Dichotomien und Brüche der deutschen Geschichte bemerkenswertes Plädoyer für die deutsche Einheit. *Dok. 43* Aber Hübener war eine politisch isolierte Stimme in der Ostzone. Man muß die generelle Linie der SED im Auge behalten, ihr 1947 nicht mehr übersehbares Streben nach einem Sowjet-Deutschland. Unübertroffen scheint mir jenes Bonmot zu sein, mit dem Kurt Schumacher im August 1947 in Berlin diese grundlegende deutschlandpolitische Tendenz der SED erfaßte: »Wir haben den echten Separatismus hier im Osten erlebt. Das deutsche Volk will zueinander, aber die deutschen Kommunisten, das sind die Separatisten der Ostzone . . . Und da erklären wir deutschen Sozialdemokraten gegenüber der Politik dieser kommunistischen SED: Wir Sozialdemokraten, wir wollen die demokratische Republik, aber wir wollen nicht die Volksrepublik Sepistan.«

Vor diesem Hintergrund sind die Anfang November 1947 von dem Deutschen Büro für Friedensfragen den Ministerpräsidenten der amerikanischen Zone als Handlungsmaxime unterbreiteten Vorschläge zu verstehen, beim – damals vorhersehbaren – Scheitern der am 25. November in London beginnenden alliierten Außenministerkonferenz den Amerikanern und Briten anzutragen, *Dok. 40* »daß für die deutschen Weststaaten ein neues staatsrechtliches Provisorium geschaffen werden muß«. Das Aide mémoire enthielt sogar die später von vielen gebrauchte sogenannte Berlin-Klausel: »In bezug auf Berlin müßten die Regierungschefs die Erklärung abgeben, daß sie alles tun werden, um Berlin lebensfähig zu erhalten«.

In der Antwort auf die Deutsche Frage war ein historischer Augenblick erreicht. Der Generalsekretär des Länderrats in der amerikanischen Zone, Erich Roßmann, beschwor ihn am 11. November 1947 im Berliner »Tagesspiegel«: »Historische Stunden im Leben einer Nation kann man nicht herbeirufen. Sie kommen in der Stunde der Erfüllung, im Auftrage einer höheren Notwendigkeit, oder sie kommen überhaupt nicht. Sind sie aber da und werden sie nicht wahrgenommen, dann bringt sie keine Ewigkeit zurück.« Jakob Kaiser suchte diese historische Stunde am 30. November noch einmal mit einem beschwörenden Appell für die Einheit Deutschlands, der das spätere Symbol seiner Teilung, die Mauer, visionär einbezog, abzuwenden: »Deutschland wird nicht dadurch gesunden, daß man der marxistischen Gefahr ein liberales System entgegenstellt und dann zwischen beiden eine Mauer errichtet. Östliche und westliche Besatzungsmächte müssen den Weg freigeben zur eigenen Auseinandersetzung im deutschen Volk selbst.« Zu dieser Auseinandersetzung ist es nicht gekommen. Das haben vorher getroffene Grundentscheidungen beider Seiten und wechselseitige Verdächtigungen bewirkt. Wenig überzeugend, ja aufgesetzt wirkte die Leidenschaft, mit der Konrad Adenauer, damals Vorsitzender der CDU in der britischen Zone, vor dem Zonenbeirat in Hamburg am 24. November das Geschehen in London kommentierte: »Ich finde, daß uns Deutsche der Gedanke an die Londoner Konferenz, an das, was jetzt in London über das deutsche Geschick entschieden oder nicht entschieden wird, tagtäglich erfüllen muß, daß das wirklich das Wesentlichste und Wichtigste ist, was es jetzt für jeden Deutschen gibt. Darum glaube ich, daß wir alle der deutschen Öffentlichkeit, wo immer es möglich ist, klar machen müssen, daß dort jetzt in London sich unser Geschick erfüllt und daß je nach dem Ausfall dieser Konferenz Entscheidungen getroffen werden, die für uns Deutsche, ohne daß wir irgendwie dabei mitwirken können, von der größten Tragweite für lange Zeit sein werden«. Man muß erkennen, daß auch Westdeutsche die Entscheidungen für eine deutsche Teilung mitgetragen und vorbereitet haben; Adenauer gehört in diesen Kreis.

Auch die SED konterkarierte jetzt ihre gesamtdeutsche Propaganda durch eine zielgerichtete Teilstaatsgründung; am 6./7. Dezember 1947 lud sie in den alten Berliner Admiralspalast zu einem »Volkskongreß für Einheit und gerechten Frieden« ein, einen Kongreß, aus dem – ohne direkte demokratische Legitimierung – im Oktober 1949 die DDR-Volkskammer hervorging. *Dok. 44*

Zu diesem Zeitpunkt, offiziell am 18. Dezember 1947, schrieb in New York Gustav Stolper das Schlußwort seines Buches »German Realities« (»Die deutsche Wirklichkeit«). Es zeigt das Gewicht der Deutschen Frage in seiner

ganzen politischen Perspektive. Die innerdeutsche Grenze wird, so meint Stolper, den westdeutschen Staat zu einer Grenzmark gen Osten machen. Die ottonische Ostpolitik des hohen Mittelalters und die folgenden deutschen Kaiser tauchen aus der Geschichte in der Gegenwart wieder auf. »Asien steht an der Elbe« hatte Adenauer am 16. März 1946 an einen anderen politischen Freund in den USA (Sollmann) geschrieben. Gustav Stolper
Dok. 45 führte Ende 1947 die Konsequenz dieses Gedankens aus. Ein westdeutscher Staat schien zu einer innerdeutschen und westeuropäischen Notwendigkeit geworden zu sein. Noch war zu diesem Zeitpunkt das deutsch-französische Verhältnis unklar, aber eine Lösungsnotwendigkeit auf dem Weg zu dem höheren Ziel, einer freiheitlich-demokratischen und rechtsstaatlichen Gemeinschaft wirtschaftlich prosperierender westeuropäischer Staaten, erkannt. Der Chefredakteur des »Rheinischen Merkur« schrieb am 1. Januar 1948 denn auch: »Es gibt für das westelbische Deutschland keinen anderen Trost, als daß es im Machtbereich von Staaten belassen ist, mit denen es seine geistige Tradition, seine Ansicht von Freiheit und Recht, von Demokratie und
Dok. 46 Selbstverwaltung gemeinsam hat«. Richard Tüngel von der »Zeit« tröstete unter demselben Datum, man werde ja ein »Kern-Deutschland, das seiner Idee nach von Beginn an das ganze Deutschland wäre«, gründen. Ein letztes
Dok. 47 gesamtdeutsches Forum vor der staatlichen Teilung, die Konferenz der deutschen Kultusminister in Stuttgart am 19./20. Februar 1948, offenbarte, daß auch die bildungspolitischen Entscheidungen inzwischen zwei grundsätzlich andere Richtungen genommen hatten. Daran vermochte auch das heere Bekenntnis des interzonalen gesamtdeutschen Studententages in Berlin Ende
Dok. 48 Januar 1948 zur deutschen Einheit nichts zu ändern. Deutsche Studenten vermochten nach dem 2. Weltkrieg keine Wartburg-Signale von 1817 in die bipolare Realität deutscher Politik zu senden.

1948/49

Das Jahr 1948 steht für den Vollzug der 1947 getroffenen Entscheidung in der Deutschen Frage. Der hundertste Jahrestag der Revolution von 1948 gab der politischen Diskussion im Westen ein willkommenes Stichwort: Freiheit. Hatten die Deutschen im 19. Jahrhundert ihre nationale Identität durch den Vorrang der Einheit gesucht, so war es nach dem offensichtlichen Scheitern dieses Weges jetzt an der Zeit, die Freiheit vor die Einheit zu stellen und so die deutsche Identität (zumindest schon einmal im Westen Deutschlands) zu
Dok. 49 suchen. Die Ambivalenz einer solchen Entscheidung, »die grausame Tatsache des vorläufigen Endes der gesamtdeutschen Geschichte«, von Alfred
Dok. 50 Weber zum Jahrestag der Kapitulation am 8. Mai 1948 warnend angesprochen, zu entnehmen auch der durch Walter Hallstein, damals Rektor der Frankfurter Goethe-Universität, ausgesprochenen Ablehnung einer im We-

sten Berlins zu gründenden Freien Universität, wurde vielerorts empfunden, drückte sich in Vorbehalten aus, besonders in dem Begriff »Provisorium«, blieb aber letztlich politisch wirkungslos. *Dok. 51*

Die durch die Währungsreform eröffnete Aussicht auf einen baldigen wirtschaftlichen Aufschwung im Westen und das Erlebnis der Berliner Blockade, von Ernst Reuter wirkungsvoll im Westen bekanntgemacht, boten faktische und emotionale Hilfestellungen beim jetzt, im Sommer 1948, zu wagenden Sprung über die nationale Barriere im Westen Deutschlands. Ein »Rumpf-Deutschland, das den Anspruch erhebt, Gesamtdeutschland zu repräsentieren«, für das »eine den Aufgaben der Übergangszeit dienende Ordnung der Hoheitsbefugnisse« zu schaffen wäre, dieses Wort, das Carlo Schmid Mitte August 1948 vor dem Verfassungskonvent auf der Insel Herrenchiemsee prägte, ist zum Gründungsmotto der Bundesrepublik Deutschland geworden. Eine solche Formel sollte dabei helfen, wie Schmid es bei einer anderen Gelegenheit sagte, in der Entscheidung über die Deutsche Frage »das Eis am Treiben zu halten, aber unbedingt notwendige Entscheidungsschritte zu tun.« *Dok. 56* *Dok. 52*

Ähnlich war der Vorschlag zu verstehen, den Theodor Heuss vor dem Parlamentarischen Rat für eine Präambel des Grundgesetzes der Bundesrepublik Deutschland einbrachte. Heuss plädierte für eine Rechtsordnung, die klar zu erkennen gab, daß die Deutschen im Westen von dem Willen erfüllt waren, »über die von der Notlage der Zeit erzwungene Teillösung hinaus an dem unverzichtbaren Recht auf die freie Gestaltung des nationalen Gesamtlebens festzuhalten«. Ein solcher Teilstaat sollte nicht die Bezeichnung »Reich« tragen, aber aber auch nicht »Bund deutscher Länder«, sondern »Bundesrepublik Deutschland« heißen. *Dok. 53*

Nur natürlich ist, daß die Handlungsträger östlich der Elbe den westdeutschen Entscheidungsprozeß mit scharfer Kritik begleiteten, aber ihrerseits den Weg über den Volkskongreß zum Volksrat und schließlich zur Volkskammer konsequent fortgingen. Den Vorwurf undemokratischer Verfahrensweisen im Westen haben sie allerdings nicht durch eine demokratische auf ihrer Seite entkräftet. Am 8. Mai 1949, dem erneuten Jahrestag der Kapitulation, wies Carlo Schmid unmittelbar vor der Abstimmung über das Grundgesetz vor dem Parlamentarischen Rat auf das Wesentliche des Augenblicks aus westdeutscher Sicht hin: »Diese Ordnung wird der Bauriß für einen Notbau sein. Diese Ordnung wird nicht die Verfassung Deuschlands sein«. Das »Manifest an das deutsche Volk«, das die SED auf dem 3. deutschen Volkskongreß am 30. Mai 1949 beschließen ließ, kann nur den Wert eines propagandistischen nationalen Etiketts auf dem bewußt beschrittenen Weg in die DDR beanspruchen. *Dok. 54* *Dok. 55* *Dok. 57*

Als die drei westlichen Alliierten auf einer Konferenz mit den westdeutschen Ministerpräsidenten am 26. Juli 1948 in Frankfurt/Main nach einer fast vier

Wochen dauernden Diskussion die Modifizierung der Frankfurter Dokumente zugestanden (keine Nationalversammlung, sondern ein Parlamentarischer Rat, keine Verfassung, sondern ein »basic constitutional law« = Grundgesetz, kein Volksentscheid über dessen Annahme, sondern eine Ratifizierung durch die Länderparlamente) und die Genehmigung für die Konstituierung des Parlamentarischen Rates gaben, offenbarte die nun vorzunehmende Wahl eines geeigneten Tagungsortes noch einmal das den westdeutschen Politikern in seiner grundsätzlichen Dimension vor Augen stehende Problem: man wollte lediglich ein »Provisorium« oder »Transitorium«, ein »Gebilde für den Übergang« von einer momentan als notwendig angesehenen westdeutschen Teilstaatlichkeit zu einer späteren Gesamtstaatlichkeit in Deutschland. Mehrere Orte wurden für den Parlamentarischen Rat vorgeschlagen, sieben näher spezifiziert: Karlsruhe, Frankfurt/Main, Koblenz, Bonn, Köln, Düsseldorf und Celle.

Die interessantesten historisch-politischen Überlegungen stellte Friedrich Töpper, Oberbürgermeister von Karlsruhe, für die Bewerbung seiner Stadt an: »Von hier aus wurde vor nunmehr genau 100 Jahren das Banner der Freiheit erhoben, um die auch damals zerrissene deutsche Einheit auf demokratischer Grundlage wieder herzustellen. In dem denkwürdigen Jahr 1848 wurde in Karlsruhe . . . zum ersten Mal aus der Mitte des damaligen Badischen Landtages heraus die Forderung nach einem deutschen Parlament erhoben. Glühende und überzeugte Verfechter der Freiheit und der Einheit Deutschlands gaben von hier aus den Ansporn zu Gedanken und Forderungen, die später in Frankfurt und in Berlin sowie in den übrigen deutschen Ländern begeisterte Nachahmung fanden. Der früheste Raum demokratischer und freiheitlicher Bestrebungen Deutschlands lag in Baden und seiner Landeshauptstadt Karlsruhe.« 1848 – 1948: Die »geschichtliche Vorlage« Karlsruhes sollte 100 Jahre später einen Impuls für die endliche Vollendung der Demokratie in Deutschland geben.

Obwohl man 1948 im Westen bewußt mit der Freiheitsidee von 1848 zu einer neuen Staatlichkeit in Deutschland gehen wollte – das verstand man unter einer westelbischen Deutschlandpolitik –, gliederte die geschichtliche Vorlage Karlsruhes diese Stadt aus dem Kreis der Bewerber um die Tagungsstätte für den Parlamentarischen Rat aus. Man sah das politische Gewicht Karlsruhes als zu groß an. Die historische Dimension der Stadt kontrastierte zu sehr mit der Absicht, ein »Provisorium« für ein westdeutsches »Gebilde des Übergangs« zu schaffen. Dennoch: Ein provisorisches Grundgesetz sollte politische Maßstäbe für ein neues Deutschland setzen; das hatte im Frühjahr 1848 der Badische Landtag auch getan. Insofern scheint mir die Entscheidung gegen Karlsruhe 1948 nicht ausreichend begründet, ja sogar falsch zu sein. Daß man für Bonn die dort heimischen 48er Politiker Gottfried Kinkel und Carl Schurz in Erinnerung rief, wirkte doch zu blaß. Allenfalls könnten für Bonn die dort erhaltene Infrastruktur (Gebäude, Bibliotheken, örtliche Anbindung an ruhig gelegene Kurorte) und eine gewisse Kleinstadtidylle sprechen, läßt man einmal persönliche Motive außer acht. Wieder einmal sollte der Name einer kleinen Stadt mit dem politischen Aufbau in Deutschland verbunden sein: Potsdam, Weimar, Bonn.

1950 – 1955

Die ebenso aus Adenauers Verständnis von europäischer Geschichte und ihrer aus Antike und Christentum abgeleiteten politischen Kultur erwachsene wie aus der konkreten Erfahrung der deutschen Geschichte des 20. Jahrhunderts, insbesondere der nach dem 1. Weltkrieg, entwickelte Prioritätenliste westdeutscher Politik – Freiheit, Sicherheit, Souveränität, Wiedervereinigung – gibt Maßstäbe und Rangfolge seiner gesamtdeutschen Politik zu Beginn der 50er Jahre an. Bekenntnis und Anspruch, die Bundesrepublik sei der »Kernstaat« Deutschlands, vorgetragen in Adenauers erster Regierungserklärung vor dem Deutschen Bundestag am 20. September 1949, sind ohne Zweifel ernst gemeint, da wohl begründet. Sie sind jedoch dem Verlangen nach einer weiter zu festigenden politischen Freiheit, einer zu erwerbenden militärischen Sicherheit und einer innen- wie außenpolitischen Souveränität eines westdeutschen Teilstaates nachgeordnet. Nicht eine offene und demzufolge riskante innerdeutsche Diskussion über die Einheit konnte für Adenauer den Weg zu ihr ebnen, sondern allein eine »Politik der Stärke«. Diese war ja schon durch die Theorie einer ökonomischen Magnetisierung des Westens im Mai 1947 eingeleitet worden. Sie wurde in den Augen ihrer Vertreter jetzt, nach der Gründung zweier deutscher Staaten, durch die im Westen Deutschlands politisch realisierte Freiheit nur noch von einer ideellen Dimension überhöht. Vor diesem Hintergrund muß man die seit dem Spätjahr 1949 versuchte Antwort auf die Deutsche Frage beurteilen und verstehen.

Etwas anders verhält es sich mit der DDR. Auch Pieck und Grotewohl erhoben am 11./12. Oktober 1949 vor der Volkskammer den Anspruch, die DDR sei »Kerngebiet« eines neuen Deutschland. Die Begründung wurde hier mit stetigen Hinweisen auf einen antifaschistisch-demokratisch genannten, in der Wirklichkeit aber russisch-sozialistisch praktizierten Strukturwandel des ganzen öffentlichen Lebens, interpretiert als Gebot und Erfüllung deutscher Geschichte, gegeben. Bei diesem Ausgangspunkt wurde die Deutschlandpolitik nicht unter die Devise der Freiheit, sondern unter die der Einheit gestellt.

Die Bundesregierung hat mit ihrer Erklärung vom 21. Oktober 1949 noch einmal die Genese der von Alliierten und Deutschen zu verantwortenden deutschen Teilung nach dem Zweiten Weltkrieg aufgezeigt. Zugleich konkretisierte sie den Freiheitsgrundsatz in der Forderung nach freien Wahlen *Dok. 58* und stellte fortan diese als demokratische Legitimierung einer jeden gesamtdeutschen Regierung in den Mittelpunkt der Deutschen Frage. Die nachfolgenden Diskussionen, geführt auf den Ebenen unabhängiger, offiziöser und offizieller Pressekampagnen sowie amtlicher Korrespondenzen zwischen den beiden deutschen Staaten, stets begleitet von den Allierten und kulminierend in deren diplomatischen Noten von 1952, machten gesamtdeutsche Wahlen zum thematischen Angelpunkt einer Wiedervereinigungspolitik.

Als erster hatte der amerikanische Hohe Kommissar McCloy diesen Ball in die politische Arena geworfen, als er vor der Presse am 8. Februar 1950 gesamtdeutsche Wahlen als den richtigen Weg zur Wiedervereinigung vorschlug. Die Bundesregierung griff ihn sofort auf und machte vor der Presse *Dok. 62* und in einer großen Regierungserklärung am 22. März 1950 Vorschläge über den modus procedendi: Erlaß eines Wahlgesetzes, Wahlen zu einer Nationalversammlung und Erarbeitung einer Verfassung durch diese. Bonn verband den Vorschlag solcher Verfahrensweisen mit konkreten politischen Forderungen, die insbesondere der freien Betätigung aller Parteien in ganz Deutschland galten. Die Opposition im Deutschen Bundestag gab dieselbe *Dok. 63* Meinung kund. Schuhmachers Statement, vor der Presse gegeben, zeigte die Schwierigkeiten auf: für die Bundesregierung waren freie Wahlen unbedingter Anfang einer gesamtdeutschen Politik, für die DDR-Machthaber dagegen erst in einem späteren Stadium akzeptabel.

Es ist bemerkenswert, daß die Anfang 1950 eingeleitete Wahldebatte von der DDR innerhalb von 1½ Jahren unter stetiger Reduktion ihrer Ausgangsposition bis zu dem Punkt geführt worden ist, wo sie am 15. September 1951 durch den Präsidenten der Volkskammer, Dieckmann, in dessen Schreiben an Ehlers, den Präsidenten des Deutschen Bundestages, das Angebot machte, zuerst und vor allem anderen »über die Abhaltung freier gesamtdeutscher Wahlen mit dem Ziel der Bildung eines einheitlichen demokratischen und friedlie- *Dok. 77* benden Deutschland« mit sich reden zu lassen. Der DDR-Präsident Pieck wiederholte in seinem Brief an Bundespräsident Heuss vom 2. November *Dok. 79* 1951 dieses Angebot. Warum ging der Westen nicht darauf ein?

Das Jahr 1950 sah die Führung der DDR in einer stetigen, sehr demonstrativ vorgetragenen, in den Aktionsweisen ständig wechselnden, in der thematischen Ausrichtung aber konsequenten Propaganda für die deutsche Einheit. Es galt, der durchaus als Herausforderung – von der DDR-Bevölkerung als Gegenstand der Sehnsucht – empfundenen Gründung eines demokratisch legitimierten westdeutschen Staates mit dem Vorwurf der Abspaltung dieses Staates und der Forderung nach einem friedliebenden Gesamtdeutschland entgegenzutreten. Pieck leitete am 3. Januar 1950 die Reihe der Aktionen mit seinem Vorschlag, einen nationalen Kongreß der Nationalen Front in Westdeutschland einzurichten, ein (zu dessen Programm vgl. Dok. 60). Ein solches Forum sollte die demokratische Pluralität in der Bundesrepublik zu

Gunsten jener seit dem August 1945 in Mitteldeutschland praktizierten Blockpolitik, später Nationale Front genannt, aufheben und die Chancen der Kommunisten verbessern. Dem Vorschlag war nur der Charakter eines politisch minderwertigen Planspiels eigen. Die Bundestagswahlen vom 14. August 1949 hatten der KPD mit 15 Mandaten (von 402) ein äußerst geringes Vertrauen in der Bevölkerung nachgewiesen.

Beachtlicher war zweifellos das von der FDJ veranstaltete Treffen der deutschen Jugend Pfingsten 1950 in (Ost-) Berlin. Fred Oelssner, damals Sekretär für Propaganda des ZK der SED, hatte zuvor in einer programmatischen Rede vor Studenten der Leipziger Universität die politischen Stichworte dieses durchaus in Teilen gesamtdeutschen Jugendtreffens gegeben: Einheit Deutschlands, Abschluß eines Friedensvertrages und Abzug der Besatzungstruppen. Freie, allgemeine, geheime und direkte Wahlen in Deutschland *Dok. 64* wurden von ihm als Ausdruck der Machtsicherung herrschender Eliten im Westen abqualifiziert. Die Demokratie deklarierte er zum alleinigen Besitz der DDR, rückte sie aber durch verbale Agitationen in jene Sphäre des Unverständlichen, die schon der tautologischen Wortbildung »Volksdemokratie« anhaftet. Man muß eine solche Rede mit den unmittelbaren Stimmen aus der DDR-Bevölkerung konfrontieren, die etwa der RIAS mit seinem im Juli 1950 ausgesetzten Preisausschreiben über das Thema »Der nächste Schritt *Dok. 65* zur deutschen Einheit in Freiheit« erfaßte, um urteilsfähig zu werden. *vgl. auch 5, 67, 75, 81, 85 und 86*

Dennoch, das (Ost-) Berliner Pfingsttreffen der deutschen Jugend, von dieser als eine gesamtdeutsche Begegnung verstanden, machte auch im Westen Eindruck. Hier, in der Bundesrepublik, galt es, eine für die Deutsche Frage im ganzen weniger denk- und aktionsbereite Bevölkerung anzusprechen. Nach einer Initiative Herbert Wehners wurden seit dem späten Frühjahr 1950 Pläne für eine »Gesamtdeutsche Aktion« entwickelt. Ihr Kerngedanke war, »den lethargischen, ja depressiven Zustand unseres Volkes durch regelmäßige, wohldosierte Impulse zu überwinden und besonders der Jugend Nahrung für ihre einstweilen nur schwach entwickelte Phantasie zu geben«. Um das Hauptziel, die Forderung nach der Wiederherstellung der deutschen Einheit, gab es keine Diskussion; jedoch sah man es als propagandistisch unergiebig an, der von der DDR vorgegebenen Einheitsparole vom Westen her dasselbe entgegenzusetzen. Deswegen wollte man »in den Mittelpunkt der Aktion nicht eine dem Osten und Westen gemeinsame Forderung stellen, sondern das die beiden Einheits-Forderungen Unterscheidende, mithin die Freiheit«.

Ende Mai reifte der Plan heran, eine 3tägige Großaktion »für ein einiges demokratisches Deutschland« vorzubereiten. 6 – 8 Wochen vor den DDR-Wahlen des 15. Oktober sollte sie im Westen Deutschlands durchgeführt werden. Beginnen wollte man an einem Freitag mit einer Sondersitzung des Deutschen Bundestages und aller Land- und Kreistage; am Samstagmorgen sollte eine Gedenkstunde in allen Schulen, Universitäten und Bildungsinstitutionen durchgeführt werden, abgeschlossen durch eine Gedenkminute um 12.00 Uhr. Dabei sollten alle Sirenen heulen, alle Glocken läuten und Bundespräsident Heuss über den Rundfunk »einen zündenden Aufruf« sprechen. Bundesminister Kaiser wollte am Abend im Rundfunk eine längere Rede halten, der Aufruf der Bundesregierung zur deutschen Einheit in Freiheit sollte an diesem Abend in allen Theaterveranstaltungen vorgelesen werden, alle Zeitungen sollten ihn abdrucken. Am Sonntag sollten alle Kirchen Gedenkgottesdienste zur Deutschen Frage abhalten, alle Parteien am Abend entsprechende Veranstaltungen durchführen. Begleitet werden sollten diese Ereignisse von einer Straßensammlung, bei der eine Plakette mit der Aufschrift »Einigkeit und Recht und Freiheit«, umgeben von allen Landesfarben, zum Verkauf anstand. Der Erlös sollte einer Stiftung »Für die Opfer des Terrors der Sowjetzone« zukommen, ebenfalls der Erlös aus einem Aufschlag von DM 0,10 bei allen Kino- und Theaterveranstaltungen des Sonnabends und Sonntags.

Realisiert worden ist dieses Planspiel einer »Gesamtdeutschen Aktion« in der Bundesrepublik nicht. Die Gründe liegen nicht offen. Die Evangelische Kirche hat ein Jahr später, im Juli 1951, durch ihren Berliner Kirchentag allerdings eine bedeutende gesamtdeutsche Bewegung zuwege gebracht. Tagungsort und Motto – »Wir sind doch alle Brüder« – haben den religiösen
Dok. 76 Ansatz deutlich in eine politische Dimension mit nationalem Charakter gehoben.

Doch kehren wir zu den Aktionen der DDR zurück, weil diese, propagandistisch geschickt, die Handlungsinitiative ständig an sich zog. Peripher blieb die Beachtung des dritten Parteitages der SED, bei dem Grotewohl am 21. Juli 1950 das von der DDR-Führung beanspruchte nationale Erstgeburtsrecht in einem Aufruf zum nationalen Widerstand der Bevölkerung gegen die Bundesregierung etwas ins Lächerliche übersteigerte. Dasselbe gilt für den am 26. August 1950 in (Ost-) Berlin einberufenen sogenannten ersten Deutschen Nationalkongreß, bei dem Ulbricht die »Mißachtung der Gesetze und Verordnungen der Bonner Verwaltung als nationales demokratisches Recht des Deutschen Volkes« forderte.

Einen direkten Bezug nahm die Bundesregierung auf die für den 15. Oktober 1950 in der DDR angesetzten ersten Volkskammerwahlen. Die SED hat diese Wahl in die – kurze – Geschichte ihrer Volkskongreßbewegung gestellt. Man knüpfte – bewußt – nicht an die Modalitäten der Landtagswahlen in der SBZ vom 20. Oktober 1946 an, bei denen sich verschiedene und relativ eigenständige Parteien (allerdings neben bereits herangezogenen Massenorganisationen wie Bauernhilfe oder Kulturbund) mit klaren programmatischen Aussagen stellten; vielmehr nahm die SED die Form jener Wahlen auf, bei denen am 15./16. Mai 1949 die mitteldeutsche Bevölkerung mit der

Antwort auf die für Wahlen untypische Frage »Bist Du für Einheit und gerechten Frieden und den Abzug aller Besatzungstruppen?« über eine Einheitsliste für den 3. Deutschen Volkskongreß abzustimmen hatte. Auffälligerweise stimmten damals 38,9 % gegen dieses Ziel. Jetzt galten dieselben Modalitäten, und am 1. Oktober 1950 erklärte Pieck in seinem mit der Attitüde des väterlich präsidierenden Staatsmannes vorgetragenen Aufruf an die »lieben Wählerinnen und lieben Wähler«, man stimme am 15. Oktober neben der »weiteren Verbesserung der Lebenshaltung aller Schaffenden« für »die Einheit Deutschlands und einen gerechten Friedensvertrag« ab.

Die nationale Einheit, in deren Dienst die Wahlen gestellt wurden, wurde mit einem bisher nicht gekannten Propagandaaufwand angesprochen. Eine Flut von »persönlichen« Briefen ergoß sich über die Bevölkerung der DDR. So schrieb z. B. eine Postbeamtin an alle Postscheckkunden: »Wie schön wäre die Aufbauarbeit für ein einheitliches Deutschland, wo es keine Zahlungssperre im Postscheckwesen gäbe und wir alle brüderlich vereint ohne Grenzen leben könnten.« Ihren Brief schloß sie mit der Aufforderung: »Deshalb fordern wir Sie, lieber Kunde, auf, protestieren auch Sie gegen die Bedrohung des Friedens und demonstrieren Sie mit uns für die Einheit Deutschlands. Sie und ich, wir können ein wahres Bekenntnis zum Frieden ablegen, zum Aufbau, zu einem schöneren, zufriedenen Leben. Wir können es bei den Wahlen am 15. Oktober, indem wir unsere Stimme für die Liste der Nationalen Front abgeben. Ich tue es, Rosemarie Wiechert!«

Die Not der Bevölkerung, mit einem solchen »demokratischen« Akt für die deutsche Einheit zu votieren, ist aus zahlreichen Briefen im Westen bekannt geworden. Die Bundesregierung, insonderheit der zuständige Gesamtdeutsche Minister Kaiser, riet über den Rundfunk (RIAS) der DDR-Bevölkerung, den Urnengang zur Vermeidung weiterer persönlicher Opfer zu tun. Vor der Welt deklarierte sie den demokratischen Schein der DDR-Wahlen und detaillierte ihrerseits Vorstellungen über Modalitäten tatsächlich demokratischer gesamtdeutscher Wahlen. Die CDU stellte demonstrativ ihren ersten Gesamtparteitag am 20. Oktober 1950 in Goslar unter das Motto »Einigkeit und Recht und Freiheit«.

Dok. 67

Dok. 66

Die Vorgänge des 15. Oktober 1950 in der DDR sind der Zeitpunkt, zu dem die Sowjetunion wieder hörbar in die Diskussion über die Deutsche Frage eingriff. Über Radio Moskau erklärte sie am 5. November den 15. Oktober »zum wichtigsten geschichtlichen Datum der jüngsten Zeit« und forderte dazu auf, »den Anschluß des westdeutschen Separatstaates an die Deutsche Demokratische Republik zu verwirklichen«. Nachdem zuvor der Ostblock am 21. Oktober durch die sog. Prager Beschlüsse die Deutschen aufgefordert hatte, die Einheit ihres Vaterlandes durch einen direkten Kontakt untereinander anzustreben, war die Deutsche Frage deutlich zu einem innerdeutschen Konferenzthema erklärt. Was auf der Münchener Ministerpräsidentenkonferenz 1947 erst- und vorerst letztmalig versucht worden war, ein innerdeutscher Dialog über die Deutsche Frage, sollte 3 Jahre später, nach vollzogener staatlicher Teilung, erneut praktiziert werden. Dies war die Stunde des Grotewohl-Briefes an Bundeskanzler Adenauer vom 30. November 1950.

Dok. 68 Grotewohls Brief ist ohne aggressive oder beleidigende Redewendungen im sachlichen Stil abgefaßt, allerdings nicht ohne Fehler, so gleich zu Beginn, wo der DDR-Ministerpräsident politisch unzutreffend erklärte, »daß der Abschluß eines Friedensvertrages sowie die Wiederherstellung der Einheit Deutschlands vor allem von der Verständigung der Deutschen abhängig« seien. Doch diese Anschauung sollte seinen wesentlichen Vorschlag, die Bildung eines paritätisch zu besetzenden Gesamtdeutschen Konstituierenden Rates, verständlich machen. Erst gegen Ende des Briefes ließ Grotewohl erkennen, daß ein solcher Rat auch die »Vorbereitung der Bedingungen zur Durchführung einer gesamtdeutschen Wahl für eine Nationalversammlung übernehmen könnte«. Der Gesamtdeutsche Konstituierende Rat und seine mögliche Aufgabe einer »Vorbereitung der Bedingungen zur Durchführung einer gesamtdeutschen Wahl« machten jedem Leser unschwer deutlich, daß es der DDR mit einem rhetorisch sehr gewundenen potentiellen Wahlprüfungsangebot vor allen Dingen darum ging, das innerdeutsche Gespräch als Form der Anerkennung einer legitimierten zweiten deutschen Staatsführung zu suchen. Mit einer Flut von amtlichen, offiziösen und »privaten« Briefen, die in den folgenden Wochen Bonner Regierungsstellen und andere bundesrepublikanische Adressen (vor allen Dingen Wirtschaftsbetriebe, die traditionelle Kontakte zu Betrieben in der DDR unterhielten) erreichten – es sind mehr als 4500 registriert worden –, suchte die DDR auf die Bundesregierung Einfluß zu nehmen. Auf der anderen Seite sind auch westliche Briefe
Dok. 69 zu verzeichnen, welche Grotewohl den Mangel an Beweisen seines demokratischen Willens, aber auch Bonn die Notwendigkeit eines nicht zu umgehenden innerdeutschen Dialogs vorhielten.

Dok. 70, vgl. auch 72 und 74 V-Berichte, vor allen Dingen jener über Auslassungen Ulbrichts auf einer SED-Politbüro-Sitzung vom 30. Dezember 1950, machten Bonn – ohnehin bekannte – Grundpositionen der DDR-Führung deutlich: im Augenblick der deutlicher werdenden Westintegration (einschließlich der Wiederbewaffnung) der Bundesrepublik Deutschland und vor dem Hintergrund der zu dieser Zeit noch erfolgversprechenden kommunistischen Initiative in Korea ging es dem Osten um das ganze Deutschland: »Wir müssen nicht nur Westdeutschland«, so erklärte Ulbricht auf der angesprochenen Konferenz, »aus dem Westblock herausbrechen, sondern, was viel wichtiger ist, für ein einiges Deutschland, für den Zusammenschluß mit uns, mit denen es durch Sprache, Geschichte, Wirtschaft und Kultur verbunden ist, herüberziehen. Der Kampfruf der nächsten Monate muß die Einheit Deutschlands sein. Um jeden Preis müssen wir zu einem gemeinsamen Verhandlungsgremium Gesamtdeutschlands kommen, natürlich niemals um den Preis allgemeiner, freier und geheimer Wahlen.«

Dieser Preis, die freien Wahlen in ganz Deutschland, stand aber um die Jahreswende 1950/51 innerhalb des östlichen Blocks durchaus zur Diskussion. Ja, es wurden Überlegungen bekannt, wonach Moskau bereit sein könnte, Wahlen auch dann zu akzeptieren, wenn zu erwarten sei, daß die SED in einem gesamtdeutschen Parlament zu einer Oppositionspartei mit vielleicht 10 bis 30 % Stimmenanteil absinken könnte. Marxistische Revolutionstheorien *Dok. 72* halfen darüber hinweg, wäre doch nach ihnen die sozialistische Zukunft Deutschlands sicher.

Die Bundesregierung hat eine offizielle Antwort auf den Grotewohl-Brief vom 30. November 1950 vermieden, jedoch haben Adenauer und Kaiser vor der Bundespressekonferenz am 15. Januar 1951 das Angebot zurückgewiesen. Die in einem paritätischen Rat sichtbar werdende kommunistische Pra- *Dok. 71* xis von Demokratie – vor allen Dingen 1945/46 von der KPD/SED in der SBZ auf dem Wege vom politischen Kleinformat zum politischen Gleich- und dann Vorrang genutzt – wurde deutlich gemacht und abgelehnt, die nur verklausuliert angebotenen Wahlen wurden als Forderung an den Anfang gesamtdeutscher Bemühungen gestellt.

Der Deutsche Bundestag hat am 9. März 1951 in einer Erklärung seine Vorstellung von einer freiheitlich-demokratischen Rechtsordnung in ganz Deutschland, eingeleitet durch freie, allgemeine, gleiche, geheime und direkte Wahlen, noch einmal und sehr offiziell begründet. Kleine Situationsbe- *Dok. 73* richte wie der über die Abstimmung einer Schulklasse im thüringischen Apolda über Adenauer und Pieck (letzterer bekam keine Stimme) konnten *Dok. 75* westdeutsche Politiker darin bestärken, in der Bevölkerung Mitteldeutschlands ungebrochene Sympathie zu genießen. Die ständig steigenden Zahlen der DDR-Flüchtlinge bewiesen dasselbe. Dennoch: das war kein Weg zur Wiedervereinigung.

Der Ernst, ja die Unbedingtheit, mit der die DDR-Führung den innerdeutschen Dialog suchte, kommt im Brief des Volkskammerpräsidenten an den Deutschen Bundestagspräsidenten vom 15. September 1951 zum Ausdruck. Er enthält das weitestgehende Angebot, das je vorher und erst recht nachher aus der DDR zur Lösung der Deutschen Frage gemacht worden ist. Schon *Dok. 77* dies gibt zu erkennen, daß er natürlich mit Moskau abgespochen war. Entkleidet man den Brief aller rhetorischen Umkleidungen machtpolitischer Zielsetzungen, so bleibt das Angebot, »daß Wahlen zu einer deutschen Nationalversammlung dringend notwendig und möglich sind, daß solche Wahlen unter gleichen Bedingungen für ganz Deutschland durchgeführt werden müssen, wobei für alle Staatsbürger die Freiheit und Gleichheit der Person, für alle demokratischen Parteien und Organisationen die gleiche Betätigungsfreiheit gewährt und gesichert werden müssen.« Grotewohls frühere Forderung nach einem zunächst einmal einzusetzenden Gesamtdeutschen Konstituierenden Rat wurde als Vorbedingung eines gesamtdeutschen Dialogs jetzt, ein Jahr später, zurückgenommen, stattdessen wurde »eine gemeinsame gesamtdeutsche Beratung der Vertreter Ost- und Westdeutschlands« über nichts anderes oder Vorrangigeres als die gesamtdeutschen Wahlen angeboten.

Dieses beachtenswerte Dokument kann als Erfolg der Politik der Bundesregierung angesehen werden, als Ergebnis ihrer beharrlich verfochtenen prima conditio sine qua non: zuerst und vor allem gesamtdeutsche Wahlen zu einer Nationalversammlung durchzuführen. Das Dokument gibt natürlich auch zu erkennen, daß die SED für ihr Endziel, die sozialistische Umgestaltung ganz Deutschlands, entsprechend der marxistisch-leninistischen Ideologie Stufen der Entwicklung in Kauf zu nehmen bereit war (oder sein mußte), so die einer Oppositionspartei mit vielleicht 10 bis 30 % der Stimmen gegenüber einer bürgerlichen Mehrheitsregierung. Weimar sollte noch einmal, jetzt aber im Sinne kommunistischer Zielvorstellungen erfolgreich durchlaufen werden.

Der Korea-Krieg, die Debatte über Wiederbewaffnung und EVG in der Bundesrepublik Deutschland sowie die – durchaus nicht ganz geheime – Militarisierung der Kasernierten Volkspolizei in der DDR haben dem Dieckmann-Schreiben einen dramatischen Hintergrund gegeben. Bertolt Brecht sah ihn in seinem offenen Brief vom 26. September 1951 »An alle deutschen Künstler
Dok. 78 und Schriftsteller«. Er sah bei einer weiter ungelöst bleibenden Deutschen Frage einen 3. Weltkrieg drohen und Deutschland dabei das Schicksal Karthagos nach dem 3. Punischen Krieg erleiden. Auffällig unpolitisch mutet bei diesem politischen Dichter jener Katalog der geforderten 4 Freiheiten (des Buches und Theaters, der bildenden Kunst und der Musik) an, läßt er doch andere Freiheiten eines demokratischen Gemeinwesens, so die damals diskutierte freie Parteienwahl, unausgesprochen.

Bundespräsident Heuss wies in seiner Antwort auf den Brief, den Pieck mit ähnlichen Ausführungen wie zuvor Dieckmann am 2. November 1951 an ihn
Dok. 79 adressiert hatte, gerade auf den Unterschied beider deutscher Staaten hin,
Dok. 80 auf ihr unterschiedliches Verständnis von Demokratie. Es hat damals die Deutschen daran gehindert, ihre nationale Frage miteinander zu diskutieren. Der Weg einer Prüfung beiderseitiger Standpunkte war geöffnet. Wahlen wären der wichtige Einstieg in eine Wiedervereinigung gewesen. Der von der SED stark überschätzte kommunistische Einfluß auf Westdeutschland hätte einem gesamtdeutschen Parlament gute Chancen einer stabilen Politik gegeben. Nicht festliegen mußte der Preis, den Moskau für eine solche Deutschlandpolitik verlangte. Wie niedrig er auch gewesen wäre, die Bundesregierung unter Konrad Adenauer hat ihn nicht ausloten wollen. Durch ihr Verlangen nach einer UNO-Prüfungskommission bei gesamtdeutschen Wahlen

– statt der von der DDR gewünschten alliierten – gab sie der DDR die Möglichkeit, das sicher nur mit großem Widerstand (vgl. Ulbricht in Dok. 70) gemachte Wahlangebot zurückzunehmen. Der DDR-Bevölkerung wäre in ihrer politischen Not ein Zeichen der Hoffnung gesetzt worden. *Dok. 81*

Natürlich müssen zur Würdigung der so getroffenen Entscheidung jene politischen Erfahrungen einbezogen werden, die der Osten gerade durch seine Wahlpraktiken dem Westen aufgezwungen hatte. Jene 99,72 % Zustimmung zur Einheitsliste der Nationalen Front der DDR am 15. Oktober 1950 etwa waren, gemessen an dem demokratischen Wahlverhalten im Westen Europas, ein politischer Nonsens, nur möglich durch diktatorische Wahlmodalitäten. Wären diese bei gesamtdeutschen Wahlen unter einer Viermächtekontrolle auszuschalten gewesen? Das wahrscheinlich bei einer solchen Kontrolle jeder der 4 Mächte zugestandene Vetorecht hätte Verhaltensweisen, wie sie die Sowjetunion früher im Alliierten Kontrollrat praktiziert hatte und jetzt in der UNO angewandte, begünstigt. Allein eine solche Vorstellung bewirkte im Westen – im Herbst 1951, als in Korea die kritische Kriegsphase eingetreten war! – starke Zurückhaltung, ja Abneigung. Etwaige Versuche der Bundesregierung, in direktem Kontakt mit der Sowjetunion deren deutschlandpolitische Vorstellungen weiter auszuloten, verboten sich, weil man dadurch gerade in einer politisch sensiblen Phase der Verhandlungen über den westdeutschen Verteidigungsbeitrag in westlichen Hauptstädten die Rapallo-Ängste reaktiviert hätte. Eine direkte deutsch-deutsche Erörterung eventueller Wahlmodalitäten mußte angesichts der den Hintergrund beherrschenden Sowjetunion als politisch von vorneherein falsch angesehen werden; ein solcher Weg war vielen Bonner Politikern auch deswegen unakzeptabel, weil sie die DDR als Staat ohne tatsächliche demokratische Staatsqualität ansahen, ein ernstes politisches und zugleich moralisches Argument, das geradezu Verhaltenskonsequenzen erzwang. In all diesen Reserven sah der Westen sich schließlich bestätigt, als die UNO – gegen die Stimme der Sowjetunion – eine Wahlprüfungskommission einsetzte, diese aber wohl in die Bundesrepublik Deutschland, nicht aber in die DDR einreisen durfte.

Adenauer hat in einem großen Interview mit Ernst Friedländer vom NWDR am 24. April 1952, als die Stalin-Note vom 10. März 1952 die Diskussion über die Deutsche Frage merklich dramatisierte, noch einmal seine politischen Grundsätze für die Deutschlandpolitik erläutert. Konflikte, die sich für ihn als einen katholischen Rheinländer (CDU) mit einem von Protestanten dominierten gesamtdeutschen Staat (SPD) ergeben könnten, räumte er aus, eine für die deutsche Einheit belastende Wirkung europäischer Integrationsbestrebungen stellte er in Abrede; die Hoffnung, daß sich eine vollendete Integration eines souveränen wiederaufgerüsteten westdeutschen Staates in einen westeuropäischen Verband – dies verstanden als Politik der Stärke – vorteilhaft auf die deutsche Wiedervereinigung auswirken würde, konnte er *Dok. 82* allerdings nicht begründen. Dem Argument Friedländers, »Die deutsche Einheit in Freiheit ist gleichbedeutend mit einer deutschen Entscheidung für den Westen«, also für die Sowjetunion so nicht annehmbar, begegnete Adenauer mit dem Diktum, daß der Preis für die »Einheit in Freiheit« nicht in der Freiheit selbst bestehen könnte.

Auch in eine solche Argumentation waren selbstverständlich jene Erfahrungen eingeflossen, die der Westen insgesamt bis dahin mit der politischen Taktik und Strategie der Sowjetunion in Europa – angewandt etwa bei der Berliner Blockade oder der Gleichschaltung der Tschechoslowakei, beides 1948/49 – hatte machen müssen.

Der DDR-Ministerpräsident Grotewohl griff vierzehn Tage später zu derselben Form der politischen Öffentlichkeitsarbeit und schrieb am sinnfälligen 8. Mai 1952 in der Moskauer ›Prawda‹ ebenso apodiktisch wie drohend: »Jeder Deutsche wird vor die Wahl gestellt, entweder den Abschluß eines Friedensvertrages der vier Großmächte mit Deutschland – was Friede bedeutet – oder Adenauers Generalkriegsvertrag, der die Errichtung einer Militärdiktatur in Westdeutschland bedeutet.« Schlagartig begannen an demselben Tag im gesamten Ostblock alle deutschsprachigen Sendungen, dieselbe Anschauung zu popularisieren. Die Antwort auf die Deutsche Frage war in die Abhängigkeit des Kalten Krieges geraten. Weitere drei Wochen später, am 26. Mai 1952, unterzeichnete die Bundesrepublik mit den westlichen Alliierten den Generalvertrag, während die DDR an demselben Tag mit ihrer »Verordnung der Regierung über Maßnahmen an der Demarkationslinie zwischen der Deutschen Demokratischen Republik und den westlichen Besatzungszonen Deutschlands« die Militarisierung der innerdeutschen Grenze forcierte – Dissonanz im Gleichschritt.

Adenauer war nicht bereit, vor Abschluß des General- und Deutschlandvertrages, d. h. vor der vom Westen garantierten Rückgewinnung einer souveränen Staatlichkeit im Westen Deutschlands, einen riskanten, weil in seinem Ergebnis offenen gesamtdeutschen Dialog zu suchen. Die SPD sah das anders und plädierte wiederholt, zum Beispiel durch Fritz Erler am 28. Juli
Dok. 83 1952, dafür, daß »das Vorrücken der Freiheit von Lübeck vorerst nach Stettin« den Preis einer unterbrochenen Diskussion über Deutschlandvertrag und EVG lohne. Karl Georg Pfleiderer von der FDP votierte in einer umfas-
Dok. 84 senden Denkschrift für ein militärisches und politisches Disengagement der beiden Großmächte auf deutschem Boden, so daß ein gesamtdeutscher Staat als ausgleichende politische Mitte zwischen Ost und West wirken könnte. In den 50er Jahren des Kalten Krieges wurde gerade das von vielen als tödliche Illusion angesehen. Der Verlauf des 17. Juni 1953 schien dem Recht zu geben. Aber stand nicht Ulbricht vor diesem Tage zur Diskussion? Der Tag der Deutschen Einheit hat ihn gerettet und die Teilung Deutschlands durch den »Limes des XX. Jahrhunderts« (Stefan Andres) vertieft. Wäre die politische

Entwicklung nicht auf diesen Tag zugestoßen worden, d. h. hätte man einen gesamtdeutschen Dialog 1951 versucht, wäre die Entwicklung vielleicht offener gewesen. Es ist nicht einzusehen, daß nicht nach einem Scheitern der innerdeutschen Gespräche die Verhandlungen über den Deutschlandvertrag hätten wieder aufgenommen werden können. Das Eigeninteresse der westeuropäischen Staaten unter Einschluß der USA war dafür viel zu groß. Schließlich hat man auch einen Ausweg aus der an Frankreich gescheiterten EVG gefunden. *Dok. 88*

So blieben am vorläufigen Schluß der gesamtdeutschen Versuche die Bekenntnisse großer Depressionen in der Bevölkerung der DDR und ein letztlich gescheiterter Versuch, durch ein »Kuratorium Unteilbares Deutschland«, das den Untertitel »Volksbewegung für die Wiedervereinigung« trug, im Westen Deutschlands die deutsche Einheit als gesamtdeutsche Frage lebendig zu halten. Hans Zehrer, damals Chefredakteur der »Welt«, schrieb am 1. Juni 1954 die nationale Schwäche der Deutschen dem Verlauf ihrer Geschichte zu. Das im mittelalterlichen vornationalen Raum beheimatete deutsche Volk hat sich in den nationalen Kategorien der Neuzeit nicht verwirklicht und, andere nicht störend, verwirklichen lassen. Aus der Agonie nach dem 2. Weltkrieg hat es durch die Rückbesinnung auf seine abendländische Vergangenheit als Volk wieder herauszufinden versucht. Die machtpolitischen Realitäten haben eine eigenständige Suche nach der Einheit nicht zugelassen. Die Sowjetunion wollte den mitteldeutschen Raum als Siegesbeute des 2. Weltkriegs behalten und hat dafür Ansätze einer aus deutscher Geschichte erwachsenen politischen Ideologie nutzen können. Der Westen hat die Verlockung einer karolingischen Renaissance geboten. Die Deutsche Frage ist dadurch nicht gelöst worden. Carlo Schmids abgewogene Zusammenfassung der politischen Entwicklung nach dem 2. Weltkrieg und ihrer möglichen Fortentwicklung hin zu einem kollektiven Sicherheitssystem in Europa und der Welt, am 24. Dezember 1955 aus damaliger Sicht vorgetragen, könnte auch heute noch Denkansätze enthalten.

Dok. 85 u. 86

Dok. 87

Dok. 87

Dok. 89

Dokument Nr. 1

Dokumente

Thomas Mann, Bruder Hitler, März 1939 (Auszug):

Der Bursche ist eine Katastrophe; das ist kein Grund, ihn als Charakter und Schicksal nicht interessant zu finden. Wie die Umstände es fügen, daß das unergründliche Ressentiment, die tief schwärende Rachsucht des Untauglichen, Unmöglichen, zehnfach Gescheiterten, des extrem faulen, zu keiner Arbeit fähigen Dauer-Asylisten und abgewiesenen Viertelskünstlers, des ganz und gar Schlechtweggekommenen sich mit den (viel weniger berechtigten) Minderwertigkeitsgefühlen eines geschlagenen Volkes verbindet, welches mit seiner Niederlage das Rechte nicht anzufangen weiß und nur auf die Wiederherstellung seiner »Ehre« sinnt; wie er, der nichts gelernt hat, aus vagem und störrischem Hochmut nie etwas hat lernen wollen, der auch rein technisch und physisch nichts kann, was Männer können, kein Pferd reiten, kein Automobil oder Flugzeug lenken, nicht einmal ein Kind zeugen, das eine ausbildet, was not tut, um jene Verbindung herzustellen: eine unsäglich inferiore, aber massenwirksame Beredsamkeit, dies platt hysterisch und komödiantisch geartete Werkzeug, womit er in der Wunde des Volkes wühlt, es durch die Verkündigung seiner beleidigten Größe rührt, es mit Verheißungen betäubt und aus dem nationalen Gemütsleiden das Vehikel seiner Größe, seines Aufstiegs zu traumhaften Höhen, zu unumschränkter Macht, zu ungeheuren Genugtuungen und Über-Genugtuungen macht, – zu solcher Glorie und schrecklichen Heiligkeit, daß jeder, der sich früher einmal an dem Geringen, dem Unscheinbaren, dem Unerkannten versündigt, ein Kind des Todes, und zwar eines möglichst scheußlichen, erniedrigenden Todes, ein Kind der Hölle ist . . . Wie er aus dem nationalen Maß ins europäische wächst, dieselben Fiktionen, hysterischen Lügen und lähmenden Seelengriffe, die ihm zur internen Größe verhalfen, im weiteren Rahmen zu üben lernt; wie er im Ausbeuten der Mattigkeiten und kritischen Ängste des Erdteils, im Erpressen seiner Kriegsfurcht sich als Meister erweist, über die Köpfe der Regierungen hinweg die Völker zu agacieren und große Teile davon zu gewinnen, zu sich hinüberzuziehen weiß; wie das Glück sich ihm fügt, Mauern lautlos vor ihm niedersinken und der trübselige Nichtsnutz von einst, weil er – aus Vaterlandsliebe, soviel er weiß – die Politik erlernte, nun im Begriffe scheint, sich Europa, Gott weiß es, vielleicht die Welt zu unterwerfen: das alles ist durchaus einmalig, dem Maßstabe nach neu und eindrucksvoll; man kann unmöglich umhin, der Erscheinung eine gewisse angewiderte Bewunderung entgegenzubringen.

Erstmals abgedruckt in: Das neue Tagebuch, Paris, 7. Jahrgang, Heft 13, 25. März 1939.

Dokument Nr. 2

Lion Feuchtwanger, Offener Brief an sieben Berliner Schauspieler (1941), u. a. Werner Krauß, Eugen Klöpfer, Heinrich George, Albert Florath und den Regisseur Veit Harlan (Auszug):

Meine Herren,

ich lese im »Völkischen Beobachter«, daß Sie die Hauptrollen gespielt haben in einem Film »Jud Süß«, der in Venedig preisgekrönt worden ist. Der Film zeigt, berichtet das Blatt, das wahre Gesicht des Judentums, seine unheimliche Methodik und vernichtende Zielsetzung; er zeigt das unter anderem dadurch, daß er vorführt, wie der Jude Süß sich eine junge Frau durch die Folterung ihres Gatten gefügig macht. Kurz, wenn ich das geschwollene, am Bombast des »Führers« geschulte Geschwafel ins Deutsche übersetze, dann bedeutet es: Sie haben, meine Herren, aus meinem Roman »Jud Süß« mit Hinzufügung von ein bißchen Tosca einen wüst antisemitischen Hetzfilm im Sinne Streichers und seines »Stürmers« gemacht. Sie alle kennen meinen Roman »Jud Süß«. Fünf von Ihnen, soviel erinnere ich mich bestimmt, Sie können es aber auch alle sieben gewesen sein, haben in Bühnenbearbeitungen dieses meines Romans gespielt. Sie haben, über Einzelheiten mit mir diskutierend, gezeigt, daß Sie das Buch verstanden haben; Sie haben in Worten der Bewunderung darüber gesprochen.

Nun gewiß, man kann seine Ansicht ändern, und ich verstehe es, daß Sie nicht zu jenen Korkseelen gehören wollen, die immer auf der Oberfläche ihrer einmal vorgefaßten Meinung schwimmen. Sie haben alle in Stücken jenes August Strindberg gespielt, der dargelegt hat, daß sich im Laufe von sieben Jahren der menschliche Körper in jeder seiner Zellen ändert. Strindberg hat freilich unterstrichen, daß innerhalb all dieser körperlichen Änderungen der Geist der gleiche bleibt. Sie, meine Herren, gehen weiter: Sie bewiesen durch Ihr Beispiel, daß der ganze Mensch sich verändern kann, das Innen nicht weniger als das Außen . . .

Sie haben sich wahrscheinlich gesagt: »Geht das nicht ein bißchen weit? Man kann natürlich auf der Bühne Effekte erzielen, wenn man eine Figur als ihr Gegenteil darstellt, Cäsar als kleinen Dummkopf, Rembrandt als Pfuscher, Napoleon als Trottel und Hitler als großen Mann. Aber das geht doch nur im Lustspiel und der Goebbelssche Film will ernst genommen werden.« Allein schließlich hat sich doch wohl der eine oder der andere unter Ihnen locken lassen von der Rolle und von der Gage, und der zweite hat es ihm nachgemacht, und der dritte hat sich gesagt: »Wenn ich die Rolle ablehne, bekommt sie ein anderer«, und der vierte hat sich gesagt: »Wenn ich die Rolle ablehne, dann kriege ich Unannehmlichkeiten«, und der fünfte ist wohl wirklich unter

Druck gesetzt worden, und zuletzt also waren Sie alle im Atelier, die meisten unter Ihnen mit etwas schlechtem Gewissen, aber da waren Sie doch alle. ...

Einige unter Ihnen haben mir diese sieben Jahre hindurch immer wieder durch Vertrauensleute versichern lassen, im Grunde seien Sie natürlich Nazi-Gegner, und wenn Sie in Deutschland blieben, dann nur, um den vom Regime Verfolgten zu helfen und schlimmste Dummheiten und Grausamkeiten zu mildern. Manchmal haben Sie sich dergleichen wohl selber vorgemacht, aber der Hauptgrund, aus dem Sie mir solche Erklärungen zukommen ließen, war wohl die Absicht, sich zu sichern für den Fall des Falles. Denn an die »tausend Jahre« des »Führers« hat auch nicht der Dümmste unter Ihnen geglaubt, und sechs von Ihnen sind gar nicht dumm. Und nun überlegen Sie einmal, meine Herren: wenn Sie nicht an diese tausend Jahre glauben, haben Sie dann nicht eine ganz kolossale Dummheit gemacht? Wenn Sie bis jetzt in irgendeinem albernen Nazi-Stück gespielt haben, dann durften Sie sich sagen: »Dieses Stück wird schnell wieder verschwinden, auch wenn einmal das Regime vorbei ist, dann wird von dem Stück und unserer Mitwirkung nurmehr ein schwaches Hörensagen sein.« Jetzt aber haben Sie diesen dicken Film gedreht, diesen »Spitzenfilm«, in ganz großer Aufmachung. In diesem Fall also wird man, wenn es einmal soweit sein wird, nicht auf Berichte angewiesen sein, sondern man wird genau und mit eigenen Augen und Ohren nachkontrollieren können, was eigentlich Sie gemacht haben. Man wird mit Aug und Ohr nachprüfen können, wie Sie alle dazu beigetragen haben, die Geschichte eines Juden, von dem Sie alle wußten, daß er ein großer Mann war, ins genaue Gegenteil zu verkehren. Und Sie werden nicht die bescheidenste Ausrede haben; denn Sie sind sich alle klar darüber gewesen, daß von Anfang an hinter diesem Film nicht die Spur eines künstlerischen Willens stand, sondern nur eine Tendenz, deren Dummheit und Gemeinheit allen bewußt war. ...

Wir werden uns wiedersehen, meine Herren, in Berlin, in einer Zeit, die vielleicht gar nicht so fern ist. Ich sehe Sie schon, wie Sie dann ankommen, ein Lächeln um Ihre Lippen, ein fröhliches, befreites Lächeln, das Ihnen sicher gut glücken wird, denn Sie sind ja gute Schauspieler. Aber in Ihren dann wieder beträchtlich aufgetauten Herzen wird Unsicherheit sein. Sie werden diese peinvolle Ungewißheit zu vertreiben suchen durch mutwillige Zuversicht. Sie werden daran denken, daß wir immer großzügig waren, liberal. Aber zählen Sie, bitte, nicht zu fest darauf, meine Herren, daß wir auch diesmal die gleiche geradezu trottelhafte Toleranz bestätigen werden. Rechnen Sie nicht darauf, daß auch diesmal alles gut gehen wird, und daß Sie werden tun können, als wäre nichts gewesen.

In: Lion Feuchtwanger, Centum opuscula. Eine Auswahl, hrsg. von Wolfgang Berndt, Rudolstadt 1956, S. 540 ff.

Dokument Nr. 3

Carl Friedrich Goerdeler an General Olbricht, 17. Mai 1943:

Hochverehrter Herr General!

Immer wieder habe ich mir die Auffassung überlegt, es müsse erst der psychologisch richtige Moment abgewartet werden.

Wenn man darunter den Zeitpunkt versteht, in dem die Ereignisse Handlungen auslösen, dann fällt er mit dem Beginn des Niederbruchs zusammen; für eine politische Auswertung würde die Handlung dann zu spät kommen. Inzwischen wären unersetzliche Kulturwerte, die wichtigsten Wirtschaftszentren Trümmerhaufen, wäre die Verantwortung der militärischen Führer mit kostbaren Menschenleben überlastet. Deshalb darf das Nahen des »psychologisch richtigen« Zeitpunktes nicht abgewartet, er muß herbeigeführt werden. Denn wir sind uns sicher einig, daß Führung ohne vorausschauendes richtiges Handeln nicht möglich ist.

Von ihr möchte ich im Interesse der Zukunft unseres Vaterlandes die in Jahrhunderten herangebildete Intelligenzschicht nicht ausgeschlossen wissen; in ihr sollten aus gleichem Grunde die erfahrenen führenden Köpfe unserer Soldaten nicht fehlen.

Stalingrad und Tunis sind so schwere Niederlagen, wie sie in der deutschen Geschichte seit Jena und Auerstedt nicht zu verzeichnen sind. In beiden Fällen ist dem deutschen Volke gesagt, daß entscheidende Gründe verlangt hätten, Armeen zu opfern. Daß das unwahr ist, wissen wir: denn Soldat und Politiker können nur solche Opfer als notwendig vertreten, die auf anderen Gebieten einen das Opfer überwiegenden Erfolg verbürgen. In Wahrheit liegt unfähige gewissenlose Führung vor; bei rechter Führung wären beide Opfertragödien vermieden und damit eine günstigere militärische und politische Lage hergestellt.

Die Zahl der auf Befehl vor und in diesem Kriege zum Tode gebrachten Zivilisten, Männer, Frauen und Kinder der verschiedenen Völker sowie der russischen Kriegsgefangenen übersteigt weit eine Million. Die Art und Weise ihrer Beseitigung ist ungeheuerlich und hat mit Ritterlichkeit, Menschlichkeit, ja mit den primitivsten Anstandsbegriffen wilder Völker nichts zu tun. Dem deutschen Volke aber wird wahrheitswidrig dargestellt, als ob die russischen Bolschewisten es sind, die laufend ungeheure Verbrechen an Unschuldigen begangen hätten.

Die Liste solcher Tatsachen ließe sich fast beliebig vermehren. Ich habe nur diese beiden Vorgänge herausgegriffen, weil sie Schulbeispiele für die sittliche Vergiftung des Volkes sind und zusammen mit einer in der deutschen Geschichte noch nicht dagewesenen Korruption sowie mit der Vernichtung des

Rechts jede Möglichkeit bieten, den »psychologisch« richtigen Zeitpunkt zu schaffen. Gewiß, die große Mehrheit des deutschen Volkes, fast die gesamte Arbeiterschaft, weiß heute, daß dieser Krieg kein gutes Ende mehr nimmt.

Demgegenüber erscheint die Geduld des Volkes unerklärlich. Aber diese Perversität beruht nur auf der Tatsache, daß der Terror Geheimhaltung, Lüge und Verbrechen schützt. Die Perversität schwindet sofort, wenn das Volk sieht, daß dem Terror zu Leibe gerückt, der Korruption Vernichtung angesagt, und an Stelle des Geheimnisses und der Lüge Offenheit und Wahrheit gesetzt werden. In derselben Stunde wird jeder Deutsche wieder zurechtgerückt, der Anständige wie der Unanständige, jeder wird die Handlung, die er gestern noch, weil sie heimlich blieb, ungehindert vornahm oder unbeanstandet ließ, heute ablehnen und verurteilen, weil Jener Anstand, Dieser Verantwortung vor sich stehen sieht.

Finden wir keinen anderen Weg, so bin ich bereit, alles zu tun, um zu einer Aussprache mit Hitler zu gelangen. Ich würde ihm sagen, was zu sagen ist, insbesondere daß sein Rücktritt vom Lebensinteresse des Volkes erfordert wird.

Es ist nicht gesagt, daß eine solche Aussprache, wenn sie herbeigeführt werden kann, böse enden muß: Überraschungen sind möglich, nicht wahrscheinlich; aber das Risiko muß gewagt werden. Nur ist es wohl nicht unbescheiden, wenn ich Sicherheit verlange, daß dann unmittelbar gehandelt wird.

Die politischen Voraussetzungen hierzu sind einsatzbereit. Ich bitte Sie, hochverehrter Herr General, dringend, nochmals zu prüfen, ob sich nicht auch die den technischen Maßnahmen entgegenstehenden Schwierigkeiten überwinden lassen. Ich bitte, auch das von mir vorgeschlagene Verfahren zu überdenken und mir nach meiner Rückkehr Gelegenheit zu ruhiger Besprechung der Lage und Möglichkeiten zu geben.

Mit herzlichem Gruß
Ihr
gez. G o e r d e l e r

In: Archiv der sozialen Demokratie (AsD), NL Carlo Schmid AK O.

Dokument Nr. 4

Das Buchenwalder Manifest vom 13. April 1945:

Bund demokratischer Sozialisten für Frieden, Freiheit, Sozialismus!

Manifest der demokratischen Sozialisten des ehemaligen Konzentrationslagers Buchenwald.

Im Augenblick ihrer Befreiung aus der bestialischen Gefangenschaft der nazistischen Diktatur empfinden es die im ehemaligen Konzentrationslager Buchenwald versammelten Vertreter des demokratischen Sozialismus aus Berlin, Brandenburg, Mitteldeutschland, Sachsen, Thüringen, Anhalt, Hannover, Braunschweig, Westfalen, Rheinland, Saarland, Bayern und Österreich als ihre Pflicht, in Anwesenheit der legitimierten Vertreter und Beauftragten der französischen, belgischen, niederländischen, tschechischen und polnischen Sozialisten sowie der Deutschen Sozialdemokratischen Arbeiter-Partei in der Tschechoslowakischen Republik, folgendes zu erklären:

Wir haben Gefängnis, Zuchthaus und Konzentrationslager ertragen, weil wir glaubten, auch unter der Diktatur für die Gedanken und Ziele des Sozialismus und für die Erhaltung des Friedens arbeiten zu müssen. Im Zuchthaus und Konzentrationslager setzten wir trotz täglicher Bedrohung mit einem elenden Tode unsere konspirative Tätigkeit fort. Durch diesen Kampf ist es uns vergönnt gewesen, menschliche, moralische und geistige Erfahrungen zu sammeln, wie sie in normalen Lebensformen unmöglich sind. Vor dem Schattengesicht der Blutzeugen unserer Weltanschauung, die durch die hitleristischen Henker gestorben sind, wie auch in der besondern Verantwortung für die Zukunft unserer Kinder halten wir uns deshalb für berechtigt und verpflichtet, dem deutschen Volke zu sagen, welche Maßnahmen notwendig sind, um Deutschland aus diesem geschichtlich beispiellosen Zusammenbruch zu retten und ihm wieder Achtung und Vertrauen im Rate der Nationen zu verschaffen.

1. Vernichtung des Faschismus

Solange Faschismus und Militarismus in Deutschland nicht restlos vernichtet sind, wird es keine Ruhe und keinen Frieden bei uns und in der Welt geben. Unsere ersten Anstrengungen müssen darauf gerichtet sein, alle gesellschaftlichen Erscheinungen dieser blutigen Unterdrückung des Lebens für immer zu beseitigen.

Alle Gesetze, Erlasse, Verordnungen, Verfügungen, Urteile, Bescheide und sonstige Rechtsvorschriften, die zur Begründung, Förderung und Behauptung der Diktatur gedient haben, sind aufzuheben.

Die NSDAP mit allen Gliederungen und angeschlossenen Verbänden ist zu verbieten und aufzulösen, ihr Vermögen zugunsten der Opfer ihres Terrors einzuziehen, ihren Mitgliedern sind die politischen Rechte zu entziehen. Alle begangenen Verbrechen sind durch Volksgericht schnell, streng und gerecht zu bestrafen und die Verurteilten einem Strafvollzug nach ihren eigenen Anschauungen zu unterwerfen. Alle zu Unrecht erworbenen Vermögen der Nutznießer des Regimes sind zu enteignen. Nationalsozialistische Aufstandsversuche sind rücksichtslos niederzukämpfen.

Darüber hinaus sind alle faschistischen und militärischen Organisationen dem gleichen Verfahren zu unterwerfen.

Ebenso ist die hitleristische Wehrmacht mit allen ihren Institutionen aufzulösen. Den Bedürfnissen der öffentlichen Sicherheit kann durch eine Miliz genügt werden.

Alle Beamte, die als Träger der Diktatur tätig gewesen sind, müssen unverzüglich den öffentlichen Dienst verlassen.

Kriegsverbrecher und Kriegsverlängerer sind nach den Geboten des internationalen Rechts von deutschen Gerichten zu bestrafen.

2. Aufbau der Volksrepublik

Diese riesenhafte Arbeit kann nur geleistet werden, wenn sich alle antifaschistischen Kräfte zu einem unverbrüchlichen Bündnis zusammenschließen. Zu diesem Zwecke erstreben wir einen neuen Typ der Demokratie, die sich nicht in einem leeren, formelhaften Parlamentarismus erschöpft, sondern den breiten Massen in Stadt und Land eine effektive Betätigung in Politik und Verwaltung ermöglicht.

Zuerst sind in allen Orten antifaschistische Volksausschlüsse zu bilden, die sobald als möglich durch Heranziehung antifaschistischer Organisationen auf eine urdemokratische Grundlage zu stellen sind. Aus diesen Volksausschüssen ist für das ganze Reich ein Deutscher Volkskongreß zu berufen, der eine Volksregierung einzusetzen und eine Volksvertretung zu wählen hat.

Die bürgerlichen Freiheiten der Person, des Glaubens, des Denkens, der Rede und Schrift, der Freizügigkeit und des Koalitionsrechts sind sofort wieder herzustellen.

Die Volksausschüsse haben Gemeinderäte, diese durch Delegierte Kreis- und Landesräte zu wählen. Die Behördenvorstände in Stadt und Land sind neu zu bestellen. Staatskommissare haben die Kontrolle der übrigen Verwaltung zu übernehmen.

Das Reich ist unter Beseitigung des bisherigen Regierungsapparates der Länder nach wirtschaftlichen und sozialen Gesichtspunkten neu zu gliedern, die Verwaltung zusammenzufassen, zu vereinfachen und zu verbilligen.

Das privilegierte Berufsbeamtentum ist abzuschaffen und durch ein hochqualifiziertes, sauberes, sozial modernes Volksbeamtentum zu ersetzen.

3. Befreiung der Arbeit

Aufbau und Führung der Volkrepublik sind nur möglich, wenn die Massen der Werktätigen in Stadt und Land in ihr ihren Staat sehen, ihn bejahen und immer wieder bereit sind, für diesen Staat einzustehen. Sie werden das nur tun, wenn die Volksrepublik die Arbeit aus der unerhörten Ausbeutung und

Entrechtung, die die Kapitalistenknechte der NSDAP über sie verhängt haben, befreit und ein menschenwürdigeres Dasein aller Arbeitenden schafft und garantiert. Deshalb sind die Sozialpolitik und die Sozialversicherung den Bedürfnissen der Arbeiterschaft entsprechend zu gestalten.

Der Achtstundentag ist sofort wieder einzuführen und eine weitere Verkürzung der Arbeitszeit vorzubereiten.

Das Diktat der angeblichen »Treuhändler der Arbeit« ist abzuschaffen, die freie, tarifvertragliche Regelung der Lohn- und Arbeitsverhältnisse wieder herzustellen.

Schlichtung von Arbeitsstreitigkeiten und die Arbeitsgerichtsbarkeit haben Gesetz und Recht im Arbeitsleben zu gewährleisten.

Die DAF ist in eine einheitliche Gewerkschaft zu überführen. Diese vom Staate unabhängige Gewerkschaftsorganisation soll die Selbstverwaltung und Selbstverantwortung der Arbeiter, Angestellten und Beamten für ihre sozialen Geschicke erneuern und stärken, um ihren ganzen Einfluß im Gesamtprozeß der Sozialisierung voll zur Geltung zu bringen.

4. Sozialisierung der Wirtschaft

Überzeugt, daß die letzte Ursache zu diesem ungeheuerlichsten aller Kriege in der Raubtiernatur der kapitalistischen Wirtschaft, des finanzkapitalistischen Imperialismus und der von den beiden erzeugten moralischen und politischen Verwahrlosung des Lumpenproletariats und Kleinbürgertums liegt, fordern wir, daß den Gesellschaftskrisen durch eine sozialistische Wirtschaft ein absolutes Ende gesetzt wird. Deutschland kann ökonomisch nur auf sozialistischer Grundlage wieder aufgebaut werden. Ein Aufbau unserer zerstörten Städte als kapitalistisches Privatgeschäft ist ebenso unmöglich wie ein Wiederaufbau der Industrie aus den Taschen der Steuerzahler.

Wir erklären feierlich, daß niemand von uns an eine Enteignung des bäuerlichen Besitzes denkt. Er soll im Gegenteil garantiert und vermehrt, zur Höchstleistung geführt, von allen Schranken der Reichsnährstandspolitik befreit, genossenschaftlich gefördert werden und einer freien Selbstverwaltung überlassen bleiben. Der Großgrundbesitz ist einzuziehen und gemeinwirtschaftlich zu verwalten.

Eine neue Währung, ein von den Lasten der Diktatur gereinigter öffentlicher Haushalt und eine Sozialisierung der Banken und Versicherungsanstalten unter Führung der öffentlichen Bankanstalten sollen die Grundlagen einer gesunden Wirtschaftspolitik schaffen.

Staatsmonopole für Massenverbrauchsgüter sollen fiskalisch und preisregulierend wirken.

Bergwerke, die gesamte Energieerzeugung, die Schwerindustrie und das Verkehrswesen sind zu sozialisieren.

Zur Befriedigung des dringenden Massenbedarfs sind alle Verbrauchsgüterindustrien staatlich zu lenken. Der Wiederaufbau der Städte und die Wohnungsbeschaffung sind nach demselben Gesichtspunkt zu regeln. Ein Planwirtschaftsamt hat den sozialistischen Wiederaufbau zu leiten.

5. Friede und Recht

Wir wissen, daß unsere innere Lage furchtbar ist. Unsere äußere Lage ist jedoch noch verzweifelter. Aber wir verzagen nicht.

Wir bekennen uns vor der Welt aus tiefster ehrlicher Überzeugung zu der schuldrechtlichen Verpflichtung der Wiedergutmachung der Schäden, die das deutsche Volk durch den Hitlerismus angerichtet hat. So entschieden wir Kontributionen und Vasallendienste ablehnen, so aufrichtig wollen wir dazu beitragen, daß durch Abtragung einer festbestimmten Wiedergutmachungsschuld eine neue Atmosphäre des Vertrauens zu Deutschland geschaffen wird. Die deutsche Jugend wird verstehen, daß es besser ist, für den Frieden Opfer zu bringen, als im Kriege bei noch größeren sinnlosen Opfern das Leben zu verlieren.

Wir wollen nie wieder Krieg. Wir werden alles tun, um einen neuen Krieg unmöglich zu machen. Wir wünschen baldigst in die Weltorganisation des Friedens und der Sicherheit aufgenommen zu werden und besonders als Richter und Partei in der internationalen Gerichtsbarkeit einen Beitrag zu leisten, der von anderen Völkern als wertvoll anerkannt werden soll.

Auch in der verzweifeltsten Lage werden wir deshalb nicht auf eine eigene sozialistische Außenpolitik verzichten. Die deutsche Außenpolitik muß im engsten Einvernehmen mit der Union der Sozialistischen Sowjetrepubliken geführt werden. Unser oberstes Ziel ist, in Zusammenarbeit mit allen sozialistisch geführten Staaten zu einer europäischen Staatsgemeinschaft zu kommen, die unserem schwergeprüften Kontinent durch eine europäische Gemeinschaft Ordnung und Wohlstand verbürgt.

Diese soll uns als Mittel dienen, Europas kulturelle Mission in der Welt auf der gesellschaftlichen Stufe des Sozialismus zu erneuern. Die erste Voraussetzung dafür sehen wir in der deutsch-französichen und deutsch-polnischen Verständigung und Zusammenarbeit, die zweite im Eintritt Deutschlands in den angelsächsischen Kulturkreis. So wollen wir ein europäisches Gesamtbewußtsein schaffen, das allein den Frieden der Völker tragen kann.

6. Humanität

Dazu brauchen wir einen neuen Geist. Er soll verkörpert werden durch den neuen Typ des deutschen Europäers. Uns kann niemand umerziehen, wenn wir es nicht in Freiheit selbst tun.

Neue Universitäten, aus den wertvollsten Kräften der Emigration und der inländischen sozialistischen Intelligenz gebildet, sollen uns neue Lehrer schaffen.
Wenn alle nazistischen Sonderformen der Schule, wie Ordensburgen, Adolf-Hitler-Schulen, nationalpolitische Erziehungsanstalten, verschwunden sind, wollen wir mit neuen Lehrern Volks- und Berufsschulen, vor allem auf dem Lande, auf- und ausbauen, das humanistische Gymnasium modernisieren, den Typ eines deutschen Gymnasiums neu schaffen, Landes- und Hochschulen für Politik errichten und die Erwachsenenbildung mit allen Kräften fördern.
Freie und angewandte Künste, Literatur, Theater und Musik sollen in Freiheit aus einer Nacht tiefsten Grauens ins Land der Schönheit führen.

7. Sozialistische Einheit

Zu all diesem ist die Einheit der sozialistischen Bewegung unerläßlich. Begründet auf die Gedanken des Klassenkampfes und der Internationalität und auf das Bewußtsein, daß die Verwirklichung des Sozialismus nicht eine Frage des Zukunftsstaates, sondern die unmittelbare Gegenwartsaufgabe ist, wollen wir die Einheit der sozialistischen Bewegung als eine Einheit des praktischen Handelns, der proletarischen Aktion herstellen. Freiheit in der Diskussion und Disziplin in der Durchführung der Beschlüsse werden es uns ermöglichen, alle ehrlichen sozialistischen Kräfte zusammenzufassen.

Wir erwarten, daß die auf dem Boden des Klassenkampfes stehenden Parteien und Gewerkschaften nach den unerläßlichen Vorbesprechungen alsbald einen Organisationsausschuß einsetzen und dieser einen Gründungskongreß beruft, der Statuten und Aktionsprogramm feststellen und die neuen Parteiorgane zu wählen hat.

Zur Vollendung der Einheit des Weltproletariats fordern wir die Aufrichtung einer alle sozialistischen Parteien umfassenden, arbeitenden und kämpfenden internationalen politischen und gewerkschaftlichen Organisation.

Es lebe das Bündnis alle antifaschistischen Kräfte Deutschlands!
Es lebe ein freies, friedliches, sozialistisches Deutschland!
Es lebe der revolutionäre demokratische Sozialismus!
Es lebe die Internationale der Sozialisten der ganzen Welt!

Buchenwald, den 13. April 1945.

Das Komitee:
Baumeister, Heinz, Dortmund;
Branz, Gottlieb, München;
Dr. Brill, Hermann, Berlin;
Kautsky, Benedikt, Wien;
Mantler, Karl, Wien;
Schilling, Erich, Leipzig;
Thape, Ernst, Magdeburg;

In: Manfred Overesch, Deutschland 1945 – 1949, Königstein 1979, S. 171 ff.

Dokument Nr. 5

Theodor Heuss, Tagebuchaufzeichnung vom 9. Mai 1945:

Gestern haben die siegenden Mächte den Victory-Day gefeiert. Wir haben ihn am Radio registriert, in dem Bewußtsein, daß er einer der furchtbarsten Tage der deutschen Geschichte sei, doch in einer völlig anderen seelischen Situation als jener, in der wir den politisch-militärischen Zusammenbruch des Novembers 1918 erlebten. Daß Hitlers Politik, wenn sie nicht direkt zu einem Kriege strebte, zu einem solchen führen würde, war von Anbeginn zu vermuten, daß dieser Krieg,trotz der siegreichen Feldzüge von 1939 und 1940, mit einer Niederlage enden würde, war wahrscheinlich und seit dem Juni 1941 (Angriff auf Rußland) und dem Dezember 1941 (Kriegserklärung an USA) unzweifelhaft. Vorher hatte ich mir die etwas umständliche Formel zurechtgelegt: »Es ist möglich, daß die anderen den Krieg nicht gewinnen, aber den Frieden haben wir schon jetzt verloren«. Diese Vorstellung, die die polizeiliche Praxis in den besetzten Gebieten vor Augen hatte, die Massenproduktion nationaler Märtyrer in allen Völkern, und sich von dem intellektuellen Geschwätz der Dietrich und Rosenberg über Europa nicht täuschen ließ, war nach diesen Daten auch erledigt. Das sehr kühle Wissen um das Kommen einer rein militärischen Niederlage stand jetzt absolut fest. El Alamein und Stalingrad wirkten, als sie die Erfolglosigkeit weiterer deutscher Offensivbemühungen dartaten, noch nicht unmittelbar als Wende; sie wurden es erst für die spätere Rückschau. Die Entscheidung lag für unser Begreifen in dem Gelingen der großen anglo-amerikanischen Massenlandung in Nordwestfrankreich. Was erbittern konnte, war nur der Fortgang der großsprecherischen Bagatellisierung. . . . Die kriegstechnische Leistung dieser Operation wurde in Deutschland auch von denen, die ihre Folgen noch nicht gleich begriffen, mit Respekt anerkannt.

Das Radio teilt mit, daß die Herren Jodl und Keitel ihre Namen unter die Kapitulation und ihre Ratifikation gesetzt haben. . . . Jodl galt immerhin als militärisch sehr begabt. Keitel genoß in der Wehrmacht selber eine ganz geringe Achtung; daß er sich bei dem starken Führerverbrauch ununterbrochen neben Hitler »hielt«, wird ihn vor der Geschichte charakterisieren. Es ist anzunehmen, daß er dumm und devot ist. Bei der Kapitulation trug er auch den ihm von Hitler verliehenen »Blutorden« (für die Marschierer des 9. November 1923). Das wirkte, als man es hörte, wie eine Geschmacklosigkeit. Aber man läßt es schließlich gelten: daß nicht nur das alte deutsche Heer an diesem 8. Mai unterging, sondern mit ihm die Partei. Aber es ist wohl so, daß nicht die Niederlage der Wehrmacht einfach die Partei mit sich riß, sondern daß die Partei den Untergang der Wehrmacht geistig schon vorbereitet hatte, denn der militärischen Katastrophe, die kommen mußte, war die moralische vorangegangen. . . .

Heute ist der 140. Todestag von Schiller. Ich entsinne mich des Abends vor 40 Jahren, da ich an dem Maitag von Dachau, wo ich meine Doktorarbeit schrieb, nach München hereinfuhr, um auch das Denkmal zu besuchen. Das war eine jugendlich gehobene Sentimentalität; es trafen sich in den lauen Abendstunden dort noch manche andere Leute. Jetzt bin ich froh, daß das Dritte Reich diesen Tag nicht noch erlebte, denn wenn er auch keinen genormten Jubiläumstermin darstellt, man hätte sich seiner bei den schamlosen Raubzügen in die Vergangenheit des deutschen Geistes bemächtigt, um auch ihn zu beschmutzen. Jetzt gehen mir die Verse aus dem nachgelassenen Fragment durch den Sinn:

»Stürzte auch in Kriegesflammen
deutsches Kaiserreich zusammen,
deutsche Größe bleibt bestehn.«

Das war einmal ein stolzes Trostwort der geschichtlichen Ehrfurcht beim Untergang des altes Reiches, um die Dauer unverderbbarer, geistiger und moralischer Werte eines Volkes wissend, geschrieben in einer Zeit, da inmitten politischer Ohnmacht deutsches Denken und Dichten Werke der Weltgeltung schuf. Man überdenkt heute die Worte mit Bitterkeit, denn auch jene Kräfte der Deutschen, deren Schiller sich in unbefangener Zuversicht als ewig wirkend erfreuen konnte, scheinen durch die zwölf Jahre Nationalsozialismus in ihrem Mark und Kern gefährdet, durch Lüge, propagandistische Zweckhaftigkeit und subalternes Ressentiment vergiftet. Es wird eines ungeheuren seelischen Prozesses bedürfen, um diese Elemente aus dem Wesen der Deutschen wieder auszuschneiden. Ob Schiller selber dabei helfen kann?

In: Theodor Heuss, Aufzeichnungen 1945 – 1947, hrsg. von Eberhard Pikart, Tübingen 1966, S. 50 ff.

Dokument Nr. 6

Thomas Mann, Ansprache zum Kriegsende über den britischen Rundfunk am 10. Mai 1945:

Deutsche Hörer!

Wie bitter ist es, wenn der Jubel der Welt der Niederlage, der tiefsten Demütigung des eigenen Landes gilt! Wie zeigt sich darin noch einmal schrecklich der Abgrund, der sich zwischen Deutschland, dem Land unserer Väter und Meister, und der gesitteten Welt aufgetan hatte!

Die Sieges-, die Friedensglocken dröhnen, die Gläser klingen, Umarmungen und Glückwünsche ringsum. Der Deutsche aber, dem von den Allerunberufensten einst sein Deutschtum abgesprochen wurde, der sein grauenvoll gewordenes Land meiden und sich unter freundlicheren Zonen ein neues Leben bauen mußte, – er senkt das Haupt in der weltweiten Freude; das Herz krampft sich ihm zusammen bei dem Gedanken, was sie für Deutschland bedeutet, durch welche dunklen Tage, welche Jahre der Unmacht zur Selbstbestimmung und abbüßenden Erniedrigung es nach allem, was es schon gelitten hat, wird gehen müssen.

Und dennoch, die Stunde ist groß – nicht nur für die Siegerwelt, auch für Deutschland, – die Stunde, wo der Drache zur Strecke gebracht ist, das wüste und krankhafte Ungeheuer, Nationalsozialismus genannt, verröchelt und Deutschland von dem Fluch wenigstens befreit ist, das Land Hitlers zu heißen. Wenn es sich selbst hätte befreien können, früher, als noch Zeit dazu war, oder selbst spät, noch im letzten Augenblick; wenn es selbst mit Glokkenklang und Beethoven'scher Musik seine Befreiung, seine Rückkehr zur Menschheit hätte feiern können, anstatt daß nun das Ende des Hitlertums zugleich der völlige Zusammenbruch Deutschlands ist, – freilich, das wäre besser, wäre das Allerwünschenswerteste gewesen. Es konnte wohl nicht sein. Die Befreiung mußte von außen kommen . . . Möge die Niederholung der Parteifahne, die aller Welt ein Ekel und Schrecken war, auch die innere Absage bedeuten an den Größenwahn, die Überheblichkeit über andere Völker, den provinziellen und weltfremden Dünkel, dessen krassester, unleidlichster Ausdruck der Nationalsozialismus war. Möge das Streichen der Hakenkreuzflagge die wirkliche, radikale und unverbrüchliche Trennung alles deutschen Denkens und Fühlens von der nazistischen Hintertreppen-Philosophie bedeuten, ihre Abschwörung auf immer . . .

Ich sage: es ist trotz allem eine große Stunde, die Rückkehr Deutschlands zur Menschlichkeit. Sie ist hart und traurig, weil Deutschland sie nicht aus eigener Kraft herbeiführen konnte. Furchtbarer, schwer zu tilgender Schaden ist dem deutschen Namen zugefügt worden, und die Macht ist verspielt. Aber Macht ist nicht alles, sie ist nicht einmal die Hauptsache, und nie war deutsche Würde eine bloße Sache der Macht. Deutsch war es einmal und mag es wieder werden, der Macht Achtung, Bewunderung abzugewinnen durch den menschlichen Beitrag, den freien Geist.

In: Stockholmer Gesamtausgabe der Werke von Thomas Mann. Reden und Aufsätze, Bd. 1, Frankfurt 1965, S. 308 f.

Dokument Nr. 7

Ansprache von Johannes R. Becher auf der Gründungskundgebung des Kulturbundes am 4. Juli 1945 im Haus des Berliner Rundfunks (Auszug):

Der Hitlerkrieg und dessen Totalkatastophe erfolgten, n a c h d e m Deutschland in seiner Vergangenheit eine glanzvolle Kulturhöhe erreicht und eine große Arbeiterbewegung herausgebildet, n a c h d e m Deutschland solche Genies wie Goethe, Hegel, Engels und Marx hervorgebracht hatte und nachdem bereits in der Sowjetunion eine neue, freiheitliche Menschenordnung geschaffen worden war. Diese deutsche Niederlage erfolgte im Verlauf eines barbarischen Vernichtungskampfes gegen diese neue, freiheitliche Gesellschaftsordnung, gegen das Bündnis aller freiheitlichen Völker der Welt . . . Weltanschauliches, politisches Neubeginnen, geistiger Neuaufbau verlangen, daß wir die geschichtliche Grundlage, das ideologische Fundament genauestens untersuchen, auf denen sich das neue Werk gründen soll . . .

Wir können uns bei diesem hohen Beginnen auf die großen Genien unseres Volkes berufen, die uns ein reiches humanistisches Erbe hinterlassen haben. Dieses reiche Erbe des Humanismus, der Klassik, das reiche Erbe der Arbeiterbewegung müssen wir nunmehr in der politisch-moralischen Haltung unseres Volkes eindeutig, kraftvoll, überzeugend, leuchtend zum Ausdruck bringen. Unserer Klassik ist niemals eine klassische Politik gefolgt. Im Gegenteil, wir haben in unseren politischen Handlungen dem Vermächtnis unserer Besten stets zuwidergehandelt. Wir haben niemals den jenen hohen Kulturleistungen gemäßen politischen Ausdruck gefunden. Aus diesem unheilvollen Widerspruch zwischen Geist und Macht müssen wir heraus, der uns zum schwersten Verhängnis unserer Geschichte geworden ist, und der letzten Endes auch jedes freie Geistesschaffen vernichtet hat. Im Sinne einer Geistesverwandtschaft mit unseren Besten, im Sinne einer volksmäßigen Verbundenheit – in diesem Sinne muß Deutschland – Deutschland werden! Deutschland wird ein freiheitliches, demokratisches Deutschland sein – oder politisch-moralisches Trümmerland, geschichtliches Niemandsland. »Auferstehen! Ja, auferstehen!« So bedrängt es uns heute mit den Klängen aus der unsterblichen Passionsmusik Johann Sebastian Bachs.

In: Manifest des Kulturbundes zur demokratischen Erneuerung Deutschlands, Berlin 1945

Dokument Nr. 8

Wilhelm Röpke, Die Deutsche Frage, Anfang Juli 1945 (Auszug):

Wir stellen an die Spitze den Satz, daß dies die weltgeschichtliche Stunde ist, da die deutsche Frage wirklich und endlich – zur Befriedung Deutschlands und Europas – gelöst werden kann, wenn man die Einsicht und die Energie aufbringt, die kurze Spanne, da alles im Fluß ist, auszunutzen. Was in den kommenden Monaten versäumt werden sollte, wird in Generationen, so fürchten wir, nicht wieder einzubringen sein.

Wie schon nach dem ersten Weltkriege besteht die Lösung in einer dreifachen Revolution: der moralischen, politischen und wirtschaftlich-sozialen. Für jede dieser drei Revolutionen ist die Zeit reif, wie sie es seit Generationen noch nicht gewesen ist.

Wir beginnen mit der *moralischen Revolution,* von der alles weitere abhängt, so wie die deutsche Frage von jeher im wesentlichen eine geistig-moralische gewesen ist. Es gibt keine Hoffnung für die Deutschen, keine Rettung ihrer Kultur und keine Aussicht auf eine Wiederherstellung ihrer Stellung in der Welt, wenn sie sich nicht wahrhaftig und rücksichtslos Rechenschaft geben von der harten Realität: vom Ausmaß und den Ursachen ihrer Katastrophe, von den verhängnisvollen Irrtümern, die sie begangen haben, von den ruchlosen Verbrechen, die in ihrem Namen und von ihren Landsleuten innerhalb und außerhalb Deutschlands begangen worden sind, und von der erdrückenden Verantwortung, die auf ihnen lastet. Wir glauben, daß viele Deutsche dazu bereit sind. Alle Zeugnisse sowohl wie die Wahrscheinlichkeit sprechen dafür, daß sie ein Volk sind, das noch völlig betäubt ist von dem Schlag, der es getroffen hat. So groß wie sein physischer Hunger wird der Hunger nach der Wahrheit sein . . .

Das Erdenkliche muß getan werden, um das Gewissen aller Deutschen zu wecken, die nicht durch das diabolische System des Nationalsozialismus hoffnungslos verdorben sind, um ihnen zu helfen, die Wahrheit zu finden, und um sie auf den Weg der geistigen und moralischen Genesung zu bringen. Man muß sie der Hypnose entreißen, die eine infernalische Propaganda zwölf Jahre lang geschaffen hat, und man muß sie davon überzeugen, daß selten in der Geschichte die Kriegsschuld einer Regierung so völlig einseitig und so über jeden Zweifel erhaben gewesen ist wie die des Dritten Reiches und daß es die Schuld an dem furchtbarsten Kriege aller Zeiten ist. Man muß die Deutschen wieder an eine gesunde und nahrhafte geistige Kost gewöhnen und ihnen Bücher geben, die ihnen die unvergänglichen letzten Werte unserer abendländischen Kultur nahebringen und den Satanismus des Nationalsozialismus enthüllen . . .

Alle Anstrengungen werden also in erster Linie darauf zu richten sein, die erfreulichen Ansätze einer Umkehr der deutschen Intellektuellen zu fördern, die Universitäten, Schulen, Gerichte, Redaktionen und Kirchen von den Unbelehrbaren zu säubern und sie mit den Vertretern eines neuen Geistes zu besetzen. Das Allerwichtigste ist, eine neue geistige Elite zu schaffen, die dann schon dafür sorgen wird, die neuen Gedanken und Werte den breiteren Schichten mitzuteilen. Dazu aber wird es nötig sein, die dafür in Frage kommenden Menschen, die nach zwölfeinhalb Jahren der Isolierung, der Verdummung, der Überanstrengung, der Unterernährung und der Nervenüberreizung physisch und psychisch völlig erschöpft sind, in Pflege zu nehmen, ihnen Ruhe und Gelegenheit zur geistigen Sammlung zu geben und sie mit der Welt wieder in Kontakt zu bringen. Jede Anstrengung und jede Ausgabe für dieses Ziel wird tausendfältig Zinsen tragen. Eine Welt, die ihre Leidenschaften zu beherrschen und allein der Stimme der Vernunft zu folgen wüßte, würde es wahrscheinlich als eine der wertvollsten Maßnahmen zur Lösung der deutschen Frage betrachten, einige hundert deutsche Professoren, Geistliche, Redaktoren und Richter sofort auf mehrere Monate in ein Alpenhotel zu bringen und sie dort in der ruhigen Erhabenheit der Natur, bei guter Verpflegung, in ständigem Kontakt mit ausländischen Kollegen und in dem Studium der ausländischen Bücher, Zeitschriften und Zeitungen der letzten zehn Jahre die Kräfte des Geistes und des Körpers wiederfinden zu lassen, mit denen sie ihr Amt als Volkserzieher erfolgreich aufnehmen könnten.

Mit der moralischen muß die *politische Revolution* Deutschlands einhergehen. Worin sie zu bestehen hat, brauchen wir kaum noch einmal zu sagen: in der Wiederauflösung des Bismarckreiches, in der Zurückdrängung Preußens auf die Elbelinie und in der Schaffung einer deutschen Konföderation von autonomen Ländern, die ihrerseits streng nach dem Grundsatz der gemeindlichen und regionalen Selbstverwaltung regiert werden. Es ist eine Revolution, die dem Prinzip folgt, daß der Neuaufbau Deutschlands nicht von oben, sondern von unten zu erfolgen hat, d. h. von den kleinsten politischen Einheiten der Gemeinden, der Kreise und der Staaten, ein Neuaufbau, der bei den Fundamenten und nicht beim Dache beginnt. Es ist ein weiterer wesentlicher Bestandteil dieser Revolution, daß der überragende Einfluß Preußens gebrochen und die verschüttete Tradition der alten deutschen Staaten wiedererweckt werden muß. Das bedeutet, daß das Rheinland, Westfalen, Hannover, Hessen oder Schleswig-Holstein den Rang selbständiger deutscher Staaten gewinnen oder sich untereinander zu solchen zusammenschließen. Das ist genau die Therapie, die unserer eingehenden Diagnose der deutschen Krankheit entspricht. Deutschland muß seinen Charakter als eine »Nation von Nationen« zurückerhalten und zu den guten Traditionen zurückkehren, die es zu seinem Unglück vor drei Generationen verlassen hat. . .

Ist es das Ziel der moralischen Revolution, den Geist des Bismarckreiches abzuschütteln, und das Ziel der politischen, seine staatliche Struktur zu beseitigen, so wird es dasjenige der wirtschaftlichen sein müssen, seine wirtschaftliche und soziale Gestalt von Grund auf zu ändern. Es gilt, Deutschland von den Entartungen des Monopol- und Proletariatskapitalismus, der Vermassung, des Agrar- und Industriefeudalismus, der Proletarisierung, der Konzentration und Überorganisation, der Machtzusammenballung und der Entpersönlichung der Arbeit, kurzum von all jenen wirtschaftlichen und sozialen Ursachen der Gesellschaftskrisis unserer Zeit zu befreien, der es, wie wir sahen, seit Bismarck in so besonders hohem Maße zum Opfer gefallen war. Ist die wirtschaftlich-soziale Krankheit, die Deutschland verheert und es für den Nationalsozialismus vorbereitet hatte, als Präkollektivismus und Kollektivismus zu bezeichnen und hat sie unter dem Nationalsozialismus ihren tödlichen Fiebergrad erreicht, so kann die Heilung nur in dem völlig entgegengesetzten Programm antikollektivistischer Art bestehen. ...

Nur wenn die Deutschen von Vermassung und Proletarisierung geheilt werden, werden sie sich auf die Dauer von den Rauschgiften des Nationalsozialismus, des Totalitarismus und jeder Art von politischer Massenhysterie abwenden und sie verabscheuen. Weiterhin ist zu beachten, daß der Föderativcharakter Deutschlands, zu dem die politische Revolution führen soll, nur mit einer Wirtschaftsstruktur vereinbar ist, die entschieden nichtkollektivistisch ist, so wie umgekehrt der Föderalismus den Kollektivismus künftig in Deutschland unmöglich machen würde. (Die Unvereinbarkeit von Föderalismus und Kollektivismus ist in meinem Buche »Civitas humana« (S. 67 ff.) dargelegt worden.) Es ist daher nur logisch, daß die neuen Kollektivisten, die in Deutschland das Erbe der braunen antreten wollen, Verfechter des Einheitsstaates sind und den Föderalismus mit allen Schlagworten der großpreußischen Mentalität bekämpfen. ...

In: W. Röpke, Die Deutsche Frage, Zürich 1945, S. 252 ff.

Dokument Nr. 9

Schuldbekenntnisse der beiden Kirchen in Deutschland

1. Schuldbekenntnis der Katholischen Bischofskonferenz
   vom 23. August 1945:

Furchtbares ist schon vor dem Kriege in Deutschland und während des Krieges durch Deutsche in den besetzten Ländern geschehen. Wir beklagen es zutiefst: Viele Deutsche, auch aus unseren Reihen, haben sich von den falschen Lehren des Nationalsozialismus betören lassen, sind bei den Verbrechen gegen menschliche Freiheit und menschliche Würde gleichgültig geblieben; viele leisteten durch ihre Haltung den Verbrechen Vorschub, viele sind selber Verbrecher geworden. Schwere Verantwortung trifft jene, die aufgrund ihrer Stellung wissen konnten, was bei uns vorging, die durch ihren Einfluß solche Verbrechen hätten hindern können und es nicht getan haben, ja, die diese Verbrechen ermöglicht und sich dadurch mit den Verbrechern solidarisch erklärt haben.

In: K. Richter (Hrsg.), Die katholische Kirche und das Judentum, Freiburg/Basel/Wien 1982, S. 63

2. Die Stuttgarter Erklärung des Rates der Evangelischen Kirche in Deutschland vom 19. Oktober 1945:

Der Rat der Evangelischen Kirche in Deutschland begrüßt bei seiner Sitzung am 18. und 19. Oktober 1945 in Stuttgart Vertreter des Ökumenischen Rates der Kirchen. Wir sind für diesen Besuch um so dankbarer, als wir uns mit unserem Volk nicht nur in einer großen Gemeinschaft der Leiden wissen, sondern auch in einer Solidarität der Schuld. Mit großem Schmerz sagen wir: Durch uns ist unendliches Leid über viele Völker und Länder gebracht worden. Was wir unseren Gemeinden oft bezeugt haben, das sprechen wir jetzt im Namen der ganzen Kirche aus: Wohl haben wir lange Jahre hindurch im Namen Jesu Christi gegen den Geist gekämpft, der im nationalsozialistischen Gewaltregiment seinen furchtbaren Ausdruck gefunden hat; aber wir klagen uns an, daß wir nicht mutiger bekannt, nicht treuer gebetet, nicht fröhlicher geglaubt und nicht brennender geliebt haben.

Nun soll in unseren Kirchen ein neuer Anfang gemacht werden. Gegründet auf die Heilige Schrift, mit ganzem Ernst ausgerichtet auf den alleinigen Herrn der Kirche, gehen sie daran, sich von glaubensfremden Einflüssen zu reinigen und sich selber zu ordnen. Wir hoffen zu dem Gott der Gnade und Barmherzigkeit, daß Er unsere Kirchen als Sein Werkzeug brauchen und ihnen Vollmacht geben wird, Sein Wort zu verkündigen und Seinem Willen Gehorsam zu schaffen bei uns selbst und bei unserem ganzen Volk.

Daß wir uns bei diesem neuen Anfang mit den anderen Kirchen der ökumenischen Gemeinschaft herzlich verbunden wissen dürfen, erfüllt uns mit tiefer Freude.

Wir hoffen zu Gott, daß durch den gemeinsamen Dienst der Kirchen, dem Geist der Gewalt und der Vergeltung, der heute von neuem mächtig werden will, in aller Welt gesteuert werde und der Geist des Friedens und der Liebe zur Herrschaft komme, in dem allein die gequälte Menschheit Genesung finden kann.

So bitten wir in einer Stunde, in der die ganze Welt einen neuen Anfang braucht: Veni creator spiritus!

Stuttgart, den 19. Oktober 1945

gez. Landesbischof *D. Wurm*
Landesbischof *D. Meiser*
Bischof *D. Dr. Dibelius*
Superintendent *Hahn*
Pastor *Asmussen D. D.*
Pastor *Niemöller D. D.*
Landesoberkirchenrat *Dr. Lilje*
Superintendent *Held*
Pastor Lic. *Niesel*
Dr. Dr. Heinemann

In: Armin Boyens, Das Stuttgarter Schuldbekenntnis vom 19. Oktober 1945. Entstehung und Bedeutung,
in: Vierteljahrshefte für Zeitgeschichte 19 (1971), S. 374 f.

Dokument Nr. 10

Konrad Adenauer, Meine Einstellung zur außenpolitischen Lage (Anlage zum Brief Adenauers an den Duisburger Oberbürgermeister Heinrich Weitz vom 31. Oktober 1945):

Rußland hat in Händen: die östliche Hälfte Deutschlands, Polen, den Balkan, anscheinend Ungarn, einen Teil Österreichs. Rußland entzieht sich immer mehr der Zusammenarbeit mit den anderen Großmächten und schaltet in den von ihm beherrschten Gebieten völlig nach eigenem Gutdünken. In den von ihm beherrschten Ländern herrschen schon jetzt ganz andere wirtschaftliche und politische Grundsätze als in dem übrigen Teil Europas. Damit ist eine Trennung in Osteuropa, das russische Gebiet, und Westeuropa eine Tatsache.

In Westeuropa sind die führenden Großmächte England und Frankreich. Der nicht von Rußland besetzte Teil Deutschlands ist ein integrierender Teil Westeuropas. Wenn er krank bleibt, wird das von schwersten Folgen für ganz Westeuropa, auch für England und Frankreich sein. Es liegt im eigensten Interesse nicht nur des nicht von Rußland besetzten Teiles Deutschlands, sondern auch von England und Frankreich, Westeuropa unter ihrer Führung zusammenzuschließen, den nicht russisch besetzten Teil Deutschlands politisch und wirtschaftlich zu beruhigen und wieder gesund zu machen.

Eine Lostrennung Rheinlands und Westfalens von Deutschland dient diesem Zwecke nicht, sie würde das Gegenteil herbeiführen. Man würde eine östliche politische Orientierung des nichtrussischen besetzten Teiles Deutschlands herbeiführen. Dem Verlangen Frankreichs und Belgiens nach Sicherheit kann auf die Dauer nur durch wirtschaftliche Verflechtung von Westdeutschland, Frankreich, Belgien, Luxemburg, Holland wirklich Genüge geschehen. Wenn England sich entschließen würde, auch an dieser wirtschaftlichen Verflechtung teilzunehmen, so würde man dem doch so wünschenswerten Endziele »Union der westeuropäischen Staaten« ein sehr großes Stück näherkommen.

Zum staatsrechtlichen Gefüge des nicht von Rußland besetzten Teiles Deutschlands: Ein vernünftiges staatsrechtliches Gefüge besteht zur Zeit überhaupt nicht, es muß wiederhergestellt werden. Die Schaffung eines zentralisierten Einheitsstaates wird nicht möglich, auch nicht wünschenswert sein, der staatsrechtliche Zusammenhang kann lockerer sein als früher, etwa in der Form eines bundesstaatlichen Verhältnisses.

In: Konrad Adenauer, Briefe 1945 – 1947, Rhöndorfer Ausgabe, hrsg. von Rudolf Morsey und Hans Peter Schwarz, bearbeitet von Peter Mensing, 1983, S. 130 f.

Dokument Nr. 11

Studenten von heute und morgen.
Zur Eröffnung des Wintersemesters an der Hamburger Universität.

Neue Hamburger Presse, 3. November 1945:

Es ist schwer zu erkennen, was sie denken. Vorerst bewegt sie nur das Entweder-Oder: zugelassen zum Studium oder nicht. Jede Erörterung darüber hinaus berührt Gebiete, die zunächst in weiter Ferne liegen. Aber selbst wenn alle Fragen geklärt wären, wenn Dinge wie Reifezeugnis-Anerkennung und Vorsemester, Fragebogen und Anträge, Lehrmittel und Studiengelder sich von selbst verstünden – der Student dieses ersten Semesters nach dem Kriege wäre dennoch nicht imstande, sich über die geistigen Voraussetzungen seiner Existenz schon jetzt Rechenschaft zu geben. Er ist gewohnt, einer Führung zu gehorchen. Den meisten ist kaum ganz deutlich, daß sie fortan für sich selbst Entscheidungen treffen müssen. Sie sind noch unsicher – sowohl in den Dingen des studentischen Alltags, wie er sich nun allmählich zu formen beginnt, als auch in den grundsätzlichen Fragen des Studiums, von der wissenschaftlichen Problematik ganz zu schweigen. Wer von ihnen schon studiert hatte, dem war bisher gesagt worden, was studiert werden konnte und durfte. Wer im Krieg war, dem war meistens eine Gruppe von Männern anvertraut, über die er Befehlsgewalt hatte. Es ist nicht nur klar, daß von Befehlen auf der Universität keine Rede mehr sein kann: es ist auch eine völlig andere Atmosphäre, die sie von nun an wieder umgibt.

Der erste Ansturm der Bewerber hat sich verlaufen. Übrig geblieben ist nun die abgegrenzte Zahl der Zugelassenen, der Stamm also, die ersten Träger einer neuen Tradition. Es sind ausgewählte Männer und Frauen, meistens ältere Semester; denn wichtiger ist es, ein unterbrochenes Studium fortzusetzen, als ein neues zu beginnen, wichtiger für die Interessen der Öffentlichkeit wie auch für den einzelnen selbst. Dieser Stamm sieht ein wenig weiter als die Masse der Ahnungslosen, am Anfang Stehenden. Er erkennt bereits, wie sehr von den Grundlagen her neu aufgebaut werden muß; wie verarmt auch im geistigen Rüstzeug wir sind. Es fehlen Bücher und Lehrmittel, die der Krieg vernichtet hat und die auf Jahre hinaus nicht wiederbeschafft werden können; aber es fehlen auch die Kenntnisse, die nicht von heute auf morgen nachgeholt und erworben werden können.

Zur Existenz des Studenten gehört eine bestimmte Lebensform. Es ist wenig wahrscheinlich, daß die alten Korporationen wieder erstehen (in Hamburg haben sie ohnehin nur eine geringe Rolle gespielt), selbst nicht in der Form, in der sie vom Nationalsozialismus bekämpft und zerstört wurden.

Wir werden uns auch in dieser Hinsicht darüber klar werden müssen – schonungsloser als das bisher geschieht –, daß man nicht einfach an das Jahr 1932 anknüpfen kann. Es werden sich studentische Gemeinschaften bilden, aber wie sie aussehen, ist im Augenblick noch nicht klar erkennbar. Anstelle von Kneipe und Mensur werden vielleicht geistige und künstlerische oder sportliche Beschäftigungen treten. Vielleicht wird die Korporation vom Klub abgelöst werden. Die jungen Semester werden um eine schulisch geregelte Form ihres Studium-Beginnes nicht herumkommen. Es ist möglich, daß für sie Kollegien eingerichtet werden. Durch sie lassen sich auch die wirtschaftlichen Sorgen der Studenten besser beheben.

Hiermit berühren sich die früher viel umstrittenen Fragen der Hochschulverfassung. Auch sie sind jetzt noch nicht akut. Aber sicher ist, daß der überwiegende Teil der akademischen Bürger, Lehrer wie Lernende, die Politisierung der Hochschule, gleichviel in welcher Richtung, scharf ablehnt. An allgemeine Wahlen ist vorerst nicht zu denken. Aber mit Beginn des Semesters werden von den 26 Mitgliedern des Zentral-Ausschusses 13 ausscheiden, die durch Vertreter der Fakultäten ersetzt werden. Diese neuen Vertreter bestimmen die Dekane.

Ein Teil der Studenten, die für das kommende Semester noch nicht zugelassen wurden, vor allem solche, die in ihren Heimatort nicht mehr zurückkehren können, werden sich ihr Anrecht auf das übernächste Semester durch bestimmte Arbeitsleistungen erwerben. Es ist vorgesehen, sie gemeinschaftlich in einem Barackenlager in Hamburg unterzubringen.

So bildet sich langsam das Fundament. Noch überwiegen die äußeren Probleme. Aber wenn einmal der Bau steht, werden die geistigen Fragen um so dringlicher. Vielleicht ergibt sich dann, daß das Ideal der alten »Universitas« dennoch nicht tot ist, jene Gemeinschaft von Menschen, in denen der reine Trieb der Forschung lebt. Denen es nicht um einen Zweck, sondern um die Wahrheit geht.

Dokument Nr. 12

Kurt Schumacher, Rede in Göttingen am 6. Dezember 1945 (Auszug):

Die Situation nach 1918 kehrt nicht mehr wieder. Es ist überhaupt die große Illusion mancher Leute, anzunehmen, wir könnten dort wieder weitermachen, wo wir seinerzeit aufgehört haben. Das gilt für die Welt nicht, das gilt für Deutschland nicht, das gilt nicht für meine Partei und das gilt nicht für niemand anderen. Wir wollen keinen Wiederaufbau. Wir wollen einen Neubau Deutschlands. Wir wollen keinen Wiederaufbau, denn damit bringen wir schlechte Steine, schlechtes Bindemittel in unser Haus und wir haben den Schwamm im Haus. Es würde dem Sturm der Zeit nicht standhalten können, wenn wir dieses Material nehmen . . .

Ich will der Generation, die den Nationalsozialismus gezeugt und getragen hat, nicht den letzten aller Vorwürfe machen, denn schließlich haben sie nur zum Ausdruck gebracht, was vierhundert Jahre deutscher Geschichte erzeugt haben. Vierhundert Jahre dieser Geschichte, in einer Zeit, als andere Völker schon längst um die Freiheit gekämpft haben. Diese Gesinnung der deutschen Nation hat in der zweiten Hälfte des vorigen Jahrhunderts ein rapides Entwicklungstempo angenommen. Es hat sich Deutschland trotz Geist und Mensch in der Welt isoliert.

Die deutsche Schuld liegt an der Mißachtung der großen Idee der Freiheit. Wenn dieses Geschehen einen Sinn hat, dann muß es dem deutschen Volke dazu verhelfen, auszubrechen aus den großen Ideen.

In: AsD NL Schumacher Q 5 I

Dokument Nr. 13

Theodor Heuss, Rede in Göppingen am 7. Dezember 1945 (Auszug):

Das Volk in seiner Masse ist nicht schlechter geworden; aber es ist vor die Aufgabe gestellt, einen sehr großen Reinigungsprozeß durchzumachen, weil wir nun in dieser Zeit und durch diese Zeit an unserer Seele Schaden genommen haben. Wir sind alle in dieser Zeit irgendwie schmutzig geworden und müssen uns darüber ganz klar sein. Es ist eine schmachvolle Angelegenheit gewesen, gerade in dieser Zeit Zeitgenosse und Volksgenosse sein zu müssen. Das ist sehr hart, wenn man das ausspricht; aber man muß es schon tun. . . .

Man spricht das Wort »Reich« heute zögerlich aus. Das Wort »Reich« hat den Schein von Macht hinter sich. Hinter unserem Sein ist Ohnmacht und Armut. Als es vor zwei, dreihundert Jahren schon ein großes Österreich, ein großes oder größer werdendes Preußen, ein Hannover, ein Sachsen gab, lagen nebeneinander um das Herzogtum Württemberg herum Reichsstädte und Reichsstädtlein, Reichsabteien, Grafschaften, Ritterschaften – man braucht nur die alten Schulkarten in ihrer Farbenbuntheit anzusehen. In diesem vielgesprenkelten kleinen Gebiet, da war damals das Reich zu Hause. Die großen Staaten, Preußen, Österreich, Hannover, entwickelten sich zu ihrem Eigenleben, und wenn man vom Reich sprach, dann sprach man eben vom deutschen Südwesten, wo die große Macht fehlte, aber der Reichsgedanke lebendig geblieben war, lebendig in den Zeiten der Ohnmacht. Die haben wir heute wieder, schlimmer als je. Aber daß der Gedanke des Reiches auch in der Ohnmacht lebendig bleibe in unseren Seelen, ist die Voraussetzung dafür, daß das Reich wieder werde.

In: Bundesarchiv Koblenz (BA) NL Heuss 1

Dokument Nr. 14

Rudolf Degkwitz (Rektor der Universität Hamburg), Sind wir auf dem rechten Weg? Ansprache an Studenten:

Das Tragische in unserer Geschichte ist nun, daß unser Volk schon viel länger als während der letzten 12 Jahre gelehrt worden ist, den Staat als das Höchste und Verehrungswürdigste zu betrachten und seine höchst sittliche Pflicht darin zu erblicken, sein Außen- und Innenleben, seine Freiheit und sein Gewissen den Interessen des Staates, das heißt in Wahrheit denen der jeweiligen Machthaber unterzuordnen und ihnen, wenn es ihr Ehrgeiz verlangt, Leib und Leben zu opfern. Als Patriot galt nicht, wer das Wohl seiner Heimat und seines Volkes dem Herrschenden gegenüber vertrat, sondern wer sich ihnen als nützliches Werkzeug anbot. Im Hohenzollernschen Kaiserreich war Maulhalten die erste Pflicht der Patrioten und ihre Aufgabe, sich allezeit ihres beschränkten Untertanenverstandes bewußt zu sein. Schwarzseher wurden damals zwar nicht ins KZ oder auf das Schafott geschickt, aber von Wilhelm dem II. eingeladen, »den Staub des Vaterlandes von ihren Füßen zu schütteln« . . .

Unsere Schicksalsfrage ist, ob es unserer Jugend gelingt, umzulernen und in die europäische Geisteshaltung hineinzuwachsen, der man sie, ohne daß sie es gewahr wurde, völlig entfremdet hat. Unsere bisherigen Auffassungen über die Beziehungen zwischen Mensch und Mensch, Volk und Volk und Gott und der Welt müssen von Grund auf geändert werden. Die Ideale der abendländischen Kulturvölker sind unseren preußisch-deutschen Anschauungen und ihrer perversen Variation durch die Nazis absolut entgegengesetzt. Trotzdem müssen wir uns in sie hineinleben, wenn wir überleben wollen. Die anderen europäischen Kulturnationen betrachten den Menschen als das Ebenbild Gottes und alle Menschen als Brüder, weil sie alle Gottes Kinder sind. Wo sich die Menschen als Brüder betrachten, können sie sich nicht als Herr und Knecht gegenübertreten und dürfen nicht dulden, daß der eine alle Herrlichkeiten dieser Erde und der andere nichts von ihnen hat. Aus dieser Geisteshaltung heraus muß, wenn ich moderne Ausdrücke gebrauchen darf, dafür gesorgt werden, daß die Menschen – politisch gesehen – einander demokratisch und – wirtschaftlich gesehen – sozialistisch regieren. Eine weitere Folge dieser Auffassung ist, daß der Mensch nicht dem Staate, sondern der Staat dem Menschen dient und seine höchsten Aufgaben darin erblickt, die Würde und die Rechte des einzelnen Menschen als das Ebenbild Gottes wahren und sein Gewissen und seine Freiheit zu achten. Es sind nicht nur die glücklichsten, sondern auch die im Materiellen erfolgreichsten Völker, die diesen Idealen am nächsten gekommen sind.

In diese Geisteshaltung muß unsere Jugend hineinwachsen und sich darüber klar werden, daß der Geist und nicht das Schwert die Welt regiert und das Leben und Sterben eines Volkes letzten Endes nicht von seiner materiellen Macht, sondern von seiner Geisteshaltung abhängt.

Diesem geistigen Zwang, diesem Entweder-Oder, dieser Frage auf Tod und Leben fühlen sich viele unter unserer Jugend nicht gewachsen. Die einen verzweifeln und sind geneigt, unter dem Druck der äußeren Not alle Hoffnungen auf einen Wiederaufstieg unseres Volkes aufzugeben und untätig beiseite zu stehen. Eine kleine Minderheit ungeistiger Menschen scheint von der alten Gedankenwelt und ihren Evangelien des Nationalismus und Militarismus nicht abzukommen. Sie scheint trotz der Katastrophen der letzten 27 Jahre und der drohenden neuen Zerstörungsmittel immer noch daran zu denken, unser Geschick nicht in der friedlichen europäischen Gemeinschaft zu suchen, sondern noch einmal den Weg der reinen nationalen Machtpolitik zu gehen.

Ihr aber, die Ihr die überwiegende Mehrzahl unserer Jugend seid, Urenkel und Nachkommen der Generationen, die den Deutschen den Ehrennamen des Volkes der Dichter und Denker verschafft hatten, Ihr, die Ihr gläubig und reinen Herzens durch eine zusammenstürzende Welt gegangen seid, besinnt Euch auf Euch selbst und Euer Erbe. Strebt über die alten nationalen Grenzen und Begriffe hinaus und werdet wieder Weltbürger, wie es Eure Vorfahren gewesen sind. Ihr könnt das erhobenen Hauptes tun, weil von den köstlichsten Früchten des menschlichen Geistes eine ganze Reihe in Deutschland gereift ist. Versucht, die Welt geistig zu durchdringen und den geistigen Gewinn höher zu achten als den materiellen, der Euch von selbst zufällt, wenn Ihr auf dem rechten Weg seid. Leistet den Verzweifelten unter Euch brüderlichen Beistand und hütet die Verblendeten um ihrerselbst und unsretwillen. Seid stolz, von dem Schicksal an diesen Wendepunkt unserer Geschichte gestellt zu sein, und denkt daran, welche Verpflichtungen es Euch auferlegt hat. In Eurer Brust sind unseres Schicksals Sterne.

In: Sendung im Nordwestdeutschen Rundfunk, Hamburg, 8. Dezember 1945

Dokument Nr. 15

Gerhard Ritter, Leitsätze über unsere politische Lage, Silvester 1945 (Auszug):

1. Unbestreitbar gibt es heute eine starke Gemeinschaft westeuropäischer Kulturinteressen und dafür für uns Westdeutsche die sachliche Notwendigkeit ehrlicher Zusammenarbeit mit Engländern und Franzosen. Aber

wer von »ehrlicher Zusammenarbeit« spricht, denkt dabei nicht an eine blasse Gefolgschaft des einen gegenüber dem anderen.

2. Unbestreitbar hat sich der Nationalismus des 19. Jahrhunderts im 20. gleichsam selbst überschlagen, in den beiden Weltkriegen sozusagen ad absurdum geführt. Aber wer nun mit überlegener Miene vom »Zeitalter des Nationalismus« als einer längst abgetanen Sache und vom Kommen einer neuen Epoche des Europäismus oder auch des Weltbürgertums spricht, der hüte sich, daß er nicht in den alten deutschen Fehler vorschnellen Konstruierens welthistorischer Perspektiven verfalle, und daß er nicht die unheimlichen Kräfte nationalen Ehrgeizes und Machtwillens unterschätze, die heute noch in der Welt auch außerhalb Deutschlands am Werke sind, getarnt oder ungetarnt. Man hüte sich vor dem Irrtum, als ob es nicht auch in dem Bereich des Wirtschaftlichen nationale Interessengegensätze gäbe; über diese wird immer danach entschieden, wer die stärkere Wirtschaftsmacht hinter sich hat . . .

4. Der Europagedanke schließt ebenso die Gemeinschaft der Abendländischen Völker wie ihre politische Selbständigkeit und geistige Eigenwüchsigkeit und Mannigfaltigkeit in sich. Mischkulturen, wie sie das Elsaß seit seiner Einverleibung in das viel größere Frankreich zeigt, sind in Gefahr, über der Zweisprachigkeit steril zu werden. Das blühende Geistesleben des Elsaß, führend bis zur Reformationszeit, ist seitdem zu provinzialer Enge herabgesunken.

5. Der deutsche Nationalstaat, wenn er überhaupt wieder entsteht, bedürfte nach der Überspannung des Zentralismus in der Hitlerzeit einer gewissen Auflockerung im Sinne des Bundesstaates. Eine innere Neuordnung wäre schon deshalb unvermeidlich, weil das alte Preußen nicht mehr besteht und Berlin fast zu einer östlichen Grenzstadt geworden ist. Eine Rückkehr zum Staatenbund von 1815 indessen wäre insofern glatte Reaktion, als sie über die Tatsache eines unendlich engen Zusammenwachsens der deutschen Wirtschaft und des ganzen deutschen Lebens, vollends seit den beiden Weltkriegen, einfach hinwegginge, ebenso wie über die technischen Möglichkeiten des modernen Verkehrswesens . . .

7. Wer den Gedanken einer letzten, politischen, geistigen und wirtschaftlichen Einheit der deutschen Nation preisgibt, um irgendwelcher westdeutscher Bedürfnisse willen, gibt den deutschen Osten preis. Er verliert damit zugleich (das läßt sich schon jetzt mit Sicherheit sagen) die deutsche Jugend aus der Hand und auch die Fühlung mit dem schlichten Empfinden des Volkes . . .

In: Landeskirchliches Archiv Hannover, NL Hans Lilje 790/05

Dokument Nr. 16

Theodor Heuss, Um Deutschlands Zukunft, Vortrag vor dem Kulturbund zur demokratischen Erneuerung Deutschlands, Berlin, 18. März 1946:

Wie konnte es dazu kommen, daß ein Volk dieser Geschichte, dieser Leistung in diese Zeit der zwölf Jahre hineinging? Schuld, Schuld aller Deutschen? Schuld der Passivität? Wir sind alle in dieser Zeit und durch diese Zeit schmutzig geworden. Wenn man in ein Volk hineingeboren ist, in seiner geistigen Luft aufwuchs und seine Geschichte weiß, seine Landschaft kennt und liebt, dann liebt man dieses Volk, zu dem man gehört. So liebten wir unser Vaterland. So entstand, ohne daß wir plump und vertraulich dem Beethoven oder dem Kant auf die Schulter klopften, das Bewußtsein, daß wir stolz darauf waren, Deutsche zu sein. Und das war das Scheußlichste und Schrecklichste, das uns der Nationalsozialismus antat, daß er uns zwang, uns schämen zu müssen, Deutsche zu sein, daß dieser Zwang und dieses Schämen uns selber vor unserem Gefühl erniedrigte, und daß wir Sehnsucht haben müssen nach dem Tage, wieder mit freier Seele stolz darauf sein zu dürfen, Deutscher zu sein. Das ist ein schwerer Weg der Selbstreinigung, den wir gehen müssen . . .

Wenn wir den Deutschen in dem Schicksal der zwölf Jahre sehen, so scheint uns eine polare Spannung seines Wesens vorhanden zu sein. Auf der einen Seite der Überschwang des Denkens, des geistigen Exzesses, der dic größten Dinge denken und leisten kann, auf der anderen die spaßige Subalternität. Das Ausschweifen in eine uferlose Romantik und ein kleinbürgerliches Versorgungsideal nebeneinander. Was will das heißen in unserem Zusammenhang? Die Technik des Nationalsozialismus konnte diese beiden polaren Dinge des deutschen Wesens, seine Phantasie des Denkens und die Enge und Unterwürfigkeit des bürgerlichen Seins wunderbar wahrnehmen, indem er in einem jungen Menschen den Vorrang von Begriffen hinstellte und sie in ihrer Einmaligkeit neu zu buchstabieren begann. Der Verschleiß von edlen Worten und Werken tut Wunder, Ehre, Treue, Vaterland, Gemeinsinn, Opferkraft. Sie haben in dieser Zeit an die Erwartung und Kräfte bester junger deutscher Menschen gerührt. Aus der pflegsamen Behandlung all des Amtsmäßigen, der Ordnung, der Uniform, der kleinen Pöstchen, dieser Hierarchie von Befehlsstellen, in denen die kleinen Minderwertigkeiten sich irgendwie wichtig fühlen konnten, erwuchs das Geltungsbedürfnis derer, die sonst am Rande des Lebens liegen geblieben wären und auf einmal kleine Herren wurden und als Herren sich angesprochen fühlten.

Das war in Deutschland möglich und so wohl nur in Deutschland, weil die Zerbrochenheit unserer geschichtlichen Entwicklung uns ein verbindliches Geschichtsbewußtseins nicht gegeben hat. Wir stehen und werden weiterhin stehen unter der Last unserer an Größe reichen Geschichte, weil bei uns in

Deutschland die Geschichte der Freiheitskämpfe, die auch wir gekannt haben, eine Geschichte der Niederlagen geworden und geblieben ist. Die anderen, Franzosen, Engländer, Amerikaner, Russen hatten ihre Revolutionen, und es ging bei denen auch hart her. Aber sie haben sich irgendwie geschichtlich durchgerungen, und die Unterworfenen dieser Revolutionen haben sich mit den Tatbeständen abgefunden, und sie sind selber Träger eines neuen Bewußtseins geworden. Wir haben den Bauernkrieg geschichtlich verloren. Wir haben die geistigen Erhebungen nach 1815, 1830, 1848, die Verfassungskämpfe der sechziger Jahre, die Bewegung der Sozialisten verloren. Heute, am 18. März, mag man sich dessen erinnern, daß es den Deutschen nicht gelang, aus diesem Versuch des Jahres 1848 irgendeine ihrem Bewußtsein dienende Kraft zu schaffen . . .

Stattdessen 1933: der deutsche Mensch begann sich selber zu erhöhen und ließ es sich gefallen, als der von der Schöpfungsordnung so gestaltete Mensch zu gelten, bis in ihm schließlich Herrschaftsanspruch, Herrschaftsrecht, Herrschaftspflicht gegenüber den anderen Völkern zum »nordischen« Selbstbewußtsein wuchs. Deutsch, deutscher, am deutschesten! Der nordische Mensch, Piefke aus Moabit, als Herrenmensch und Held! . . .

Jenes Weggehen von der Antike, jenes Weggehen vom Christentum war der Verzicht auf die transzendente Bindung des Menschen und bedeutete die Loslösung des deutschen Menschen von der abendländischen Kulturgrundlage, die ihn dann in die Barbarei gestürzt hat. . . .

Wir sprechen vom Reich, und man spricht das Wort Reich fast zögernd aus, denn es liegt ein Schimmer von Größe, ein Glanz von Macht darauf. Und heute liegt es im Schatten der Ohnmacht. Aber indem wir es heute aussprechen, wissen wir, es war politisch ungesichert, lebendig aber im Wissen um die Einheit des deutschen Geistes und auch um die Einheit des staatlichen Schicksals. Wenn ein Volk wie unseres Katastrophen solchen Ausmaßes erlebt, so sind Erschütterungen unausweichlich. Auch 1918 war das so. Es blühte dort auf manchem Stück unserer Heimat Separatismus und Partikularismus. Dort glaubte man dem Schicksal irgendwie entgehen zu können. Es gibt kein Entrinnen aus dem deutschen Gesamtschicksal. Wir sind und bleiben gesamthaftbar für das, was wir erlebt haben. Heute sind die Fragen der Auseinandersetzung zunächst deshalb so viel schwerer als 1918 geworden und mit Mißverständnissen belastet, weil Verkehr, weil Aussprache, weil Briefe, weil all das so viel umständlicher geworden ist. Die internationalen Schwierigkeiten der Besatzungsmächte kommen hinzu, das Ungewisse, wie mag es sich entwickeln, wann wird es sich lockern?

In: Theodor Heuss, Aufzeichnungen 1945 – 1947, S. 189 ff.

Dokument Nr. 17

Ein offener Brief aus der Provinz Sachsen an Grotewohl, Pieck, Böttge und Koenen (SPD/KPD – Vorsitzende in der Provinz Sachsen) und Schumacher, 15. April 1946:

Der verbrecherische zweite Weltkrieg ist nun vor einem Jahre mit einer fürchterlichen Niederlage der deutschen Wehrmacht zu Ende gegangen. Die Hauptschuldigen und Treiber zu dieser 2. Massenschlächterei, soweit sie im »dritten Reich« regierten oder führende Stellungen und Posten bekleideten, sind oder werden zur Verantwortung gezogen und vor dem deutschen Volk abgeurteilt werden. Anders verhält es sich mit den indirekt Schuldigen an diesem 2. Weltkriege, nämlich mit den Politikern, die den deutschen Arbeiter und ihre vertretenen Ideale 1933 feige im Stich ließen, die Macht im Staate kampflos dem Hitlerismus überantworteten und sich in die Emigration begaben, wie sie heute zugeben. Sie zogen sich 1933 in vorgesorgte »Reservestellungen« abseits des entstandenen Tumultes in Deutschland zurück und ließen den kleinen Mann die Haut zu Markte tragen. Es sind die Männer wie P i e c k und seine Trabanten, die 1945 nach der Niederlage wieder die alten Stellungen im Reiche bezogen haben, obwohl bisher keiner aus dem Volke sie dorthin bestimmt oder gewählt hat. Dieselben Männer sind es, die nach 1918 die Arbeiterschaft auseinander redeten und die Spaltung der Arbeiterparteien zuwege brachten. . . .

Diese alten und wieder »neuen« Führer der KPD sind nun, auf Befehl Moskaus im Bündnis mit den jetzigen Führern der SPD, dabei, die Einheit der Arbeiterklasse in der russischen Besatzungszone Deutschlands herbeizuführen. Dazu bedient man sich nicht etwa demokratischer Mittel und Methoden, sondern solcher, die im 3. Reich gang und gäbe waren, nämlich diktatorischer. Die notwendigen Maßnahmen werden auch heute mit einer dahinter stehenden Militärmacht durchgesetzt und alsdann dem Volke als eine wirklich demokratische Leistung in allen Farbnuancen im Blätterwald aufgetischt. Ja, man weiß im Februar schon, das die SEPD am 1. Mai 1946 eine fertige Sache ist, d. h. mit Ausnahme der Stadt Berlin, dort steht der deutsche Arbeiter noch nicht vollständig unter sowjetischem Einfluß. S i n n u n d Z w e c k der Vereinigung der Arbeiterparteien ist, die Arbeiterschaft m e h r und s i c h e r e r u n t e r k o m m u n i s t i s c h e n E i n f l u ß z u b r i n g e n u n d d e r b o l s c h e w i s t i s c h e n A g g r e s s i o n z u g ä n g l i c h e r z u m a c h e n . Das erkennt jeder denkende Arbeiter im Osten des Reiches und das ist der Grund und die Angst, daß man in dieser wichtigen Frage das einzig und allein gangbare demokratische Prinzip der Wahl oder Abstimmung ausschaltet, weil dieser Vorgang die Minderheit der Kommunisten wie beispielsweise bei Wahlen im Westen des Reiches aufzeigen würde. . . .

Wir deutschen Arbeiter im abgetrennten Osten und in der Mitte des Reiches dürfen unsere Stimme nicht erheben wegen der Nähe der GPU. (Früher war es die Gestapo!) Wir rufen Euch, Brüder im Westen, werdet die Sprecher für uns! Werdet alle ein Dr. Schumacher und Kämpfer für die Beendigung der geistigen und seelischen Unterdrückung Eurer Genossen im Osten! Kommt in unsere Heimat, in unsere Familien, in die Betriebe und Geschäfte und überzeugt Euch von der wahren Meinung des deutschen Arbeiters und von den ihm verbliebenen freien demokratischen Rechten. Überzeugt Euch auch von den Maßregelungen und Schikanen, denen der kleine Mann durch deutsche Verwaltungen in der russischen Zone ausgesetzt ist. Seht Euch das Elend der Brüder und Schwestern an, die heute noch aus dem Osten ausgewiesen werden. Dann werden auch alle Zweifler begreifen, daß der moralisch und sittlich gesund gebliebene deutsche Arbeiter niemals seine Stimme diesen jetzigen kommunistischen Machthabern geben kann. Nur die allerdümmsten Kälber wählten ihre Metzger selber!

In: AsD NL Schumacher J 30

Dokument Nr. 18

Henry Bernhard, Europäische Union? Von nationalen und übernationalen Lösungen, Rede in Stuttgart am 1. Mai 1946:

Wir müssen aus der nationalen, nationalistischen und nicht zuletzt der national-sozialistischen Vergangenheit unseres Volkes Folgerungen und die Lehren ziehen.

War der Zusammenbruch Deutschlands in erster Linie die Folge einer verbrecherischen Außenpolitik und einer ebenso verbrecherischen Rassenpolitik, so muß ein neues aus dem Abgrund herausstrebendes Deutschland deshalb, besonders auf diesen beiden Gebieten, genau das Gegenteil tun. Wir müssen deshalb alle nationalistischen Lösungen deutscher Fragen in der europäischen Zukunft, mit welchen Begründungen sie auch immer gegeben werden, ablehnen.

Wir müssen nicht nur übernationale Lösungen fordern, sondern zunächst und in erster Linie unser ganzes geistiges Denken darauf einstellen.

Deshalb wäre es bedauerlich, wenn wir bei dem Versuch, überstaatliche Lösungen zu betreiben, wieder auf engstirnige nationalistische Phrasen stoßen würden.

Wir müssen davon überzeugt sein, daß das Zeitalter der Nationalstaaten zu Ende ist und daß in Europa das Zeitalter der übernationalen Gestaltung geschaffen werden muß.

Genau wie die westliche Hemisphäre in einer Vereinigung amerikanischer Staaten, die einstige Kolonialwelt in einer Vereinigung britischer Staaten, dem wieder erstarkenden Empire, und Osteuropa in einer Union von Sowjetrepubliken besteht, so wird und muß die Zukunft Europas in einer organischen und für alle Zeiten unauflösbaren Union der europäischen Demokratien bestehen.

In: Das andere Deutschland, 10. Mai 1946, S. 5.

Dokument Nr. 19

»Leipziger Manifestation für Wirtschaftseinheit«
Sonderbericht der »Frankfurter Rundschau«, 14. Mai 1946:

Die Frankfurter Messebesucher fuhren am Mittwoch und Freitag in Sonderzügen nach Leipzig und waren überrascht von der ausgezeichneten Organisation, die ohne lange Kontrolle ihnen bereits in den Zügen die Lebensmittelkarten, die Quartiernachweise und die polizeiliche Anmeldung vermittelte. Die Aufnahme war überall freundlich und entgegenkommend und brachte einen lebhaften Gedankenaustausch mit den Gastgebern. Die Stadt hatte sich mit den roten Fahnen des Sozialismus festlich geschmückt. Die Versorgung der Besucher in den Gaststätten klappte sehr gut. Es gab außerdem für jeden Besucher eine Schachtel Zigaretten und, soweit der Vorrat reichte, sogar eine Flasche Schnaps . . .

Die erste Nachkriegsmesse in Leipzig wurde genau am Jahrestag der Kapitulation Nazi-Deutschlands feierlich eröffnet. Diese Tatsache allein bedeutet einen ganz großen Erfolg, noch dazu, da Leipzig durch die Kriegseinwirkungen stark mitgenommen ist. Aber in monatelanger schwerer Arbeit wurde ein nennenswerter Teil der Messeanlagen aus den Trümmern wieder aufgebaut und damit die Voraussetzung für die Abhaltung der Messe geschaffen. Der zweite Erfolg der Leipziger Messe liegt in der unter den Zeitumständen großen Zahl von 2746 Ausstellern, davon 204 aus den Westgebieten, und den vielen Besuchern, die bereits am zweiten Tage die Zahl von 120 000, hierunter 12 000 aus den westlichen Zonen Deutschlands, überschritten. Das Bild, das Leipzig bot, der gewaltige Verkehr in den Straßen, vor allem aber das Leben und Treiben in den Messehäusern der Innenstadt und den Hallen auf dem Messegelände ähnelte dem Bild stark besuchter Vorkriegsmessen.

Die Bedeutung der Leipziger Messe ist aber vor allen Dingen darin zu sehen, daß all den vielen Pessimisten ein Blick hinter den sogenannten »Eisernen Vorhang« ermöglicht wurde und daß sie selbst Dichtung und Wahrheit feststellten konnten und sahen, daß dort noch dieselben Menschen wohnen wie früher, denen es im allgemeinen nicht ungünstiger geht als den Bewohnern der anderen Besatzungszonen. Weiterhin bedeutet die Leipziger Messe den ersten Schritt zur Niederlegung der Zonenmauern und den ersten Ansatz zur Herstellung der wirtschaftlichen Einheit Deutschlands, wie sie in den Potsdamer Beschlüssen von allen vier Besatzungsmächten garantiert wurde. Im vollen Einverständnis der Besatzungsmächte waren die Zonengrenzen überbrückt.

Dokument Nr. 20

Joachim Slawik, Fahrt zur Leipziger Messe 1946:

Schon an der Zonengrenze konnte man feststellen, daß alle ehemals zwei- und mehrgleisigen Strecken eingleisig geworden waren. Tausende von Kilometern Gleise sind in einem Jahr nach dem Osten gewandert. Vor leeren Fabrikgebäuden und ausgestorbenen Werkhallen weht die rote Fahne, und Transparente forderten die »Abschaffung der Bildungsvorrechte«, die »Bestrafung der Kriegsgewinnler« und die »Aufteilung des Grundbesitzes«.

Längs der Bahn stehen hunderte von riesigen Kisten, in denen die Maschinen und Werkzeuge auf den Abtransport warten. Die früheren elektrischen Strecken Mitteldeutschlands haben keinen Kraftstrom mehr. Die Überlandleitungen und Hochspannungsmasten sind wenige Zentimeter über dem Erdboden mit dem Schneidbrenner weggeschweißt worden und liegen nun in den Feldern und längst der Bahnkörper. Die Kupferdrähte sind den gleichen Weg wie alles andere gegangen. Alles, was nur irgendeinen Wert hat, wird abmontiert. Manche Werke haben, nachdem alle Maschinen ausgeräumt worden waren, mit den wenigen zur Verfügung stehenden Hilfsmitteln eine neue Produktion begonnen. Doch sind auch da einige zum zweiten Male von ihren Maschinen »befreit« worden und andere arbeiten für die Besatzungsmacht.

Fragt man die Menschen, die in dieser Zone wohnen, über ihr Leben, so bekommt man nur knappe und unklare Auskünfte oder gar keine. Man hat Angst vor dem Haus-, Block-, Straßen- und Bezirksbeauftragten der »Partei«. (Diese bekommen für ihre Parteiarbeit Lebensmittelkarten für Angestellte, Arbeiter oder Schwerarbeiter.) Einer sagte mir in Leipzig, daß er gerne den »Tagesspiegel« bestellen würde, sich aber nicht traue.

In Leipzig fallen die vielen Plakate der Christlich-demokratischen Union Deutschlands auf. Die gab es vor der Messe nicht, berichten viele Leipziger, sondern sie sind erst in den letzten Tagen angeklebt worden. Leipzig selbst ist mustergültig sauber aufgeräumt. Jede andere deutsche Stadt könnte sich ein Beispiel daran nehmen. Aber nirgends sind Maschinen zu sehen, nirgends arbeiten Bagger. Alles wird mit der Hand geschafft.

Die Leipziger Bevölkerung hat aus Anlaß der Messe Zuteilungen bekommen, auf die sie seit Wochen, manchmal Monaten wartete; in Dresden dagegen haben die Menschen aus dem gleichen Anlaß seit acht Wochen keine Fettzuteilung erhalten. Das Brot ist erdenklich schlecht; man sagte mir, es werde mit Kastanienmehl gemischt. In jeder Gaststätte gibt es Schnaps; dafür kann man nirgends Kartoffeln erhalten. Der Messezug, der zwischen Leipzig und Dresden verkehrte, war tadellos, die Fenster heil, Wände und Sitze frisch gestrichen; es wurden nicht mehr Karten verkauft, als Sitzplätze vorhanden waren. Ein unwahrscheinliches starkes »Geleit« von Bahnpolizisten »sicherte« den Zug vor »gewöhnlichen« Zivilisten. Doch konnten alle Polizisten nicht verhindern, daß zwischen Riesa und Dresden der Zug von Menschen gestürmt wurde, die auf den Dörfern den ganzen Tag über seit dem Morgengrauen die Bauern um Kartoffeln angebettelt und nun mit ihrer mehr oder weniger ertragreichen Tagesleistung, die sie außerdem noch schwer bezahlen mußten, in die Stadt zurück wollten. Ich sah alte, gebrechliche Mütterchen Lasten auf ihrem gekrümmten Rücken schleppen und Kinder mit blassen Gesichtern Rucksäcke tragen, daß man hinten nur einen Rucksack mit Beinen sehen konnte. Der Hunger diktiert. Alle Kleingärten sind mustergültig ausgenutzt, ganz selten ist ein kleines Eckchen für eine Blume freigeblieben. Die Bauern klagen, daß ihnen frisch gelegte Kartoffeln bei Nacht aus den Feldern wieder ausgegraben werden, und geben den Bettelnden, die täglich um etwas Eßbares bei ihnen vorsprechen, Körner, die sie sonst als Hühnerfutter wegwerfen (gegen reichliche Bezahlung natürlich, denn Geld ist seit der Beschlagnahme der Konten rar geworden). Die so erworbenen Kostbarkeiten werden mit der Kaffemühle gemahlen und von dem Schrot eine Suppe gekocht.

Die Menschen sehen nicht viel schlechter aus als die der westlichen Zonen, vielleicht ist es nur ein etwas blasserer Schimmer der Haut oder ein wenig dunklerer Schatten unter den Augen. Aber ein Arzt berichtete mir, daß viele nach einer verhältnismäßig leichten Krankheit sterben. Todesursache: Grippe, Lungenentzündung oder dergleichen. Ganz selten sieht man Personenkraftwegen, die von deutschen Zivilisten gefahren werden. Es gibt keinen Kraftstoff, und Ärzte bekommen eine monatliche Zuteilung von 10 Litern. Noch seltener als die Kraftfahrer sind die bei uns so zahlreichen Ausländer. Nur wenige junge Männer traf ich auf meinen Spaziergängen. Ebenfalls wenig Kriegsversehrte und Männer, die in umgefärbten Uniformen herumliefen. Ein junger Mann, den ich in Leipzig darüber befragte, sagte mir: »Ja, die hauen eben alle ab, ich werde auch bald verschwinden!« Besonders auffallend ist das überaus große Aufgebot von Polizei und – die weiblichen Verkehrspolizisten. Es ist durchaus nicht so, daß man in »Räuberzivil« am wenigsten auffällt; es gibt auch hier überall gutangezogene Menschen.

In: Süddeutsche Zeitung, München, 17. Mai 1946

Dokument Nr. 21

Hans Schlange-Schöningen, Bericht an die Britische Militärregierung über eine Reise nach Thüringen, 17. Mai 1946 (Auszug):

Bisher war mein Standpunkt, daß es für Deutschland notwendig sei, dem Gedanken einer Zentralregierung erst dann näher zu treten, wenn die russische Zone mit einbegriffen werden könnte. Sonst besteht zweifellos die dringende Gefahr, daß Rußland den Osten Deutschlands für sich allein nimmt; für Deutschland ein furchtbarer Verlust . . .

Durch eingehende Beobachtungen der Thüringer Verhältnisse habe ich die Überzeugung mitgebracht, daß die Russen dieses Land für lange Zeit nicht räumen werden. Sollten sie es doch scheinbar tun, so nur so weit, daß sie in keinem Fall ihren politischen Einfluß aus der Hand geben werden. Die Ereignisse in Persien scheinen mir für diese Methode bezeichnend zu sein. Rußland ist auf dem Wege, in Thüringen einen kommunistisch durchorganisierten Sowjet-Pufferstaat aufzurichten . . .

So schmerzlich das für einen Ost (menschen) – im Entwurf ersetzt durch: deutschen – ist, der seine Heimat verloren hat, muß ich aus diesen Erwägungen doch die klaren Schlußfolgerungen für den Rest meines Vaterlandes ziehen: es scheint mir keinen Zweck zu haben, sich von den Russen in endlosen Verhandlungen hinhalten und währenddessen die westlichen Zonen immer mehr schwächen zu lassen. Vielmehr habe ich die Überzeugung gewonnen, daß es vielleicht nach einem letzten kurzfristig begrenzten Verhandlungsversuch mit der Sowjetregierung, um die Schuldfrage zu klären, unbedingt notwendig ist, die drei Zonen im Sinne einer zielklaren Westpolitik zu organisieren: Deutsche Zentralregierung mit Exekutivgewalt unter der Kontrolle der Westmächte, Aufhebung der Zonengrenzen, Lösung des Ruhrproblems und, wenn möglich – und gemeinsam mit Amerika dürfte das wohl möglich sein – ein zweijähriges Moratorium für Deutschland, damit endlich ein wirtschaftlicher Aufbau (möglich ist) und auf diese Weise ein wirtschaftlich und politisch gesunder und fester Block gegen die russischen Bestrebungen geschaffen werden kann, der einen (festen) Anschluß an die westeuropäische Politik und Kultur findet. Auf diese Weise wird vielleicht in Kürze ein solches Übergewicht entstehen, daß die Russen daraufhin bis zur Oder nachgeben.

In: Werner Abelshauser, Ein Bericht von Hans Schlange-Schöningen über eine Reise nach Thüringen im Mai 1946, VfZG 27/1979, S. 678 f.

Dokument Nr. 22

Bericht des hessischen Wirtschaftsministers Müller über eine Reise nach Weimar, Leipzig, Halle, Leuna, Dresden, Zwickau, Gera und andere Orte der sowjetischen Zone, 17. Mai 1946 (Auszug):

Transparente, Stalin-, Lenin-, Molotow-, Thälmann-, Marx- und Engels-Bilder sieht man in vielen Fabriken und in vielen Orten und Wohnungen. Propaganda überall. Interessant war auch die Propaganda gegenüber dem Westen gelegentlich der Leipziger Messe, besonders in den Zeitungen. Die Leistungen der russischen Zone werden mit Zahlen und Schaubildern herausgestellt. Die Leistungen anderer Zonen sind weitgehend unbekannt. Es ist nicht einmal gestattet, gewisse Berliner Zeitungen in der Provinz zu halten. Der Radioempfang ist durch die Wegnahme der Radioapparate praktisch unmöglich. Selbst einsichtige Menschen haben keine Ahnung, was jenseits der Zonengrenzen vorgeht, z. B. daß wir Lebensmittel- und auch Rohstoffeinfuhren aus den USA bekommen, daß wir eine Planwirtschaft haben, daß wir kulturelle Leistungen haben. Die Zonenhetze, d. h. die Hetze gegen die Westzonen mit dem Vorwurf der Reaktion und Lethargie ist allgemein. Insofern konnte jeder Besucher aus dem Westen geradezu eine Missionstätigkeit erfüllen und von diesem Gesichtspunkt ist es beinahe unverständlich, daß die Messe mit der Folge stattfand, daß etwa 15 000 Menschen aus den westlichen Zonen der mehrfachen Anzahl aus der Ostzone einige Wahrheiten mitteilen konnten. . . .

Mein beherrschender Eindruck auf dieser dritten Reise war, daß die politische Führung in der Ostzone (SMA – SED – KPD) mehr Angst vor dem Gift des Westens (Demokratie) hat als der Westen vor der sogenannten unvermeidlichen Entwicklung zum Kommunismus. Der Einparteienstaat des Ostens kann sich nur in der Abschließung entwickeln und nur darin kann der ungeheure politische Druck auf den Bajonetten der russischen Militärregierung ganz wirksam werden. Es ist falsch, die Abschließung zur sogenannten Selbsterhaltung zu propagieren. Jeder einzelne, der aus dem Westen in den

Osten einreist, hilft der dortigen Mehrheit, die den Einparteienstaat nicht will. Es ist nicht nur so, daß die Funktionäre der Ostzone der dortigen Bevölkerung und den Besuchern aus dem Westen etwas vorzumachen suchen. Vor allem machen sie sich gegenseitig etwas vor und wiederholen damit auch darin alles das, was wir im Nationalsozialismus erlebt haben. Neben offensichtlichen Renegaten und Opportunisten, die sich dem Einparteienstaat verschrieben haben, hat mich eine große Zahl der Funktionäre charakterlich und im Arbeitsernst durchaus beeindruckt. Aber es ist das Bild der Doktrinäre, die sich selbst etwas vormachen und sich an die vage Hoffnung klammern, daß das große Rußland die künftige Mutter sein wird. Unendlich viele andere haben sich ein unabhängiges Denken bewahrt. Die große Masse verelendet und ist noch kritisch genug, in den neuen Verhältnissen wesentliche Ursachen dieser weiteren Verelendung nach dem Zusammenbruch zu erkennen. Daß viele dabei doch immer noch auf das Bessere hoffen, ist menschlich verständlich. Ich kann nur wiederholen, daß jede Reise dorthin einer Missionsreise gleich zu stellen ist. Was dort entschieden wird, entscheidet auch unsere Verhältnisse hier und darüber hinaus im weiteren bis zum ferneren Westen. Wenn wir uns nicht jetzt darauf besinnen, daß wir in der Ostzone uns gegen den Einparteienstaat wenden müssen und auch wenden können, dann ist uns politisch überhaupt nicht mehr zu helfen. Ich sehe es heute beinahe als weniger wichtig an, den Kommunismus in der Westzone auszuschalten als ihm in der Ostzone entgegenzuarbeiten, wobei ich unter Kommunismus die russische Prägung des autoritären Einparteienstaates verstehe. Unsere Stellung im Westen ist unendlich viel stärker als wir glauben. Der geistige Hunger der Bewohner der Ostzone nach dem, was wir hier schon tun oder bieten können, ist sehr groß. Zeitschriften wie »Die Gegenwart«, »Die Wandlung« oder die »Frankfurter Hefte«, unsere neuen Wirtschaftszeitschriften, Zeitungen wie die »Rhein-Neckar-Zeitung«, »Die neue Zeitung«, könnten eine ungeheure Wirksamkeit und Hilfe in der Ostzone bedeuten. Außer in Berlin erhält man sie nicht und selbst da nur mit Schwierigkeiten. . . .

Wir müssen und können die Entwicklung zum Einparteienstaat und die Verelendung der Ostzone bekämpfen und wenn wir dazu auch weiter aus unserer Substanz erhebliche Opfer bringen müssen. Es ist wirtschaftlich wie politisch kaum versändlich, daß die politischen Energien bei uns auf Monate durch Verfassungsfragen in erster Linie beansprucht werden sollen. Die nackte Lebensfrage und Rettung des organischen deutschen Körpers müßte die letzte Energie eines jeden deutschen Politikers beanspruchen. So sehr es wichtig ist, zuerst im eigenen Hause Ordnung zu schaffen, so vital und prädominierend ist unsere Existenzfrage, deren Grundlagen über unsere Grenzen hinaus mit unseren letzten Reserven bearbeitet werden müssen. Nach dem Scheitern der wirtschaftlichen Einheit Deutschlands beginnen die vier Zonen sich einzugraben, d. h. das tun die Besatzungsmächte, um die letzte Ordnung im eigenen Bereich zu retten. Diese ganz kurzsichtige Politik dürfen wir nicht mitmachen. Wir müssen das Letzte preisgeben, um das Ganze zu retten. Denn die Verwendung der letzten Kraft zur Ordnung nur der eigenen Angelegenheiten ist das sichere Ende, während das Verströmen über den eigenen Bereich hinaus der einzig mögliche Einsatz für das Überleben ist.

In: Hauptstaatsarchiv Wiesbaden, NL Geiler 15

Dokument Nr. 23

Gustav Stolper an Theodor Heuss, 8. Juni 1946:

Wenige Leute hier in der Regierung zweifeln, daß Rußland nicht gewillt ist, sein Gebiet zu räumen oder die Verwaltung der russischen Zone einer einheitlichen deutschen Regierung zu übergeben. Auf der anderen Seite besteht die unendliche Gefahr, daß jeder Tag der Verlängerung des Military Govemement der verschiedenen militärischen Zonen den verschiedenen Charakter der okkupierenden Mächte mehr und mehr aufprägt, so daß in wenigen Jahren ein einiges Deutschland gar nicht mehr herstellbar sein mag, weil es innerlich zu existieren aufgehört hat. Das gilt vor allem zwischen den westlichen und der russischen Zone. In wenigen Monaten werden Washington und London vor der Entscheidung stehen, wie lange sie den bestehenden Kriegszustand weiterführen und damit die direkte Verantwortung für ein hungerndes und verelendetes Deutschland tragen wollen, weil Rußland nicht bereit ist, eine deutsche Regierung bilden zu lassen, mit der man einen Frieden machen kann – oder ob man die durch militärische Tatsachen geschaffene, nicht politisch gewollte Zweiteilung Deutschlands einfach akzeptieren und ohne Rußland Westdeutschland, also ein Gebiet von cirka 40 bis 45 Millionen, als solches konstituieren und anerkennen soll. Alle denkenden Leute sind sich darüber klar, daß das weder eine Lösung der deutschen Frage, noch ein wirklicher Friede sein kann. Es vergrößert noch enorm die Reibungsfläche mit Rußland und die Gefahr eines offenen Konflikts. Aber trotz allem kann das unter Umständen das geringere Übel sein verglichen mit einer Weiterschleppung des jetzigen Zustands, der nicht nur für das deutsche Volk, sondern für Amerika und England materiell und moralisch unerträglich ist. ...

Ihr müßt nicht glauben, daß irgend jemand in der angelsächsischen Welt sich vor dem Kommunismus als solchem fürchtet. Der Kommunist als solcher ist hier wie in England eine lächerliche Figur, keine Drohung. Aber es ist die raffinierte Technik einer Weltmacht, die hinter einem »eisernen Vorhang« eine weltweite Konspiration organisiert, gegen die man die Gegentechnik noch nicht gefunden hat. Das Problem heute ist nicht mehr, ein europäisches

Gleichgewicht, das zerstört ist, wieder herzustellen, sondern eine »balance of power around the world« zu finden, wofür es in der Geschichte noch kein Beispiel gibt. Für den durchschnittlichen Amerikaner stehen in dieser Beziehung Deutschland und die Mandschurei oder der Kampf zwischen Tschiang Kai-Schek und die chinesischen Kommunisten ungefähr auf einer Stufe. Das ist absurd, aber es ist eine unabänderliche Tatsache.

in: BA NL Heuss 489

Dokument Nr. 24

Jakob Kaiser, Rede auf der Parteitagung der Christlich-Demokratischen Union Deutschlands in Berlin am 16. Juni 1946 (Auszug):

Ich weiß, daß mancher zunächst erschrocken gewesen ist, als ich vom Podium unserer Partei aus die Erkenntnis aussprach, daß die überkommene bürgerliche Gesellschaftsordnung einem versunkenen Zeitalter angehört. Daß sie abgelöst wird durch das Zeitalter des werktätigen Volkes, durch das Zeitalter sozialistischer Lebensgestaltung. Mancher hat den Kopf geschüttelt. Mancher Angehörige eines alten, gutsituierten Bürgertums hat sich in stille Reserve zurückgezogen. Man will erst einmal warten, bis der Staub der Trümmer sich verzogen hat. Vielleicht, daß aus den Ruinen Deutschlands doch noch wieder eine bestimmte Wohlgesichertheit herauszuholen ist. Mancher hat mir allerdings auch in mutig klarer Einsicht in die Situation unseres Volkes – wenn auch in schmerzlicher Rückschau auf das, was er hinter sich versinken sah – die Hand gedrückt.

Dabei stand ich mit meinem Bekenntnis zum Sozialismus in der Union nicht allein. Dasselbe Bekenntnis sprang zu gleicher Zeit – ich möchte fast sagen, in gleichen Stunden – auch in anderen Teilen des Reiches auf. . . . Sozialismus bedeutet nichts anderes, als daß im Willen zum Neubau der Volksordnung die sozialen Erfordernisse die erste Stelle einnehmen. Nur so ist der Neubau möglich. Vor der würgenden Not unseres Volkes erscheint jeder Rückgriff auf das Gestern überlebt. Erkennen wir, was nötig ist: Der Sozialismus hat das Wort. . . . Unser Sozialismus ist wesensverschieden vom Marxismus. Das christliche Sozialgesetz kann uns sozialistische Wege führen, da es an eine bestimmte Gesellschafts- und Wirtschaftsordnung nicht gebunden ist. Aber im christlichen Sozialgesetz und im Marxismus begegnen sich zwei Weltanschauungen, die einander ausschließen. Wir lehnen die materialistische Weltauffassung, die dem Marxismus zugrunde liegt, ab. Wir lehnen es ab, den Menschen im Grunde als das Ergebnis der wirtschaftlichen Umwelt zu sehen. Freiheit und Eigengesetzlichkeit der menschlichen Persönlichkeit sind uns unantastbare Lebensgesetze. Wir lehnen die Wirtschaft als beherrschende Macht im Leben ab. Und wir verneinen die Diktatur einer Klasse und den revolutionären Weg des Klassenkampfes, der zu diesen Zielen führen soll.

Wenn wir uns zum Sozialismus, zum beherrschenden Faktor des Sozialen bekennen, so in dem Sinne, daß wir aus unserem Volk eine organische Gemeinschaft von freien, unabhängigen Persönlichkeiten machen wollen. Persönlichkeiten, die frei von Not, Armut und Elend in der Harmonie einer glücklich und sinnvoll gegliederten Gemeinschaft zu leben in der Lage sind. Nur auf dieser Grundlage scheint uns auch die Verwirklichung einer wahren Demokratie möglich. . . .

Noch aber ist die Zeit für die innere Ausgestaltung des Reiches nicht da. Erst müssen die Zonengrenzen fallen und die Möglichkeit der Verständigung ohne Behinderung gegeben sein. Das sollte aber nicht hindern, daß sich innerhalb unserer Partei schon die Männer aus Ost und West, aus Süd und Nord zusammenfinden, die zur Arbeit an der Ausgestaltung Deutschlands berufen sind. Vielleicht könnte so der Zerfahrenheit und Gereiztheit der öffentlichen Diskussion vorgebeugt werden, vor allem aber könnten vorzeitige und einseitige Festlegungen verhindert werden.

Meine Freunde, ich sage es aus der tiefsten Sorge um Deutschland und um die Männer, die heute als Vertrauensmänner des Volkes zu sprechen und zu handeln berufen sind: Die deutsche Jugend wird uns einst verurteilen, wenn wir uns zu schwach, zu klein im deutschen Unglück erweisen, zu unfähig aus dem deutschen Leid die Einheit zu retten und zu erhalten. . . .

In diesem Zusammenhang noch ein Wort zu dem Verlangen nach den Vereinigten Staaten von Europa, das in den letzten Wochen in Reden deutscher Politiker aufgetaucht ist. Um es gleich zu sagen: Auch ich bekenne mich zur europäischen Schicksalsgemeinschaft, deren Notwendigkeit das Erdbeben des letzten Jahrzehntes mit beispielloser Deutlichkeit bewiesen hat. Ich bekenne mich nicht nur zu ihr, weil wir sie als Brotgemeinschaft der europäischen Menschen in Zukunft kaum entbehren können, ich bekenne mich zu ihr um der geistigen Werte, um der Kultur des Abendlandes willen, denen die Vereinigten Staaten von Europa zu dienen, die sie zu erhalten, zu pflegen und weiterzugeben haben. Und doch empfinde ich immer ein inneres Widerstreben, wenn ich heute von deutschen Politikern den Ruf nach den Vereinigten Staaten von Europa höre.

Was ist unser heutiges Deutschland? Kein Reich, kein Staat, keine Gemeinschaft, kein Volk. Eine gestaltlose Masse von Heimatlosen, Hungernden, Leidenden. Mir will scheinen, als sei dieser Zustand Deutschlands nicht der geeignete Augenblick, nach den Vereinigten Staaten von Europa zu rufen. Es gilt vielmehr zunächst das Schicksal zu meistern, das Deutschland heißt.

Dieses Schicksal ist die gemeinsame Aufgabe aller, die sich Deutsche nennen. Mögen sie an der Süd-, West- oder Ostgrenze oder in Berlin wohnen.

Wir können nicht wünschen, daß der Wille zur europäischen Gemeinschaft von uns als Ausweg aus der deutschen Verzweiflung verkündet wird. Wir möchten ihn vielmehr erwachsen sehen aus dem Bewußtsein eines neugeschaffenen fortschrittlichen Deutschlands. Der Wille zu den Vereinigten Staaten von Europa soll nicht Flucht aus dem deutschen Schicksal, sondern Bereitschaft zu engster europäischer Gemeinschaft aus einem gesunden und geläuterten Selbstbewußtsein heraus sein.

In: BA NL Kaiser 257

Dokument Nr. 25

Kurt Schumacher, Rede auf der ersten Großkundgebung der SPD in Berlin am 20. Juni 1946 (Auszug):

Wir kennen die Grenzen des Reiches noch nicht, und bevor wir sie nicht kennengelernt haben, werden wir das Reich nach innen und außen auch nicht entscheidend gestalten können. Aber wir kennen die Grenze und den Inhalt der Freiheit, und da sage ich Ihnen als Vertreter einer Partei, die Deutschland als ein geschlossenes, nationales, staatliches und wirtschaftliches Ganzes erhalten will: Die Freiheit, die wir meinen, soll nicht nur eine deutsche Freiheit, sondern eine Freiheit der Völker der Welt sein. Vielleicht könnte man mir entgegenhalten, daß die Deutschen sich gerade in dem Augenblick auf den Wert der Freiheit besinnen, in dem sie zerschlagen am Boden liegen. Aber wir haben in Deutschland kraft seiner Geschichte eine Entwicklung des politischen Geistes sich entfalten sehen, die zu den sonstigen kulturellen Werten dieses Volkes nicht gepaßt hat. Wenn die Deutschen eine Aufgabe haben, dann ist es die, ihr eigenes Volk wohl national selbstbewußt, aber frei von jedem Nationalismus als gleichberechtigt unter die Völker Europas und der Welt zu führen. . . .

Wenn heute bei Bürgerlichen von Sozialismus gesprochen wird, dann ist das ein kleiner Denkfehler. Es gibt keinen Sozialismus außerhalb der sozialistischen Arbeiterbewegung! Alles andere mag wohlmeinende Schöngeistigkeit sein. Die Formulierung auf dem Parteitag der CDU von christlichem Sozialismus beruht auf einem solchen Denkfehler. . . .

Wenn das Potsdamer Abkommen die Grundlage für den Neubau Deutschlands bilden soll, dann verlangen wir seine Anwendung als ein unteilbares und geschlossenes Ganzes. Man kann nicht das Potsdamer Abkommen in den Punkten ruhen lassen und ihre Ausführung verschieben, in denen von der Erhaltung Deutschlands als einer wirtschaftlichen und staatlichen Einheit gesprochen wird, und nur diejenigen Punkte sofort in Kraft setzen, nach denen rücksichtslos und ohne Hinblick auf die ökonomischen Konsequenzen demontiert wird. Alles oder nichts! Das ganze Abkommen oder gar nichts! Diese Worte werden vielen Leuten in der Welt unangenehm in den Ohren klingen. Wir sprechen sie auch nicht aus, um in Deutschland einen neuen Nationalismus zu entfachen. Wir sind und bleiben die Todfeinde jedes Nationalismus. Wir Deutschen können aber nur im Kampf gegen den Nationalismus bestehen, wenn sich auch die internationalen Kräfte rühren. Wir haben nicht vergessen, was das Dritte Reich der Welt angetan hat. Wir haben nicht vergessen, daß Hitlers Armeen nicht nur Frankreich, Belgien, Holland, Polen und das westliche Rußland ausgeraubt und ausgeplündert haben. Man kann den Zustand von damals wohl mit allen Kräften gutzumachen sich bemühen, und an unseren Kräften der Mitarbeit soll es dabei nicht fehlen. Aber man kann uns auf Zeit und Ewigkeit nicht die Lebensaussichten versperren. Wir brauchen auch Kalorien der Zukunftsfreudigkeit, der Hoffnung für unser Volk. . . .

Man spricht in diesen Tagen der Pariser Außenministerkonferenz viel von Rhein und Ruhr. Die deutschen Sozialdemokraten sind, wie alle denkenden und moralisch empfindenden Menschen in Deutschland, durchaus damit einverstanden, daß die ökonomischen Kräfte des Rhein- und Ruhrgebiets nicht nur für Deutschland allein, sondern für den Aufbau Europas in Rechnung gestellt werden sollen. Aber die politische und staatsrechtliche Loslösung von Rhein und Ruhr macht jedes politische Leben in Deutschland sinnlos. Der deutsche Raum kann nicht organisiert werden etwa nach den Vorbildern der Zeit vor Bismarck, etwa nach den Vorbildern des Staatenbundes, bei dem jeder einzelne Staat die Möglichkeit völkerrechtlicher Verbindung mit anderen ausländischen und deutschen Staaten hat. Deutschland kann nur organisiert werden als Bundesstaat. Wenn in diesem Bundesstaat auch die Länder die Grundsteine seiner Organisation wären, die Souveränität des ganzen deutschen Staates muß allein beim Reichsvolk liegen. Und dieses deutsche Volk und dieses neue Deutschland ist gern bereit, von seiner Souveränität soviel abzugeben wie nur denkbar ist, wenn es die andern Staaten genau so tun, nämlich zugunsten eines höheren, übernationalen Ganzen. Wir wollen keinen Nationalismus, wir wollen Europa! Aber wir wollen uns in Europa auch als anständige Europäer fühlen. Es wäre falsch, diese Diskussion nationalistisch zu überspitzen. Es wäre falsch, in Diskussionen über die Westgrenzen einzutreten und die Ostgrenzen zu ignorieren. Das Problem muß in seiner ganzen Einheit angepackt werden. An der Einsicht und am Willen zum Wiedergutmachen werden es die Deutschen nicht fehlen lassen. Aber laßt uns Subjekte sein und nicht nur Objekte. – Die Einheit Deutschlands bedeutet die Einheit Europas. Ein zerrissenes Deutschland würde nur ein uneinheitliches Europa zur Folge haben. Die Chinesische Mauer, die sich heute mitten durch Deutschland zieht, ist erstens antideutsch, zweitens antieuropäisch und drittens antirussisch. Mögen alle beteiligten Faktoren dies in allen Konsequenzen erkennen!

In: AsD NL Schumacher Q 5 I.

Dokument Nr. 26

Walter Ulbricht, Die wahre Tragödie Deutschlands:

Uns scheint, daß die Tragödie Deutschlands ihre tiefste Ursache nicht in dem Verhältnis zwischen den Alliierten hat, sondern in der Uneinigkeit der deutschen Arbeiterklasse und des deutschen Volkes. Das ist auch die Tragödie in den Westgebieten Deutschlands! Nicht die Alliierten sind schuld daran, daß in den Westgebieten die militaristischen Großgrundbesitzer noch nicht enteignet sind; nicht die Alliierten sind daran schuld, daß es noch kein volles Mitbestimmungsrecht der Gewerkschaften in den Wirtschaftsorganen gibt; nicht die Alliierten sind schuld, daß in den Selbstverwaltungsorganen so wenig gesunde Kräfte aus dem werktätigen Volke tätig sind: Schuld allein ist die Uneinigkeit des werktätigen Volkes. Das ist die Tragödie Deutschlands. Und wenn Dr. Schumacher die Gestaltung der Grenzen Deutschlands als Voraussetzung der Tätigkeit der Sozialdemokratie betrachtet, so müßte er erst recht alle Schritte, die der Einigung der Arbeiterschaft dienen, unterstützen. Denn wir sind überzeugt, daß, wenn sich die Arbeiterschaft in einer festen Aktionseinheit zusammenschließt, die weiß, was sie will, die Besatzungsbehörden in allen Zonen entschiedenere Maßnahmen gegen die faschistische Reaktion, gegen die Großagrarier und Rüstungsindustriellen unterstützen werden.

Der Parteivorstand der SED hat in seiner Tagung vom 18. bis 20. Juni beschlossen, allen antifaschistisch-demokratischen Parteien in sämtlichen Zonen Deutschlands den Vorschlag zu machen, sich über eine gemeinsame Beratung der Fragen der Einheit Deutschlands zu verständigen. Wer die Einheit Deutschlands will, der kann nicht umhin, zunächst eine Verständigung zwischen den führenden politischen Kräften in Deutschland anzustreben. Solange sich die antifaschistisch-demokratischen Kräfte in Deutschland nicht einig sind, kann man nicht erwarten, daß die Alliierten die Pläne und Vorschläge für die Sicherung des Friedens in Deutschland und für den Neuaufbau in Einzelheiten prüfen. Von der loyalen Zusammenarbeit der antifaschistisch-demokratischen Parteien in allen Zonen Deutschlands hängt es ab, ob es gelingt, die Grundlage für eine friedliche Entwicklung in unserer deutschen Heimat zu schaffen.

Gehen wir also gemeinsam ans Werk, der Tragödie Deutschlands ein Ende zu bereiten durch die Einigung der Arbeiterklasse, durch die Einigung des schaffenden Volkes für die Einheit Deutschlands.

In: Neues Deutschland, Berlin, 23. Juni 1946

Dokument Nr. 27

Theodor Heuss an Gustav Stolper, 21. Juli 1946:

Eine nationalistische Verdrossenheit mit aktivistischer Romantik ist, glaube ich, nicht vorhanden. Dazu ist die Müdigkeit zu groß. Aber zwei Gefahren sind da: der Nihilismus gegenüber der Staats- und gesellschaftlichen Ordnung und ein bloß an den Beruf denkendes Banausentum. Ich selber bemühe mich, da meine Art zu sprechen, wie sich erwies, zu den Jungen den Zugang nicht verloren hat, mitzuhelfen, ein vom Heldengerede freies und sauberes Vaterlandsgefühl zu pflegen, das von Bescheidenheit, Wirklichkeitssinn, Maß und Einordnung in die abendländische Tradition den Leuten etwas erzählt.

Die Suggestion des Ostens ist verhältnismäßig gering. Die Propagandisten gegen den Osten sind die von dort Vertriebenen und sind auch die Soldaten, die im nördlichen und mittleren Rußland gekämpft haben (etwas anderes ist es bei denen, die aus der Ukraine und von der Krim zurückkehrten). Es ist nur im Unterschied zu der alten Überlieferung dies einzusetzen, daß die Kommunisten jetzt sehr stark in nationalen Tönen und Reichseinheit arbeiten. Im Hintergrund ihrer Gedanken steht ja natürlich dies: die Amerikaner werden ihre Gastrolle in Europa einmal aufgeben, aber Rußland bleibt. Die Einheit des Reiches wird in einem sowjetischen Deutschland gesichert sein. Das erinnert ein bißchen an die Thesen um die Mitte des 19. Jahrhunderts durch die Einheit zur Freiheit oder durch die Freiheit zur Einheit; bloß ist die Kräfteverlagerung völlig eine andere . . .

Als mich kürzlich ein amerikanischer Journalist aus Berlin, ein kluger Mann, der einiges von mir wußte, besuchte, meinte er, nur noch die Herren vom Coordination Office in Stuttgart glaubten an die Potsdamer Beschlüsse; das war wohl etwas überspitzt. Aber die Enttäuschung, daß die Zonengeschichten sich in einem Jahr versteift statt gelockert haben, ist überaus groß. Gerade Dir brauche ich das nicht zu sagen, wie unendlich schwierig die wechselseitige Ergänzung des Industriebedarfs auch innerhalb der reinen Produktionssphäre ist bei der arbeitsteiligen Differenzierung, die Deutschland in 80

Jahren Gewerbeentwicklung genommen hat. So und so viele Gebrauchsartikel kommen einfach nicht zustande, weil irgendwelche Zusatzgeschichten für den Produktionsprozeß in der russischen Zone liegen. Wir stehen vor der ewigen Gefahr von Fehlinvestierungen, indem man nun in den einzelnen Zonen kleine Industrien in Gang zu bringen suchen muß für den Eigenbedarf.

In: BA NL Heuss 489

Dokument Nr. 28

Gesamtdeutsches Kommuniqué betr. die seit Mai 1946 bekannt werdenden (west-) alliierten Initiativen für eine gesamtdeutsche Wirtschaftseinheit bzw. westdeutsche Bizone, verfaßt von Karl Geiler, Ministerpräsident von Groß-Hessen, und Rudolf Paul, Ministerpräsident von Thüringen, Weimar, den 13. August 1946:

Wir stehen vor dem für uns Deutsche geschichtlich bedeutsamen Augenblick der Verwirklichung der in den Potsdamer Beschlüssen vorgesehenen wirtschaftlichen Einheit Deutschlands. Die Bildung dieser wirtschaftlichen Einheit kann die großen wirtschaftlichen Probleme, die eine Existenzfrage des deutschen Volkes sind, nur dann einigermaßen lösen, wenn die Einheit aus den vier Zonen gemeinsam hergestellt wird. Die wirtschaftliche Vereinigung nur zweier Zonen vermag die zentralen wirtschaftlichen Probleme nicht zu bewältigen und könnte die Einheitsbildung im Ganzen erschweren. Alle deutschen Kräfte müssen daher jetzt eingesetzt werden, um die wirtschaftliche Vereinigung aller vier Zonen in Bälde zu erreichen.

In: M. Overesch, Hessisch-Thüringische Beziehungen 1945 – 1947, Nassauische Annalen 91/1980, S. 256

Dokument Nr. 29

Hans-Georg Gadamer (Professor der Universität Leipzig), »Die gemeinschaftsbildende Kraft der Kultur. Ein Beitrag zur Umformung deutschen Geisteslebens«, Vortrag in Leipzig über Ziele und Aufgaben des Kulturbundes:

1933: Was für ein Rückschlag ins Kleinbürgerliche, wie er in hundert Formen unseres Kulturlebens in Erscheinung tritt: Das Haus der Deutschen Kunst –

diese plötzliche Sanktionierung des kleinbürgerlichen Geschmacks, der ungeheure Verlust an Sinn für echte Baugesinnung, der mit dem Rummel der antiken Fassaden im nationalsozialistischen Deutschland aufkam, die künstlich gemachte Wiedererneuerung der Richard-Wagner-Oper als eines sentimentalen Theaters, das einen ungeheuren Rückschlag für die künstlerische Erziehung unseres Volkes bedeutete. In dieser Zeit setzte die Entfremdung der Schaffenden ein, so daß sie sich nicht nur vor der deutschen Öffentlichkeit zurückzogen, sondern auch voreinander und vor der Welt. Jede Anteilnahme der wahrhaft Schaffenden am öffentlichen Kulturleben war durch diesen Aufruhr der Kleinbürgerlichkeit unmöglich geworden. Man denke an das verirrte Jubelbedürfnis der Menge und wie an die Stelle der Schaffenden die Nachschaffenden traten. Diese Zeit liegt hinter uns, in der die Bedeutung des Interpreten derart gesteigert worden ist, daß man darüber schlechterdings vergaß, daß das Werk dasjenige ist, um dessen Willen allein wir den Interpreten hervortreten lassen. Ich brauche nicht hinzuzufügen, daß durch eine Fülle von Partei-Kulturgrößen alle wahren Rangunterschiede verwischt und der Sinn für das Echte verwirrt wurden. Das schlimmste an diesem Rückfall in die bereits in der Überwindung begriffene Kulturform war, daß sich alle diese kulturpolitischen Bestrebungen mit einem Pseudosozialismus aufpulverten und daß auf diese Weise der Anspruch erhoben wurde, eine neue gesellschaftsbildende Funktion durch diese Kleinbürgerlichkeit auszuüben. Das ist das bitterste in unserer heutigen Geistessituation, die tiefe Diskreditierung aller Versuche, das sozialistische Lebensempfinden unseres Volkes zur kulturellen Gestaltung zu erwecken. Es muß hier einmal ausgesprochen werden, daß die erste und praktische Einsicht, die es zu gewinnen gibt, die ist, daß alle unsere kulturelle Arbeit vor einer Situation steht, in der wir keinerlei wirkliche gesellschaftsbildende Kräfte in der jüngsten Vergangenheit am Werke sehen konnten. Es gibt keine und es gab keine nationalsozialistische Gesellschaft, sondern es gab eine hohle Organisation und einen Kampf des Widerstandes einzelner und einzelner Gruppen auf Inseln in diesem reißenden Strom des Nichts.

. . . Wir müssen zu einem echten Kulturleben gelangen. Das bedeutet, daß wir uns nicht mit der Kultur als einer bloßen Welt der Bildung genügen lassen, daß Kunst, Wissenschaft, alle Gestaltung unseres sozialen Selbstbewußtseins nicht mehr gedacht wird in der Form der Erlösung vor dem Druck der Wirklichkeit, sondern als Ausdruck und Erhöhung dieser Wirklichkeit selbst. Der Blick auf die Situation unserer klassischen Kultur kann uns dabei die Aufgabe sehr deutlich machen. Wie dort aus dem Freiheitspathos der französischen Revolution und des Eintreffens des Bürgertums in das politische Leben ein Anspruch auf Bildung einer kulturellen Gesellschaft als eines Kreises von Schaffenden, Nachschaffenden und Aufnehmenden entstand, so muß auch heute eine Integration der Gesellschaft, eine Zusammenschließung aller einzelnen versucht werden.

... Der erste Schritt auf dem praktischen Weg kultureller Arbeit scheint mir die Sammlung der Produktion zu sein: diejenigen zusammenzubringen, die in jener großen Entfremdung voreinander und vor der Öffentlichkeit sich selbst aus dem Auge verloren haben und die damit sich gegenseitig die ständige fruchtbare Spannung des Kulturschaffens vorenthalten. Dieser Schritt der Sammlung der Produktiven ist nicht etwa nur eine interne Angelegenheit der Kulturschaffenden. Es gibt keine Produktiven, die nicht immer schon ihre Gemeinde um sich haben oder um sich bilden, und die Sammlung aller Produktiven, das Zusammenschmelzen oder Inberührungbringen der Isolierten führt zugleich zu einer Zusammenbringung und damit zu einer Belebung der weiteren Kreise der Aufnehmenden. Insofern, scheint mir, ist diese Sammlung der Produktiven in gewisser Weise der gegebene Beginn. Er führt notwendigerweise auch zu einer Sammlung der Gesellschaft. Trotzdem wäre es noch ein zweiter Schritt, sich darüber Rechenschaft zu geben, inwiefern diese schöpferische Kraft der Kultur den Weg in die Breite unseres Volkes zu finden weiß. Die Frage ist naheliegend, ob es nicht gilt, die demokratisierten Bildungsformen unserer Zeit, die einem allgemeinen Bedürfnis des mühevoll gehetzten Großstadtmenschen entsprechen, in Obhut zu nehmen, also etwa die Formen des Kinos, des Radios, der Zeitung, die ja ohne Zweifel in der Breitenwirkung unvergleichlich das übertreffen, was in den höchsten Formen der künstlerischen Gestaltung geleistet wird. Ich bin durchaus nicht der Meinung, daß diese Formen des Anspruches der großen Menge unseres Volkes etwa weniger wichtig wären als der im Kulturschaffen Führenden; aber ich bin der Meinung, daß es für alle, welche sich dieser kulturschaffenden Schicht schaffend oder aufnehmend zurechnen dürfen, nur einen Weg der fruchtbaren Wirkung auf diese allgemeinen Formen der Volksbildung gibt, und das ist, die Arbeit mit Erfolg zu tun. All diese anderen Formen des Kinos und Radios zehren von der schöpferischen Substanz einer Kultur, indem sie davon zugleich an eine große Menge des Volkes weitergeben.

... Weiter kommt es darauf an, in einem so verarmten und verelendeten Volk wie dem unsrigen eine opferwillige Kulturschicht zu schaffen. Es ist ganz aussichtslos zu meinen, daß jemand, dem es am Nötigsten fehlt, noch willig ist, künstlerische Veranstaltungen unter Opfern zu unterstützen, weil er es früher tat. Das tut nur der, der einer solchen künstlerischen Veranstaltung einen echten inneren Gewinn für sich selbst abzuringen vermag. Nur eine Neubildung der künstlerischen Gemeinschaft, der Kulturgesellschaft in unserem Volke, vermag daher den Opfermut aufzubringen, den wir brauchen, um in der Armut produktiv zu sein.

In: Göttinger Universitäts-Zeitung 16. September 1946

Dokument Nr. 30

Ministerpräsident Karl Geiler (Groß-Hessen): Einigkeit, Recht und Freiheit Vorlage für die Interzonenkonferenz in Bremen 4./5. Oktober 1946:

A Einigkeit

Einheit auf dem Gebiet der Wirtschaft und des Verkehrs d. h. freier Güteraustausch, Kohlen- und Eisen-Exporte, Interzonenhandel, gleichmäßige Lebensmittelrationen, einheitliches Bahn- und Postwesen. Politische Einheit: Aufbau von unten nach oben mit bundesstaatlicher Spitze, einheitliche Behandlung des Flüchtlingsproblems und in Verbindung damit Stellungnahme zur Grenzfrage, Generalplanung für das Flüchtlingsproblem. Kulturelle Einheit: Wahrung der Einheitlichkeit auf kulturellem Gebiete und Verstärkung des Austausches auf den Gebieten des Zeitschriften- und Bücherwesens, Theater- und Kunstwesens, Organisierung des Kulturaustausches, Aufnahme der Verbindung zu den Universitäten und Akademien der Wissenschaften.

B Recht

Durchführung des rechtsstaatlichen Gedankens und Wahrung der Rechtseinheit

C Freiheit

Wiederherstellung der Freizügigkeit, Sicherung der persönlichen Freiheit, Gewährleistung freier Meinungsbildung und freier Meinungsäußerung, Ablehnung einer Diktatur in jeder Form und auf jedem Lebensgebiet, insbesondere Bekämpfung jeglicher politischer und wirtschaftlicher Monopolbildung. –

Zum Organisatorischen wird eine Zonenverbindungsstelle vorgeschlagen zum Austausch von Gesetzen und Verordnungen möglichst schon im Entwurfsstadium, zur Materialsammlung für Einheitsprobleme und zur Vorbereitung gemeinsamer Tagung sowie ein Ausschuß für Rechtseinheit.

In: Akten zur Vorgeschichte der Bundesrepublik Deutschland 1945 – 1949, Bd. 1, München/Wien 1976, S. 878, Anm. 1

Dokument Nr. 31

Wilhelm Kaisen, Die Bremer Konferenz:

Bei der Einberufung zu einer Konferenz der Länderchefs aller vier Zonen, auf der das immer brennender werdende Problem der deutschen Wirtschaftseinheit besprochen werden konnte, war ich mir darüber klar, daß diese erste

Konferenz nur ein Versuch sein konnte, der noch nicht zum Ziele führen würde. Die Genehmigung der zuständigen Besatzungsmacht erfolgte bald. Es kam aber darauf an, ob in allen vier Zonen eine Genehmigung zum Besuch dieser Konferenz erteilt werden würde. Der Zufall wollte es, daß schon im August der hessische Ministerpräsident Professor Dr. Geiler und der thüringische Landespräsident Dr. Paul bei ihrem Zusammentreffen in Weimar zu dem gleichen Entschluß einer Vierzonenkonferenz gekommen waren. Es zeigte sich, daß sich auf deutscher Seite ein gemeinsamer Wille in allen Zonen bemerkbar machte.

Mitten in die Vorbereitungen für die Konferenz fiel die Rede des amerikanischen Außenministers Byrnes, die dieser Konferenz geradezu die Tagesordnung gab. Die Erklärungen Byrnes' berührten weitestgehend politische Probleme, zu denen die Ministerpräsidenten aller vier Zonen Stellung nehmen sollten. Es war daher sehr bedauerlich, daß die Vertreter der französischen und sowjetrussischen Zone an der Konferenz nicht teilnehmen konnten und anfänglich gemachte Zusagen kurz vor Beginn der Tagung zurückgezogen wurden.

Ich habe gleichwohl diese Konferenz nicht absagen lassen, weil die Zeitverhältnisse keinen Aufschub duldeten. Ich schlug vor, zu tagen und die vorgeschriebene Tagesordnung zu erledigen, als ob alle vier Zonen zugegen wären. Denn wir wollten nichts beraten, was unter der Voraussetzung stand, irgendwelche Sonderwünsche für ein oder zwei Zonen zu realisieren, sondern wir wollten die deutschen Fragen auf einer neuen Basis behandelt sehen, eben der Basis der deutschen Einheit. . . .

Die ersten Schritte auf diesem Wege sind durch die Vorschläge der Bremer Konferenz getan. Gedacht ist an eine vorläufige Regierung. Sie soll den bürokratischen Zentralverwaltungen eine demokratische, parlamentarische Kontrolle zur Seite stellen und zum anderen wichtige Vorbereitungen leisten für die später zu bildende legislative Zentralgewalt.

Unterdessen drängt die Zeit. Auch bei den Besatzungsmächten sind ernste Bestrebungen im Gange, die wirtschaftlichen Grenzen zwischen den Zonen abzubauen und die Tore für alle vier Zonen zu öffnen. Es zeichnen sich bereits die Umrisse der neuen Zentralverwaltung ab, die gemeinsam die wirtschaftlichen Probleme meistern sollen. Es stellte sich damals heraus, daß sich die Zonen doch schon erheblich auseinandergelebt haben. Gerade diese Erfahrungen sind es, die es der Bremer Konferenz nahelegten, unbedingt zu einem Vorschlag zu kommen, der gleichzeitig eine dringliche Einladung an die französische und die russische Zone ist, sich den angelsächsischen Zonen anzuschließen, um zunächst einmal die Wirtschaftseinheit Deutschlands wiederherzustellen, Damit ist selbstverständlich keinerlei Unterordnung gemeint, sondern nur eine gleichberechtigte Zusammenarbeit. In diesem Sinne sind die in Bremen einstimmig angenommenen Richtlinien eine Konzeption, die über Länder- und Zonengrenzen hinausreichen.

In: Die Welt, Hamburg, 8. Oktober 1946

Dokument Nr. 32

Die Bremer Föderalisten-Konferenz,
Untertitel in »Neues Deutschland«, Berlin, 11. Oktober 1946:

Das Parteiorgan der SED sieht in den Vorschlägen der Bremer Interzonen-Konferenz vom 4./5. Oktober 1946, einen »vorläufigen Deutschen Länderrat« und einen »vorläufigen Deutschen Volksrat« einzurichten, die politische Absicht, eine föderative Staatsstruktur zu begründen und dadurch darauf hinzuwirken, »daß Deutschland in zwei oder mehrere voneinander unabhängige Teile zerrissen werden soll«. Es fährt dann fort:

Diese Pläne sind nicht neu; nur wurden sie noch niemals mit solcher Offenheit vertreten wie jetzt von den aufgeblasenen Bürokraten der Bremer Konferenz, die nach den übelsten Mustern der Vergangenheit, offenbar im Vertrauen auf ihre Rückendeckung durch die internationale Reaktion, auf Kosten des deutschen Volkes und der Zukunft Deutschlands Vorsehung spielen wollen. Diese Leute, das muß offen gesagt werden, spielen mit dem Schicksal der deutschen Nation. In Wirklichkeit haben sie Deutschland bereits wirtschaftlich und politisch zerstückelt und dadurch in neue tödliche Gefahren gestürzt. Wenn ihnen nicht rasch Einhalt geboten wird, dann wird die Nation noch weiter zerrissen und der Aufbau eines einheitlichen, friedlichen und demokratischen Deutschland, wenn nicht unmöglich gemacht, so doch ernstlich gefährdet werden . . .

In dieser Hinsicht hat die Bremer Konferenz, wenn auch gegen den Willen ihrer Arrangeure, eine nützliche Seite. Sie hat dem deutschen Volke unmittelbar vor den Wahlen in der britischen und in der sowjetischen Zone gezeigt, wohin die Föderalisten steuern. Am 13. und am 20. Oktober ist Gelegenheit, mit ihnen abzurechnen. Millionen deutscher Menschen haben es in der Hand, die Wahlen zu einer Volksabstimmung über die Einheit Deutschlands zu machen. Keine Partei kämpft so konsequent gegen die föderalistische Reaktion und für die wirtschaftliche und politische Einheit Deutschlands wie die SED. Je stärker sie aus den Wahlen hervorgeht, desto besser wird es um die Zukunft Deutschlands bestellt sein.

Dokument Nr. 33

Richard Tüngel, Adenauers neue Hauptstadt:

Berlin soll nicht mehr Deutschlands Hauptstadt sein, hat Dr. Adenauer erklärt: »Wir im Westen lehnen vieles, was gemeinhin ›preußischer Geist‹ genannt wird, ab. Ich glaube, daß die deutsche Hauptstadt eher im Südwesten liegen soll als im weit östlich gelegenen Berlin. In der Gegend des Main, wo die Fenster Deutschlands auch nach dem Westen hin weit geöffnet sind, sollte die neue Hauptstadt liegen. Man muß sich über einen Punkt klar sein: unsere ehemaligen Kriegsgegner haben keinen Grund, uns besonders liebevoll zu behandeln, am wenigsten die Franzosen. Es wird an uns liegen, das Mißtrauen langsam zu zerstreuen. Sobald aber Berlin wieder Hauptstadt wird, wird das Mißtrauen im Ausland unauslöschbar werden. Wer Berlin zur neuen Hauptstadt macht, schafft geistig ein neues Preußen«.

Mit tiefer Bestürzung haben wir diese Worte gelesen. Berlins Bevölkerung hat soeben in einer Weise, die für ganz Deutschland vorbildlich sein sollte, einen tapferen Kampf für wahre freiheitliche Demokratie geführt. . . Wann jemals in der Geschichte des Abendlandes, so müssen wir fragen, ist einem zugemutet worden, seine Hauptstadt nach den Wünschen des Auslandes zu bestimmen? Die Argumente von Dr. Adenauer sind nicht sehr stichhaltig. Sie verdecken nur oberflächlich ein tiefes persönliches Ressentiment, bei dem der Ärger über unbotmäßige Parteivorsitzende in der Ostzone mitsprechen mag. Und dieser Streit soll auf Kosten des Volkes ausgefochten werden, dem heute nichts so not tut wie Einheit. Dabei wird eine Stadt, die in einer umkämpften Zone der Hort westlicher Demokratie ist, verdächtigt und verächtlich gemacht.

Daß der württembergische Professor Schmid und der Frankfurter Oberbürgermeister Dr. Kolb erklärt haben, die deutsche Hauptstadt müsse zwischen Reben hängen und nicht zwischen Kartoffeläckern liegen, darf man übersehen. Diese Hauptstadt heißt Schilda und ist die Heimat jener Schildbürger, deren Streiche in gewissen Teilen unseres Landes als vorbildlich gelten. Der Führer einer großen Partei aber sollte weiter denken. Er sollte den Sinn für reale Verhältnisse haben und sich nicht in nebelhafte Ideologien verlieren. Er sollte vor allem in dieser Zeit des deutschen Elends nicht eine Frage aufwerfen, die Streit und bitteren Hader hervorrufen muß.

Die richtige Antwort hat Berlins neuer Oberbürgermeister Dr. Ostrowski gegeben, als er in seiner Antrittsrede sagte: »Bei der engen Zusammenarbeit der künftigen deutschen Zentralregierung mit den alliierten Behörden wird Berlin von selbst seinen alten Platz als deutsche Reichshauptstadt wiedererlangen.«

In: Die Zeit, Hamburg, 12. Dezember 1946

Dokument Nr. 34

Vorschläge für die personelle Zusammensetzung einer zukünftigen deutschen Regierung, 27. Dezember 1946:

Der Entwurf ist unter dem obersten Grundsatz aufgestellt, führende Männer von hervorragenden Fähigkeiten, ausreichenden fachlichen Erfahrungen und zuverlässiger demokratischer Haltung vorzuschlagen, wobei nur Persönlichkeiten in Betracht kommen, die zu keiner der Besatzungsmächte in irgendeinem Gegensatz stehen. Im übrigen wird angestrebt, die vier großen politischen Parteien etwa nach ihrem Gesamtstärkeverhältnis zu berücksichtigen. Ferner muß zur Abwehr partikularistischer Bestrebungen dringend Bedacht darauf genommen werden, daß der Westen und Süden angemessene Vertretung erhalten. Die Vorschläge werden in der angegebenen Reihenfolge befürwortet.

Es sind insgesamt vorgesehen ein Regierungschef (Kanzler) und 12 Minister. Bei jeweiliger Berücksichtigung der zuerst genannten Vorschläge würden dem Gesamtministerium angehören 5 Mitglieder der CDU, 4 der SPD, 2 der SED, 1 der LDP und 1 Parteiloser. - - -

Werden zunächst nur »Sachverständige« für einzelne Ressorts herangezogen, so gelten die entsprechenden Vorschläge ebenfalls . . .

a) Regierungschef (Kanzler).

Jakob Kaiser
Paul Löbe
ferner kommen in Betracht:

Geiler
Hermes
Friedensburg

b) Äusseres

Dr. v. Prittwitz
Dr. Friedensburg
Jakob Kaiser

c) Inneres

Paul
Dr. Külz
Dr. Pünder

d) W i r t s c h a f t

Friedensburg
Dr. Müller

e) F i n a n z e n

Dr. Hölting
Dietrich (Hermann)
Reinhold (Peter)

f) V e r k e h r

Reuter
Fitzner

g) E r n ä h r u n g und L a n d w i r t s c h a f t

Dr. Hermes
Dietrich (Hermann)

h) J u s t i z

Dr. Dix (Rudolf)
Dr. Geiler
Dr. Högner

i) P o s t und N a c h r i c h t e n w e s e n

Dr. Schröder

k) K i r c h e und S c h u l e

Dr. Heuss
Grimme

l) A r b e i t

Lemmer
Grotewohl
Jakob Kaiser

m) B e s a t z u n g s a n g e l e g e n h e i t e n

Högner
Nölting
Külz

n) Umsiedler

Dr. Töger
Dr. Jaenicke

In: BA NL Friedensburg 33

Dokument Nr. 35

Aufruf an das deutsche Volk: Volksentscheid für die Einheit Deutschlands, beschlossen vom Parteivorstand der SED vom 1. März 1947:

In dieser Stunde höchster nationaler Gefahr müssen sich alle antifaschistisch-demokratischen und fortschrittlichen Kräfte zusammenschließen, um das deutsche Volk aus seiner nationalen Katastrophe herauszuführen. Die antifaschistisch-demokratischen Parteien in ganz Deutschland und die Gewerkschaften müssen zusammentreten, um einen gemeinsamen Ausschuß zu bilden für die Durchführung eines Volksentscheides über die Bildung des Einheitsstaates mit demokratischer Selbstverwaltung der Länder und Gemeinden. Das ganze Volk soll damit die Verantwortung für den zukünftigen staatlichen Aufbau Deutschlands übernehmen. Diese Entscheidung wird den Sieg über die Feinde der Einheit Deutschlands bringen. Die nationale Einheit Deutschlands muß ihren Ausdruck in der Bildung einer gesamtdeutschen demokratischen Regierung finden. Deutschland kann nur hoffen, in den Kreis der friedlichen Völker wieder aufgenommen zu werden, wenn es durch eine zentrale Regierung vertreten wird. Zur Vorbereitung einer solchen Regierung fordert die Sozialistische Einheitspartei Deutschlands die sofortige Bildung einer deutschen Zentralverwaltung.

Die bereits im Potsdamer Abkommen vom August 1945 vorgesehenen fünf zentralen Einzelverwaltungen für Finanzen, Transportwesen, Post, Industrie und Außenhandel sind nicht geschaffen worden. Die Entwicklung seit 1945 erfordert heute eine allgemeine deutsche Zentralverwaltung mit zusätzlichen Abteilungen für Wirtschaftsplanung, Landwirtschaft, Innenhandel, Arbeit und Sozialfürsorge, Volksbildung, Justiz, Volksgesundheit und allgemeine Verwaltung. Diese deutsche Zentralverwaltung sollte auf Vorschlag der demokratischen Parteien, Gewerkschaften und anderen großen demokratischen Organisationen durch den interallierten Kontrollrat errichtet werden.

Ein fühlbarer wirtschaftlicher Aufschwung in ganz Deutschland und die Überwindung der Krisen im Westen ist nur möglich, wenn die Zonengrenzen fallen und überall in Deutschland folgende Forderungen verwirklicht werden: Restlose Säuberung der Verwaltung und des Wirtschaftsapparates von Naziaktivisten und Kriegsverbrechern! Demokratische Bodenreform durch entschädigungslose Enteignung des Großgrundbesitzes mit über 100 Hektar und Zuteilung des Bodens an landarme Bauern, Landarbeiter und Umsiedler! Entschädigungslose Enteignung der Kriegs- und Naziverbrecher und Überführung der Großbanken, aller Konzern-, Syndikats-, Kartell- und Trustbetriebe in öffentliches Eigentum! Volles Mitbestimmungrecht der Gewerkschaften und Betriebsräte! Kontrolle der Produktion und der Verteilung der Produktion unter maßgebender Mitwirkung der Gewerkschaften! . . .

Die Sozialistische Einheitspartei muß und wird zur stärksten der Parteien in ganz Deutschland werden. Sie wird das schaffende Volk durch Einheit zum Sieg führen! Das Bündnis zwischen Stadt und Land muß in ganz Deutschland Wirklichkeit werden. Nur in der Gemeinsamkeit der Arbeit liegt das Geheimnis für einen Neuaufbau unseres Vaterlandes. Die Arbeiterschaft kann ohne die Bauern ebensowenig leben wie die Bauern ohne die Arbeiterschaft. Wir rufen die Arbeiter, Angestellten, Bauern, Gewerbetreibenden, Handwerker, die Techniker, Lehrer, Wissenschaftler und Kunstschaffenden auf zum Kampfbündnis für Demokratie, Frieden, Fortschritt und die Einheit Deutschlands.

In: Neues Deutschland, Berlin, 2. März 1947

Dokument Nr. 36

Richtlinien für den Aufbau der Deutschen Republik, beschlossen vom Vorstand der SPD am 13./14. März 1947:

1. Die Sozialdemokratische Partei Deutschlands fordert, daß die Verfassung der Deutschen Republik die Möglichkeit einer künftigen Zugehörigkeit Deutschlands zu einem europäischen Staatenbund berücksichtigt. Die friedliche Entwicklung zu einem europäischen Bunde verlangt eine klare Absage an jede Politik eines nationalen Egoismus, der sich unter Ausnutzung der politischen Machtstellung durch den jeweils Mächtigen auf Kosten des jeweils Schwächeren insbesondere in Annexionen äußert: Annexionen können nicht die Grundlage friedlicher Entwicklungen bilden. Die Verfassung soll Bestimmungen enthalten, die es ermöglichen, durch Reichsgesetz Hoheitsrechte im Rahmen internationaler Vereinbarungen an internationale Institutionen zu übertragen.

2. Die deutsche Sozialdemokratie bekennt sich zur politischen und staatsrechtlichen Einheit Deutschlands. Sie lehnt unter Anerkennung stammesmäßiger Besonderheiten jeden offenen oder versteckten Separatismus und Partikularismus ab. Die Verfassungen der Länder dürfen nichts enthalten, was der Reichseinheit entgegenstehen kann. Daher haben die Länderverfassun-

gen einen Vorbehalt aufzunehmen , daß Reichsrecht Länderrecht bricht. Gesetzgebung, vollziehende Gewalt und Rechtsprechung müssen diesen Grundsätzen folgen.

3. Die deutsche Sozialdemokratie lehnt die Umwandlung der Deutschen Republik in einen Staatenbund ab, weil ein Staatenbund nach außen die Entwicklung zu einer europäischen Einheit hemmen und nach innen eine unerwünschte Zersplitterung der zur Gesundung und zum Aufbau erforderlichen Kräfte bedeuten würde. Deutschland wäre bei einer Auflösung in selbständige Staaten nicht lebensfähig. Es liegt kein Grund vor, Deutschland auf längst überlebte Zustände zurückzubringen. Die Entwicklung zu größeren staatlichen Einheiten ist nicht nur eine deutsche oder europäische Erscheinung, sondern eine Tatsache, die in der allgemeinen Entwicklung zur Universalität und in der Natur der modernen Technik liegt und darum eine generelle Erscheinung des politischen und wirtschaflichen Lebens aller Kontinente ist.

4. Die Deutsche Republik wird ein Bundesstaat sein müssen, in dem sowohl die Einheitlichkeit der Regierungsgewalt als auch die damit vereinbarte Eigenständigkeit der Länder im Sinne einer gesunden Dezentralisation gewährleistet sind.

B.

1. Die Reichsgewalt geht von dem gesamten deutschen Volk aus, das seinen Willen durch einen Reichstag, gebildet auf Grund eines allgemeinen, gleichen, unmittelbaren und geheimen Wahlrechts aller wahlberechtigten Männer und Frauen kundgibt.

Die Verfassung der Deutschen Republik ist von einer nach den gleichen Grundsätzen gewählten Nationalversammlung zu beschließen.

2. Neben dem Reichstag besteht der Reichsrat. Seine Mitglieder werden von den Landtagen gewählt. Sie können nicht zugleich Mitglieder des Reichstages oder eines Landtages sein. Der Reichsrat ist an der Gesetzgebung und an der Aufstellung des Reichshaushaltes zu beteiligen. Ihm steht gegen die vom Reichstag beschlossenen Gesetze ein Einspruchsrecht zu. Der Einspruch hat lediglich aufschiebende Wirkung. Zur erneuten Beschlußfassung des Reichstages bedarf es keiner qualifizierten Mehrheit. Die Bildung weiterer, insbesondere ständischer Organe oder Einrichtungen wie der frühere Reichswirtschaftsrat, die an der gesetzgebenden Gewalt des Reiches zu beteiligen wären, wird abgelehnt, da sie in keinem Falle geeignet sind, das Gesamtinteresse des Volkes zu vertreten.

3. An der Spitze der Deutschen Republik steht ein Präsident, dessen Amtszeit mindestens zwischen der einfachen und doppelten Legislaturperiode des Reichstages liegen soll.

4. Die vollziehende Gewalt liegt bei der Reichsregierung. Diese bedarf des Vertrauens des Reichstages. Ein Mißtrauensvotum führt nur dann zu dem Rücktritt der Regierung, wenn binnen einer bestimmten Frist eine neue Regierung gebildet wird.

5. Die Verfassung darf keine Bestimmung über ein Notstandsrecht enthalten, die dem Parlament gestattet, sich der politischen Verantwortung zu entziehen.

6. Für die Deutsche Republik ist ein Staatsgerichtshof einzurichten, der für Verfassungsstreitigkeiten und Ministeranklagen ausschließlich zuständig ist.

C.

Die Verfassung hat die Grundrechte und Grundpflichten eines jeden Deutschen zu enthalten. Die unveränderlichen Ideen der Menschenwürde, der Freiheit und Gerechtigkeit, der Achtung vor der religiösen und der politischen Überzeugung des anderen, aber auch der Verpflichtung des einzelnen gegenüber der in einem Staat zusammengefaßten Lebensgemeinschaft müssen ein wesentlicher Bestandteil des staatlichen Lebens und der Verfassung sein.

2. Der Mensch ist dazu berufen, in der ihn umgebenden Gemeinschaft seine Gaben in der Freiheit und in der Erfüllung des Sittengesetzes zu seinem und der anderen Wohle zu entfalten. Es ist die Aufgabe des Staates, dem Menschen hierbei zu dienen.

3. Der Krieg darf kein Mittel der Politik sein. Er ist daher in der Verfassung zu ächten.

In: HStA Stuttgart EA 1/11 Nr. 3

Dokument Nr. 37

Offener Brief der Arbeitsgemeinschaft der Christlich-Demokratischen und der Christlich-Sozialen Union Deutschlands an die Vorstände der SPD, SED und LDPD zum Zwecke der Gründung einer nationalen Repräsentation, 17. März 1947:

Voraussetzung für die Sicherstellung der materiellen Existenz des deutschen Volkes ist die Verwirklichung der wirtschaftlichen Einheit Deutschlands. Grundbedingung ihrer Verwirklichung ist, dem deutschen Volke die Möglichkeit zu geben, seinen politischen Gesamtwillen zum Ausdruck zu bringen. Die politischen Willensträger sind die Parteien. Die Union hält es für erforderlich, daß die für Gesamtdeutschland maßgebenden Parteien in ihren

Spitzen zusammentreten, um die Ausdrucksformen des politischen Willens zu klären. Deshalb hat der Vorstand der Union die Führung der deutschen politischen Parteien eingeladen, sich so schnell wie möglich zusammenzufinden, um die erste Stufe einer gesamtdeutschen Vertretung des Volkes vorzubereiten und diese Vertretung bis zu ihrer Verwirklichung zu repräsentieren.

Unterzeichnet u. a. von Jakob Kaiser, Ernst Lemmer (beide Berlin) und Josef Müller (München)

In: Neue Zeit, Berlin, 17. März 1947

Dokument Nr. 38

1. Kurt Schumacher, Ansprache über den Frankfurter Rundfunk, 31. Mai 1947:

Die Zonengrenzen scheiden heute nach Form und Inhalt mehr, als es früher die Staatsgrenzen auf der europäischen Landkarte taten. Die Deutschen sind nun vor die Frage gestellt, zusammenzuarbeiten und aus den Erfahrungen und den Vorbildern der Welt etwas Positives zu lernen oder einfach widerspruchslos in jeder Zone die Meinungen der betreffenden Siegermacht zu imitieren.

Den tollsten Exzess der sklavischen Nachahmung sehen wir bei der russisch kontrollierten kommunistischen SEP. Daß dabei eine völlige Selbstaufgabe des deutschen Volkes und der deutschen Notwendigkeiten, ja sogar der Ideen der internationalen Zusammenarbeit die Folge sein muß, wird durch ein Übermaß von nationalistischen Phrasen aus der Welt zu schaffen versucht. ...

Die Sozialdemokratie wird nicht aufhören, für die Einheit Deutschlands zu kämpfen. Sie bejaht grundsätzlich den Gedanken einer Nationalen Repräsentation durch die politischen Parteien. Aber diese politischen Parteien sind im Reichsrahmen noch nicht vorhanden. Wir meinen das nicht in dem engen formaljuristischen Sinne einer Lizensierung durch die Sieger. Aber wir erklären die Unverzichtbarkeit der Forderung, in allen vier Zonen unter den gleichen Bedingungen der politischen Meinungs- und Aktionsfreiheit, der Rechtssicherheit und der staatsbürgerlichen Gleichberechtigung, sich mit jedem politischen Gegner messen zu können. ...

Wir sind jetzt in einen entscheidenden Abschnitt der Nachkriegsentwicklung eingetreten. Entscheidend für das deutsche Volk, entscheidend aber auch für die Siegermächte. In Deutschland ist man bei aller Anerkennung der Schuld des Dritten Reichs und der Leistungen gerade Amerikas und Großbritanniens für das deutsche Volk doch der durchaus berechtigten Meinung, daß viel vermeidbares Unheil eingetreten ist. Jetzt kommt es auf die Schnelligkeit, die Stärke und Eindeutigkeit des Entschlusses der Sieger an, eine progressive ökonomische Politik gegenüber den Deutschen einzuleiten. Das Tempo und der Nachdruck der Aktion sind seelisch, politisch und materiell gewiß keine Fehlleistungen der heute für die Gestaltung Europas entscheidenden Kraftzentren. ...

In den vergangenen beiden Jahren sind die Deutschen oft genug die Feinde der Deutschen gewesen. Von den Möglichkeiten, die ihnen jetzt durch die Stärkung und Belebung der Bizone geboten werden, müssen sie den richtigen Gebrauch machen. Eine kraftvolle deutsche Wirtschaft im Westen ist die erste Voraussetzung zur deutschen Einheit. Nach der furchtbaren Entleerung der Ostzone von industriellen Produktionsmitteln wird der Westen einmal seine Aufgabe darin sehen müssen, das ökonomische Vakuum des Ostens auszufüllen.

In: AsD NL Schumacher Q 5 II

2. Kurt Schumacher vor den Spitzengremien der SPD am 31. Mai 1947:

Man muß soziale und ökonomische Tatsachen schaffen, die das Übergewicht der drei Westzonen über die Ostzone deklarieren. ... Die Prosperität der Westzonen, die sich auf der Grundlage der Konzentrierung der bizonalen Wirtschaftspolitik erreichen läßt, kann den Westen zum ökonomischen Magneten machen. Es ist realpolitisch vom deutschen Gesichtspunkt aus kein anderer Weg zur Erringung der deutschen Einheit möglich als diese ökonomische Magnetisierung des Westens, die ihre Anziehungskraft auf den Osten so stark ausüben muß, daß auf die Dauer die bloße Innehabung des Machtapparates dagegen kein sicheres Mittel ist. Es ist gewiß ein schwerer und vermutlich langer Weg.

In: Vorstand der SPD, Acht Jahre sozialdemokratischer Kampf um Einheit, Frieden und Freiheit, Bonn 1953, S. 26 f.

Dokument Nr. 39

Unmittelbare Reaktionen auf den Verlauf der Münchener Ministerpräsidentenkonferenz (5. – 7. Juni 1947):

1. Paul Löbe, Der ferngelenkte Auszug, in: Der Telegraf, Berlin, 7. Juni 1947:

Eben hatte die deutsche Öffentlichkeit mit Genugtuung die Tatsache verzeichnet, daß sich zur Konferenz in München die Ministerpräsidenten aller

Länder und in ihnen Vertreter aller Parteien zusammenfinden würden – Donnerstagabend hören wir im Radio Vertreter aller Richtungen, von Luise Schröder über Dr. Hübener, Amelunxen und Paul bis zu Ehard sich hoffnungsvoll äußern, da – kaum sechs Stunden später – sprengten die aus der Ostzone kommenden Ministerpräsidenten, die sich erst im letzten Augenblick zur Teilnahme bereit erklärt hatten, die kaum begonnenen Besprechungen.

Man muß es offen aussprechen, die Sezession ist eine deutsche Blamage vor der Welt und ein Schlag gegen das eigene Volk. Dieses Volk wird täglich zur Zusammenarbeit aufgerufen, und die dazu rufen, laufen fort, wenn die Zusammenarbeit beginnen soll. Sie sind offenbar gar nicht gern gekommen, haben sich erst im letzten Augenblick entschlossen, nahmen an den Vorbesprechungen zunächst nicht teil, waren auch auf ernste Mitarbeit nicht eingerichtet, hatten unentbehrliche Berater gleich zu Hause gelassen, und als ihnen in der ersten Stunde ihr Wille nicht geschah, liefen sie fort, wie trotzige Kinder vom Spiel. Sie warteten keine Abstimmung ab und wichen einem etwaigen Vermittlungsversuch aus, indem sie Hals über Kopf das Weite suchten.

2. Süddeutsche Zeitung, München, 7. Juni 1947:

Es gehört zur Tragik der Deutschen, daß sie in geschichtlichen Augenblicken nicht in der Lage sind, in gemeinsamen Schicksalsfragen einen gemeinsamen Nenner zu finden. Die starke Hoffnung, die von der Ankündigung ausging, daß die Minister der Ostzone zur Konferenz nach München kämen, ist jäh zunichte gemacht worden durch die »Aktion«, mit der die gleichen Ministerpräsidenten den Auftakt der Konferenz zu einer tief tragischen Sensation gestaltet haben. Niemand wird jetzt noch Zweifel daran hegen können, daß es den Vertretern der Ostzone nicht darauf ankam, das »Trennende beiseite zu stellen«. Sie kamen mit dem festen Vorsatz, der Konferenz durch ihre Forderungen ein Gespräch aufzuzwingen, das den Sinn der Konferenz hinfällig gemacht hätte. Sie kamen, um auftragsgemäß eine politische Diskussion einzuleiten und jene politische »Aktion« zu führen, die der Konzeption der Besatzungsmacht ihrer Zone entspricht. Ihre »Zonen«-Liebe zu Deutschland und ihre Haltung den deutschen Nöten und Problemen gegenüber war ihnen wichtiger als der Versuch, gemeinsame wirtschaftliche Notstände anzupakken (ohne deren Lösung die politischen Fragen ohnehin in der Luft hängen). Wir haben unter Deutschen auf deutschem Boden die gleiche Tragik erleben müssen, die in Moskau – trotz guten Willens der westlichen Demokratien – verhindert hat, das Schicksal ganz Deutschlands seiner Neugestaltung näherzubringen.

Deutschen gegenüber haben wir in unserer heutigen Situation für ein derartiges Verhalten keine Entschuldigung, ganz zu schweigen davon, daß jene SED-Ministerpräsidenten, welche die Teilnahme an der Konferenz verweigerten, weil ihre Forderungen nicht die Zustimmung der anderen fanden, jetzt bewiesen haben, daß sie auch das Wort Demokratie nur im Munde führen. Wirklich demokratischer Haltung hätte es entsprochen, sich der Mehrheit zu fügen und dadurch ihren Beitrag zur wirtschaftlichen und späteren politischen Einheit Deutschlands zu leisten. Er mußte gerade von denen erwartet werden, die alles nur im Interesse der deutschen Einheit zu tun behaupten.

Wir erinnern uns daran, daß auch die Interzonen-Konferenz in Bremen im Oktober 1946 von der Hoffnung getragen war, die Regierungschefs der vier Zonen an einem Tisch zusammenzubringen. Damals führten technische Schwierigkeiten dazu, die Teilnahme von Vertretern der französischen und russischen Besatzungszone unmöglich zu machen. Trotzdem hatte jene »Vier-Zonen-Tagung zu Zweien« in Bremen ihren Blick auf ganz Deutschland gerichtet: im Geiste waren auch jene dabei, die nicht anwesend sein konnten.

In München sind nunmehr die Vertreter dreier Zonen und Berlins zur gemeinsamen Beratung versammelt, – aber die Deutschen in allen Zonen werden und sollen wissen, daß das Schicksal ganz Deutschlands zur Diskussion steht, auch wenn, – ja gerade weil die Ministerpräsidenten der Ostzone die »Überwindung des Trennenden« und die gemeinsame Sorge um Deutschland durch brüskes Verlassen der Konferenz vor Deutschland und der Welt auf jämmerliche Weise demonstriert haben. Für uns Deutsche ist es eine bittere Enttäuschung, aber auch eine brutal vermittelte Einsicht in die Hintergründe der Ostzonenpolitik.

3. Erich Roßmann, Generalsekretär des Süddeutschen Länderrats, schreibt an die amerikanische Militärregierung am 9. Juni 1947:

Die Ministerpräsidenten der Westzonen hatten gehofft, daß eine gemeinsame Arbeit der Ministerpräsidenten aller Zonen auf den Gebieten der unmittelbarsten Not sie fähig machen würde, auch in die großen politischen Probleme in weitestgehender Einmütigkeit hineinzuwachsen und die hier bestehenden Gegensätze zu überwinden. Der Exodus der Ministerpräsidenten der russischen Zone hat diese Hoffnung zunächst zunichte gemacht. Der Vorfall hat gezeigt, daß die Zeit noch nicht gekommen zu sein scheint, in der Deutschland als Gesamtheit einen einheitlichen Willen gegenüber den Besatzungsmächten bekunden kann. Daß der Wille zur Einheit jedoch sehr lebendig ist, hat die Münchener Tagung eindrucksvoll gezeigt. Aus den Vorgängen in München muß ferner die Lehre gezogen werden, daß ein neuerlicher Versuch, zu einer Vierzonen-Konferenz zu kommen, noch schwerer durchzuführen sein wird als der Münchener Versuch. Von einer höheren Warte aus gesehen braucht der Vorgang jedoch keine Entmutigung zu bedeuten. Die Probe mußte einmal gemacht werden. Ihr Ablauf kann ein notwendiges Glied in der

Entwicklung zur Einheit sein. Um Klarheit zu gewinnen, ist es unvermeidlich, daß zunächst auch sehr unangenehme Dinge durchexerziert werden müssen.

In: BA NL Pollock 97

4. Walter Ulbricht auf einer Pressekonferenz in München am 9. Juni 1947:

Wenn es Herrn Ehard um die Überwindung der Not des Volkes gegangen wäre, dann hätte doch nichts näher gelegen, als die Gewerkschaften, Parteien und Bauern-Organisationen einzuladen. Aber es ging um etwas anderes. Sprechen wir es offen aus. Herr Ehard wollte durch die Einladung der Ministerpräsidenten den ersten Schritt machen für die endgültige Schaffung einer föderalistischen Struktur Deutschlands. Darum war auch vorgesehen, ein gesamtdeutsches Sekretariat der Ministerpräsidenten zu schaffen und entsprechende Kommissionen zu bilden. An Stelle eines einheitlichen Deutschlands sollte ein zersplittertes Deutschland mit widerstreitenden Interessen von Ländern und Ministerpräsidenten geschaffen werden. Ein solches in Bundesstaaten zersplittertes Deutschland wäre nichts anderes als ein Spielball des westlichen Monopolkapitalismus.

In: Neues Deutschland, Berlin, 10. Juni 1947

5. Ferdinand Friedensburg, München und Berlin, in: Neue Zeit, Berlin, 10. Juni 1947:

Sieht man von allen begreiflichen, aber unverständigen Hoffnungen ab, die die Einberufung der ersten Zusammenkunft verantwortlicher deutscher Amtsträger nach dem Kriege in der zerstörten Seele des deutschen Volkes ausgelöst hat, so waren der Münchener Konferenz zwei Aufgaben gestellt: Einmal sollte die bloße Tatsache einer alle Teile Deutschlands umfassenden Aussprache vor der Welt die Fortdauer der deutschen Gemeinschaft und Einheit verkünden, die sorgenbeschwerte Bevölkerung trösten und ermutigen und die inneren Voraussetzungen für alle weiteren Arbeiten an der Wiederaufrichtung unseres Landes stärken. Über diese psychologische Wirkung hinaus sollte zweitens auf einigen bestimmten, besonders drängenden materiellen Einzelgebieten der deutschen Not eine praktische Hilfe eingeleitet werden. ...

Über die Gründe des tiefbedauerlichen, ja ein wenig beschämenden Vorganges ist gewiß bereits genug gesagt worden. Aus guter Kenntnis der Zusammenhänge und der hauptsächlich beteiligten Personen kann nur mit allem Nachdruck der unsinnigen Auffassung entgegengetreten werden, die Männer der Ostzone seien von vornherein mit der Absicht nach München gefahren, hier eine Sprengung der Konferenz herbeizuführen. Ein wenig mehr guter Wille auf beiden Seiten und eine beharrlichere und zugleich elastischere

Behandlung der Geschäftsordnung hätte dem deutschen Volk diesen Rückfall in sein altes Erbübel erspart. Die sachlichen und politischen Gegensätze waren zweifellos vorhanden, waren aber zweifellos nicht so groß, daß sie nicht im Interesse des überragend wichtigen Gesamtzieles überbrückt werden könnten.

6. Jakob Kaiser vor der Berliner Stadtverordnetenversammlung am 19. Juni 1947:

Ich habe mir über München ein objektives Urteil zu bilden versucht. Ich war während der Konferenz in Bayern. Und ich war nach der Konferenz in München. Ich habe manchen Teilnehmer und Interessierten der Konferenz gesprochen. Bei allem, was ich erfuhr, mußte ich in geradezu schmerzhafter Weise empfinden, wie tief der Riß zwischen Ost und West bereits durch unser Volk geht. Man kann sich der Erkenntnis nicht verschließen, daß in manchem Teilnehmer der Konferenz schon die Meinungsverschiedenheiten wirksam waren, die sich zum Unglück unseres Volkes zwischen den Weltmächten aufgetan haben. Ein humorvoller Spötter sagte mir, man habe kleine Molotows und kleine Marshalls wahrgenommen. So humorvoll diese Bemerkung klingt, so tragisch ist ihre Deutung für uns. Man muß fragen, wie sollen wir weiter kommen, wenn sich die Deutschen selbst mehr oder minder als Exponenten der Auseinandersetzung der Weltmächte begegnen? Mögen die Mächte nun Rußland, Amerika, England oder Frankreich heißen. Ich verkenne dabei keineswegs, daß es auch bei uns um die Auseinandersetzung von Ideen und Kräften geht, die um den inneren Besitz von Deutschland ringen.

. . .

Wenn wir diese Auseinandersetzungen mit der gebotenen Gehaltenheit führen, so tun wir es, um Gefahren zu begegnen, wie sie im Zusammenhang mit München zu Tage getreten sind. Wenn wir es tun, so tun wir es, um den Zusammenhalt Deutschlands zu wahren und diesem Zusammenhalt zu dienen. Wenn wir es tun, so deshalb, weil wir nun einmal nicht in einer reinen Westorientierung die Zukunft Deutschlands gesichert sehen, sondern in seiner Aufgabenerfüllung, Brücke zwischen Ost und West zu sein.

In: BA NL Kaiser 76

7. Vertrauliche Aufzeichnungen eines CDU-Mannes über die Münchener Konferenz:

Zusammenfassung von Verlauf und Ergebnis:

Die folgenden Momente spielten außerhalb der offiziellen Tagungen von Anbeginn bis zum Schluß der Konferenz eine Rolle:

1. Die Entschlossenheit der SED, nur in Gremien hineinzugehen, in denen sie durch Zuziehung der Gewerkschaften und der Parteien das Überge-

wicht erreichen kann, soweit es sich um gesamtdeutsche Fragen handelt. Das Verlangen nach sofortiger Diskussion der Reichseinheit war demgegenüber ein vorgeschobener Grund.

2. Die Haltung der SPD – wie sie bei den Frankfurter Besprechungen festgelegt worden war. Dabei spielte eine Hauptrolle Schumachers Auffassung (gleichviel ob in formellen Beschlüssen festgelegt oder nur erörtert), daß den Ostzonen-Ministern die Aktiv-Legitimation abzusprechen sei, weil sie nicht auf demokratischer Grundlage gewählt seien.
3. Die Haltung der französischen Militärregierung, die den Delegierten der französischen Zone die Direktive mitgeben hatte, nicht über staatsrechtliche Fragen zu verhandeln. Hierzu kam aber die Neigung einzelner deutscher Persönlichkeiten der französischen Zone, die sehr starke französische Neigungen haben (Wohlleb, Boden).
4. Die Verhältnisse innerhalb der bayerischen Regierung, in erster Linie ein nicht unerheblicher Einfluß Pfeiffers auf den Ministerpräsidenten Ehard, die unbestrittene Geradheit Ehards, der eine mangelnde diplomatische Elastizität in der Verhandlungsführung entsprach.
5. Die sehr große Unkenntnis der maßgebenden Westzonenpolitiker von den Verhältnissen der Ostzone. Vielfach ist eine ausgesprochene Russenangst festzustellen und eine wohl unbewußte Neigung, auf Schutz und Hilfe der Westmächte demgegenüber zu vertrauen. Vereinzelt findet man auch die Erwartung einer Kriegskatastrophe, an die zugleich in Furcht und in Hoffnung gedacht wird.
6. Das gegenseitige Mißtrauen, die allgemeine Neigung, die Taktik der Praxis voranzusetzen und eine übertriebene Einschätzung des Prestiges auf beiden Seiten.
7. Die kommunistische Erwartung, mit Hilfe einer großen Propagandawelle die Westzonen aufzulockern und so im Sinne des Kommunismus eine günstigere Lage für einen späteren Zeitpunkt herbeizuführen. Umgekehrt findet man bei den Westzonen-Politikern Neigungen, die großen Weltmächte in der Härte gegenüber dem Kommunismus nachzuahmen nach dem Prinzip »Konzessionen sind der Anfang dauernden Nachgebens«. . .

Die Haltung der SED

Von einer als durchaus zuverlässig anzusehenden SED-Seite wurde mir folgendes mitgeteilt (darf unter keinen Umständen bekannt werden weg. Vertr.Mann):

Ministerpräsident Paul hat unmittelbar nach seiner Ankunft in München, also noch vor der Zusammenkunft mit den anderen Ministerpräsidenten, im Kreise seiner Vertrauten folgendes mitgeteilt: Er werde in jedem Fall auf der

Zuziehung der Parteien und der Gewerkschaften bestehen, würde dieser Forderung Rechnung getragen, so wäre das Gremium für die SED ungefährlich. Er wisse selbstverständlich, daß diese Forderung nicht durchzusetzen sei. Deshalb sei es sicher, daß die Konferenz ohne die Minister der Ostzone zu Ende gehen werde. Er würde äußerst ungern genötigt sein, noch an den öffentlichen Debatten der Konferenz teilzunehmen, werde es aber vielleicht nicht vermeiden können. In diesem Fall werde er am ersten Tag der Konferenz ein Referat darüber halten, daß eine Symbiose zwischen dem Wirtschafts-System der Ostzone und dem der Westzone möglich sei. Das Referat habe er fertig in der Tasche mitgebracht für den Eventualfall.

Die Auskünfte von SED-Seite gingen weiter dahin, daß eine größere Geschicklichkeit Ehards sie in erhebliche Verlegenheit versetzt haben würde. Sie wären in die Defensive gedrängt worden, wenn sie in der öffentlichen Sitzung hätten auftreten müssen. Ihr Bestreben sei deshalb gewesen, die Dinge so zu behandeln, daß die öffentliche Sitzung gar nicht zustandekam. Die Herstellung der Einheit sei im gegenwärtigen Augenblick für die kommunistische Partei nicht ungefährlich. Denn sie würde jetzt bei einem Gesamtdeutschen Zusammenarbeiten zu einer Minderheit werden und in Gefahr der Schrumpfung geraten. Nach der Abreise der Ostzonen-Ministerpräsidenten interpretierte ein SPD-Vertrauensmann die Lage wie folgt: Die Teilung Deutschlands in zwei Lager sei jetzt unvermeidlich. Nach SED-Auffassung sei die ganze Konferenz nur veranstaltet worden, um den Auftakt für eine Legalisierung der Teilung auf der Londoner Konferenz zu bilden. Schumachers Politik suche diese Bestrebungen zu unterstützen. Der Wirtschaftsrat sei die Instanz für die Vorbereitung einer bizonalen Politik nach der Einrichtung einer bizonalen Wirtschaft.

In: BA NL Kaiser 76

Dokument Nr. 40

Vorschläge für eine deutsche Stellungnahme zur Londoner Konferenz der Alliierten (25. November – 15 Dezember 1947), erarbeitet vom Verwaltungsrat des Deutschen Büros für Friedensfragen (Hermann Brill u. a.), vorgelegt den Ministerpräsidenten der amerikanischen Zone am 4. November 1947:

Die deutschen Regierungschefs sollten mit größter Entschiedenheit zum Ausdruck bringen, daß Friede ohne eine vorangegangene Lösung der »deutschen Frage« nicht möglich ist.

Sie sollten erklären, daß dazu die Herstellung einer gesamtdeutschen Staatsgewalt, insbesondere einer gesamtdeutschen Regierung, eine unabdingbare Notwendigkeit bedeutet. Dabei sollten sie sich den auf der Moskauer Konferenz vertretenen amerikanischen Standpunkt zu eigen machen, daß das Verfahren zur Herbeiführung der staatsrechlichen Einheit Deutschlands ausschließlich eine Sache der Deutschen selbst ist. Erscheint es aber nicht mehr zulässig, bei dieser Erklärung zu verharren, müssen darüber hinaus positive Vorschläge gemacht werden.

In diesem Zusammenhange sollten sich unter dem Gesichtspunkte der vollen Wiederherstellung der deutschen Staatshoheit die Regierungschefs unmißverständlich zu den Grenzfragen aussprechen.

Insbesondere sollten sie sagen, daß die Vorgänge an der Saar einen unzulässigen Vorgriff auf den Friedensvertrag bedeuten. Sie sollten sich dabei das Clay'sche Argument zunutze machen, daß die Entscheidung über die Sozialisierung an der Ruhr keine Angelegenheit des Landtages von Nordrhein-Westfalen sein kann, sondern nur des gesamten deutschen Volkes. Dieses Argument gilt in vermehrtem Maße für die Saar, weil es sich in der Saarfrage nicht nur um Eigentum, Besitz oder Ausbeutung von Gruben, sondern um den Verlust der deutschen Staatshoheit schlechthin handelt.

In bezug auf den zwischen der UdSSR und der Republik Polen über Stettin und das deutsche Land westlich der Oder geschlossenen Vertrag sollten die deutschen Regierungschefs aussprechen, daß es sich dabei lediglich um eine zwischenstaatliche, das deutsche Volk völkerrechtlich nicht bindende Maßnahme handelt.

Hinsichtlich der derzeitigen Zugehörigkeit von Kehl zum Gemeindebezirk von Straßburg, und damit zu Frankreich, sollten die deutschen Regierungschefs ausdrücken, daß eine gegen den deutsch-französischen Waffenstillstandsvertrag verstoßende Maßnahme eines nazistischen Gauleiters nicht zur völkerrechtlichen Begründung der Abtretung eines Teiles deutschen Gebietes an Frankreich gemacht werden kann. Wenn, wie vorauszusehen ist, die Durchsetzung einer gesamtdeutschen Politik nicht erreicht werden kann, sollten die Regierungschefs darauf hinweisen, daß für die deutschen Weststaaten ein neues staatsrechtliches Provisorium geschaffen werden muß. Sie sollten die Forderung erheben, daß dieses Provisorium nicht, wie bei der Schaffung des Wirtschaftsrates geschehen, ohne Anhören der Länder und der zonalen und überzonalen Vereinigungen der politischen Parteien geschaffen werden darf.

In bezug auf Berlin müßten die Regierungschefs die Erklärung abgeben, daß sie alles tun werden, um Berlin lebensfähig zu erhalten. Sie müßten allerdings dazu darauf hinweisen, daß der gegenwärtige politische Status von Berlin untragbar ist.

Alles in allem sollte den Alliierten gegenüber der Eindruck erweckt werden, daß die deutschen Regierungen zu kühnen und weittragenden Entschlüssen bereit sind, und daß sie keineswegs nur die Wiederherstellung eines Status quo ante in Deutschland erstreben. Wenn irgend jemand an einem Erfolg des Marshall-Plans interessiert ist, so ist es Deutschland, und Deutschland wird deshalb auch vor allen anderen Staaten bereit sein, sich in einen größeren, übernationalen Rahmen einordnen zu lassen.

In: BA NL Brill 101

Dokument Nr. 41

Rudolf Nadolny, ehemaliger deutscher Botschafter in Moskau, schreibt am Vorabend der alliierten Londoner Außenministerkonferenz, am 14. November 1947, an Molotow u. a.:

Es geht, wie wir alle wissen, zwischen den Alliierten nicht nur um die Einigung über die – sicherlich nicht unüberwindlichen – konkreten Streitfragen, als da sind die konstitutionelle Struktur Deutschlands, die Höhe und Art der Reparationsleistung und vielleicht auch noch die Ruhrkontrolle. Im Hintergrund steht als entscheidender Faktor der weltanschauliche Gegensatz zwischen dem Kapitalismus des Westens und dem Sozialismus des Ostens. Und die Frage, welche Stellung das wieder zu vereinigende Deutschland in dieser Hinsicht und welche politische Orientierung zwischen Ost und West es haben wird, ist wohl die wesentlichste.

Was die Frage der kapitalistischen oder sozialistischen Struktur Deutschlands anbetrifft, so werden Sie durch ihre hiesigen Vertreter und Besatzungsbehörden über die deutsche Einstellung informiert sein. Meinerseits kann ich dazu nach meinen Beobachtungen in der hiesigen Zone und auf Grund einer kürzlichen Reise durch ganz Westdeutschland folgendes sagen: Deutschland will weder Brückenkopf gegen den Osten noch Brückenkopf gegen den Westen sein. Es will auch in gesellschaftlicher und wirtschaftlicher Beziehung wieder nur das sein, wozu es durch seine naturbedingte Lage als das Zentrum Europas bestimmt ist, die Brücke zwischen Ost und West, das Zwischenland, das die Spannung zwischen den beiden Gegensätzen nach Möglichkeit ausgleicht und damit wieder wie einst vor den Dummheiten der wilhelminischen Politik und der Idiotie Hitlers zum Hüter des europäischen Friedens wird. Das bedeutet eine eigene deutsche gesellschaftliche und wirtschaftliche Struktur, eine Synthese von Sozialismus und Planung im Großen und Individualismus und freier Initiative im Mittleren und Kleinen, eine Linie zwischen den beiden gegensätzlichen Polen und auch dem kürzlich in der Sowjetunion aufgetauchten Gedanken einer neuen Demokratie offenbar nicht zuwiderlaufend.

Was aber die deutsche politische Orientierung anbetrifft, so kann ich ehrlich sagen, daß ich im Westen niemand gefunden habe, der einer Wiederanknüpfung des Drahtes zwischen Deutschland und der Sowjetunion und der Wiederherstellung eines freundschaftlichen Verhältnisses zwischen ihnen entgegensteht. Alle denken an die alten historischen Beziehungen zurück. Sie haben das neuerliche Eintreten Rußlands für ein einheitliches Deutschland freudig begrüßt und wünschen, daß es bald wieder ein Rapallo geben möchte.

In: Politisches Archiv des Auswärtigen Amtes (PA) NL Nadolny 3

Dokument Nr. 42

Jakob Kaiser, Hat Deutschland eine Zukunft? Auszug aus einer Rede in Herne am 30. November 1947:

Wird nun London die Wiederherstelluung des deutschen Zusammenhaltes bringen? Wird es gelingen, den toten Punkt zu überwinden? Wird es zur Bildung bestimmter wirtschaftlicher und politischer Körperschaften kommen? Das ist die Frage, die wir an London stellen. Diese Frage an London – an die Alliierten also – heißt zugleich eine Frage an das deutsche Volk stellen: Was haben wir, was hat unser Volk getan, um trotz aller trennenden Wirkungen der Zonengrenzen den Zusammenhalt unseres Volkes zu wahren? Was hat es getan, um neuem Zusammenwachsen den Weg zu bereiten? Schumacher glaubte neulich sagen zu dürfen: Erst müsse die Verständigung zwischen den Weltmächten herbeigeführt werden, dann könne auch Deutschland wieder zusammenwachsen. Auch vom Rhein her wurde dem deutschen Volke in der Frage des deutschen Zusammenhaltens bzw. in dem Fordern von zentralen Körperschaften Zurückhaltung anempfohlen. Wir sind nicht naiv genug, um nicht zu wissen, wie sehr Deutschlands Schicksal von der Verständigung der Weltmächte abhängt. Aber unabhängig von Weltmächten, unabhängig von ihren Auseinandersetzungen gibt es ein Recht und eine Pflicht der Deutschen, ihren Willen zur Einheit zu wahren und diesen Willen zu bekunden. Daß das in der Zeitspanne, die uns zwischen Moskau und London noch gegeben war, in nicht genügender Weise geschehen ist, gehört zu den Schwächen unseres zerrissenen Volkes. Aber nicht unser Volk, nicht die schwerarbeitenden Menschen des Westens, Ostens und Südens sind schuld daran. Schuld sind die neunmalklugen Politiker, die in ängstlicher Zurückhaltung auf die möglichen und nicht mögliche Gefahren starren, die ein neuer Zusammenschluß Deutschlands mit sich bringen könnte. Schuld sind auch die Politiker, denen die Partei über das Volk geht. ...

Deutschland wird nicht dadurch gesunden, daß man der marxistischen Gefahr ein liberales System entgegenstellt, und dann zwischen beiden eine Mauer errichtet. Östliche und westliche Besatzungsmächte müssen den Weg freigeben zur eigenen Auseinandersetzung im deutschen Volk selbst.

In: BA NL Kaiser 148

Dokument Nr. 43

Auszug aus der Rede des Ministerpräsidenten Erhard Hübener vor dem Landtag Sachsen-Anhalt in Halle am 2. Dezember 1947:

Falsch wäre es aber, alle Hindernisse für den Einheitsgedanken auf bewußt oder unbewußt selbstische Triebe zurückführen zu wollen. Es hat bei uns von jeher zwischen Nord und Süd, zwischen Ost und West auch echte, ernste und wohlbegründete weltanschauliche Gegensätze gegeben. Das ist in jedem Volke so, aber es ist die Kehrseite des reichen deutschen geistigen Lebens, daß sie bei uns von jeher mit besonderer Intensität zutage traten. Jahrhundertelang lagen sie besonders auf kirchlichem Gebiet; konfessionelle Gegensätze führten uns in den Dreißigjährigen Krieg und sie haben auch später noch die Volkwerdung der Nation lange behindert. Bis heute klingen sie nach, aber sie haben ihre völkertrennende Bedeutung in der Hauptsache verloren. An ihre Stelle sind staats- und gesellschaftspolitische Gegensätze getreten. Sollen wir ihnen wiederum völkertrennende Bedeutung zuerkennen? Sollen wir aus Angst vor ihnen auf die Gemeinschaft der Nation verzichten? Nein und abermals nein!

Zudem wäre ein solches Unterfangen nutzlos! Die gedanklichen Gegensätze harren des Austrags, und es ist hierfür nicht allzu wichtig, ob über den Harz ein eiserner Vorhang oder eine freundliche grüne Grenze geht, oder ob, wie wir das für eine nahe Zukunft erhoffen, die Abgrenzung der Besatzungszonen fast nur noch auf den Karten der Verwaltungsbehörden erkennbar ist. Vergeblich wäre jeder Versuch, eine säkulare Auseinandersetzung zwischen westlicher und östlicher Demokratie mit so äußerlichen Mitteln wie einer Grenzscheide hindern zu wollen! Feigheit wäre jedes Ausweichenwollen, wäre die Verleugnung des nationalen Gedankens um politischer Dogmen willen, wie sie die deutsche Geschichte leider nur zu oft erlebt hat.

In: HStA Wiesbaden NL Geiler 23

Dokument Nr. 44

Aufruf der SED zu einem Volkskongreß für Einheit und gerechten Frieden am 6./7. Dezember 1947 im Berliner Admiralspalast:

Die Londoner Außenministerkonferenz hat begonnen. Es geht um die Gestaltung des Friedens für Deutschland. Das deutsche Volk wünscht, daß es darüber zu einer Verständigung der alliierten Mächte kommt. Von einem gerechten Friedensvertrag hängt die Zukunft Deutschlands ab. Es ist der Wille des Deutschen Volkes, daß der Friedensvertrag mit ihm abgeschlossen und es durch eine Vertretung auf der Londoner Konferenz gehört wird. Die politischen Parteien in Deutschland wären dafür die berufensten Vertreter.

Leider sind alle Bemühungen zur Bildung einer gesamtdeutschen Beratung der Parteien über die Vertretung der Interessen des deutschen Volkes auf der Außenministerkonferenz an dem Widerstande führender Männer der Sozialdemokratischen Partei Deutschlands und bürgerlichen Parteien in den westlichen Besatzungszonen gescheitert. Schließlich hat auch noch der Führer der Christlich-Demokratischen Union in der sowjetischen Besatzungszone seine Zustimmung verweigert. In einem der entscheidendsten Augenblicke versagen die Führer dieser Parteien und lassen das deutsche Volk im Stich. Die Sozialistische Einheitspartei Deutschlands kann und will sich mit diesem Zustande nicht abfinden Sie erachtet es als ihre Pflicht, dem deutschen Volke die Möglichkeit zu geben, seinen Willen der Londoner Konferenz kund zu tun und seiner Stimme Gehör zu verschaffen. Die Sozialistische Einheitspartei Deutschlands ruft in letzter Stunde dazu auf, alles Trennende beiseite zu lassen.

Es geht nicht um Parteien, sondern um unser Volk!

Auf Grund bereits vorliegenden Einverständnisses vieler Organisationen schlagen wir vor, alle antifaschistisch-demokratischen Parteien, Gewerkschaften und andere Massenorganisationen, Betriebsräte und Belegschaften großer Betriebe, Organisationen der Bauernschaft, Vertreter der Wissenschaft und der Kunst in ganz Deutschland sollen ihre Stimme gemeinsam für das deutsche Volk erheben.

In: BA NL Friedensburg 33

Dokument Nr. 45

Gustav Stolper, Die deutsche Wirklichkeit, geschrieben am 18. Dezember 1947:

Die Folgen des Verschwindens von Deutschland als politischer Macht sind noch nicht von vielen Beobachtern erfaßt worden. Das europäische Gleichgewicht der Welt ist erschüttert, und die Welt kann zu keinem Frieden kommen, bevor ein Kräftegleichgewicht wiederhergestellt ist. Das ist das Endziel aller unserer Kämpfe. Und insbesondere ist es der Kern des deutschen Problems. An dem Tag, da wir ein Westdeutschland aufrichten, errichten wir wieder einmal wie im Mittelalter eine Mark zur Verteidigung des Westens gegen den Osten. Aber diese Mark wird immerfort verteidigt werden müssen und nicht nur von ihren eigenen Bewohnern. Die östliche Grenze dieser Mark wird nicht einen Tag lang ruhig sein. Sie muß die unruhigste und sorgenvollste von allen Grenzen Europas sein. Die ganze westliche Welt wird dauernd mit dem deutschen Problem, mit den deutschen Wirklichkeiten, beschäftigt bleiben.

Sie werden auch ganz im Mittelpunkt der amerikanischen und britischen Politik bleiben, sowohl in militärischer wie in wirtschaftlicher Beziehung. So weit wir vorausblicken können, wird eine gewisse Truppe militärischer Besatzung dort gehalten werden müssen, lange nachdem die Militärverwaltungen von einer gewählten deutschen Regierung abgelöst sein werden. Washington und London werden äußerste Anstrengungen machen müssen, um zwischen Frankreich und Deutschland eine aufrichtige Versöhnung herbeizuführen. Ohne sie wären alle Versuche eines politischen und wirtschaftlichen Zusammenschlusses in Westeuropa vergeblich.

Und schließlich werden wir uns klarer und bestimmter als bisher entschließen müssen, was für eine Art von Westeuropa und Westdeutschland wir eigentlich wünschen. Unsere naiven Experimente der Demokratisierung waren eher lächerlich als erfolgreich. Der Baum der Freiheit wächst langsam. Er ist eine sehr zarte Pflanze, bis seine Wurzeln tief reichen und stark wachsen und sein Stamm kräftig genug wird, um ohne Stütze einem Sturm standzuhalten. Deutsche Demokratie und deutsche Freiheit können nur inmitten eines freien, demokratischen Westeuropa und als ihr integrierender Bestandteil gedeihen. Sie wird nicht durch die Machenschaften fanatisch tätiger Agenten des Sowjetimperialismus und der Sowjetdespotie gefährdet. Sie wird auch durch die noch immer wache Angst vor Deutschland in Frage gestellt.

Dieses Deutschland, so zerschmettert es am Boden liegt, ist immer noch ein unheimliches Rätsel für die Welt und wird es bleiben, bis es einmal seine Sprache wiederfindet. Das neue Deutschland hat noch keine Stimme, es spricht die Außenwelt noch nicht an und gewinnt ihr gegenüber keinen Ausdruck. Alles, was zu hören ist, ist ein gedämpftes, chaotisches Orchester, das mit mattem Ton seine verwirrten Instrumente stimmt. Das geschulte Ohr mag Fetzen und Bruchstücke unzusammenhängender Themen herauszuhören. Welches politische Idiom sich schließlich aus dieser Verwirrung herauslösen wird, können wir nicht voraussagen. Aber aus den Hüllen der Zweifel tritt eine Gewißheit hervor: Die Zukunft Deutschlands ist die Zukunft europäischer Freiheit. In Deutschland wird sie triumphieren oder zugrunde gehen.

In: G. Stolper, Schlußwort seines Buches »German realities«, geschrieben am 18. 12. 1947; 1948 in New York erschienen, 1949 unter dem Titel »Die deutsche Wirklichkeit« in Hamburg; das Dok. ebd. S. 291 f.

Dokument Nr. 46

Franz Albert Kramer, Denk' ich an Deutschland in der Nacht:

Seit seiner bedingungslosen Kapitulation ist Deutschland kein außenpolitischer Faktor mehr. Es ist tatsächlich geteilt, nach den Okkupationsgebieten seiner Sieger. Wenn die westlichen Mächte grundsätzlich bereit sind, den Ländern ihrer Zonen die Wiedervereinigung zu ermöglichen, so besteht nach dem Scheitern der Londoner Konferenz für die nächste Zeit keine Aussicht mehr, daß die östlichen Teile Deutschlands diesem deutschen Bundesstaat beitreten können. Die Elblinie droht Dauer zu gewinnen, nicht weil sie eine innerdeutsche, sondern weil sie eine europäische Grenze geworden ist. Ihre Aufhebung hängt nicht von den Entschließungen deutscher Körperschaften, sondern von den Beziehungen der Weltmächte ab. Von diesen denkt auf absehbare Zeit keine daran, ihre Machtansprüche um den Preis eines dritten Weltkrieges einige hundert Kiliometer west- oder ostwärts zu verschieben.

Diese Tatsachen, die einmal offen ausgesprochen werden müssen, machen in den Zeiten des Rundfunks, der grünen Grenzen des vom Staate abgekapselten Familien- und Gemeindelebens, der allgemeinen Illegalität vielleicht nicht von heute auf morgen jeden geistigen Zusammenhang unmöglich. Sie schließen erst recht einen Handelsverkehr nicht aus. Auf die Dauer von einigen Jahrzehnten würde die Fortsetzung dieses Zustands jedoch die Perspektive eröffnen, daß Hitler, der ein tausendjähriges Reich der Zukunft schaffen wollte, die Missions- und Kolonisationstätigkeit eines vergangenen Jahrtausends zunichte gemacht hat. Wer sich mit der Geschichte des Abendlandes verbunden fühlt, wird dieser Vorstellung nicht ohne wirkliche Erschütterung nachgehen können, so sehr sie auch schon während der Kriegsnächte seine Plage gewesen sein mag. Angesichts dieser Zusammenbrüche und Rückschläge der Geschichte (in denen auch die eigentlichen Risiken der Zukunft zutage treten) rührt der menschliche Geist an das Geheimnis der Ratschlüsse, die über dem Leben der Völker walten. Er wird etwas von jenen Ahnungen verspüren, die Boethius vor rund 1500 Jahren seinen »Trost der Philosophie« schreiben ließ . . . (sic, keine Auslassung)

So wie Deutschland in seiner Gesamtheit eine Funktion des europäischen Schicksals geworden ist, so auch in seinen Teilen. Es gibt für das westelbische Deutschland keinen anderen Trost, als daß es im Machtbereich von Staaten belassen ist, mit denen es seine geistige Tradition, seine Ansicht von Freiheit und Recht, von Demokratie und Selbstverwaltung gemeinsam hat. Ihm ist trotz aller räumlichen Begrenzung die Aussicht geblieben, seine geschichtliche Linie fortsetzen zu können. . . .

In: Rheinischer Merkur, Düsseldorf, 1. Januar 1948

Dokument Nr. 47

Richard Tüngel, Neuer Abschnitt:

Unsere Distanz zur amerikanischen sowohl wie zur russischen Politik besteht darin, daß wir keine Prioritäten vor der deutschen Einheit anerkennen. . . . Dennoch kommen wir um die Frage nicht herum, ob sich nicht auch für uns die Situation nach dem Scheitern der Londoner Konferenz geändert hat. . . . Wir dürfen uns nicht auf den Standpunkt stellen, daß eine uns »auf unbestimmte Zeit« vorenthaltene Einheit nun auch auf unbestimmte Zeit jede Realpolitik stillegen müßte. . . . Wir müssen uns vor allem darüber klar werden, daß jede Zusammenfassung in unserem zersplitterten Deutschland uns der Einheit näher bringt und uns nicht etwa von ihr entfernt, sofern nur diese Zusammenfassung das letzte Ziel eines Gesamtstaates nicht preisgibt. . . . Nur auf ein solches Kerndeutschland, das seiner Idee nach von Beginn an das ganze Deutschland wäre, ließe sich ein politischer Wille richten, der das Recht nicht preisgibt. Und wo könnte es gelegen sein? Dort und nur dort, wo die größten Möglichkeiten, deutsch zu sein, gegeben wären. Da die westlichen, besonders die angelsächsischen Besatzungsmächte uns einen weit größeren Spielraum der friedlichen Eigenentwicklung einräumen als die alles gleichschaltende östliche Besatzungsmacht, kann unsere Wahl nicht zweifelhaft sein. . . . Nur mit dem Mut zur Einheit und mit dem Mut zur Freiheit können Einheit und Freiheit gewonnen werden.

In: Die Zeit, Hamburg, 1. Januar 1948

Dokument Nr. 48

Auf dem internationalen Studententag vom 20. – 23. Januar 1948 in Berlin, an dem Vertreter der Hochschulen Aachen, Bamberg, Berlin, Braunschweig, Clausthal, Darmstadt, Dresden, Erlangen, Frankfurt/M., Freiberg (Sa.), Göttingen, Greifswald, Halle, Hamburg, Hannover, Heidelberg, Jena, Kiel, Köln, Leipzig, Mainz, Mannheim, München, Münster, Rostock, Weimar, Wuppertal und Würzburg teilnahmen, wurde mehrheitlich die »Denkschrift der deutschen Studenten« verabschiedet. Nach einer gemeinsamen Tagung von Vertretern der Kultusministerien aller Länder und Studenten in Hannover am 12. Oktober 1947 war der Berliner Studententag als Demonstration für die Stuttgarter Gesamtdeutsche Kultusministerkonferenz am 19./20. Februar 1948 gedacht:

Wir deutschen Studenten meinen, daß Zonengrenzen uns zur Zeit zwar trennen, daß sie aber auf die Dauer unsere Wiedervereinigung nicht verhindern können. Eine uns aufgezwungene geistige Separation halten wir dagegen für eine nicht wiedergutzumachende Spaltung. Wir bekennen uns vorbehaltlos zur geistigen Einheit Deutschlands und sind entschlossen, an ihrer Verwirklichung mitzuarbeiten und allem entgegenzutreten, was sie zerstört. Darüber hinaus erneuern wir unser auf vielen Studententagungen abgelegtes Bekenntnis zur wirtschaftlichen und politischen Einheit Deutschlands. . . .

Wir erkennen, daß jeder Einfluß einer Besatzungsmacht nicht als Zwang, sondern als befruchtender Strom ausländischer Geistigkeit im deutschen Kulturleben gebilligt werden kann. Das Kontrollrecht der Besatzungsmächte wird in diesem Zusammenhang als Tatsache anerkannt. Die deutsche Studentenschaft sieht in ihm aber kein Recht, von irgendeiner Seite Zwang auf die kulturelle Entwicklung auszuüben, sondern lediglich eine Möglichkeit, das Verständnis für die Kultur der Welt zu fördern. Sie fordert, daß die einzelnen Zonen sich durch Bereitschaft zur Zusammenarbeit bemühen, alles zu tun, um die Einflüsse ihrer Besatzungsmacht im Rahmen dieser Gedanken zu halten. . . . Vom deutschen Standpunkt aus ist die Spezialisierung, d. h. das Durchbrechen der universitas litterarum den außerdeutschen trennenden Einflüssen förderlich. Dies gilt für die Hochschule besonders, ganz allgemein aber auch für die Schule. Allgemeinbildende Vorlesungen und staatspolitischer Unterricht scheint das einzige Mittel zu sein, Staatsbürger zu bilden. In Händen guter Pädagogen wird die innere Bereitschaft zu dieser Ausbildung ein wichtiges Mittel zur Entwicklung kritischen Denkens sein.

In: Göttinger Universitäts-Zeitung 30. Januar 1948

Dokument Nr. 49

Ernst Friedländer, 1848 – 1948:

Einheit und Freiheit? Sie bedeuten nicht mehr dasselbe wie im Jahre 1848. Wir bedürfen heute vor allem der Freiheit, die notwendig ist, um jeden Totalitarismus abzuwehren, und um unsere soziale Gerechtigkeit zu finden. Das ist die zeitgemäße Freiheit, und wo wir sie gewinnen, da allein ist Deutschland, ganz unabhängig von geographischen Begriffen. Eine Einheit ohne diese Freiheit, oder gar eine Einheit, mit der wir dem Totalitarismus ausgeliefert werden, ist ohne Sinn und Wert. ... Aus unserer ganzen Geschichte seit 1848 können wir das eine lernen, daß die Freiheit noch höher steht als die Einheit. Das hat schon für die alte Freiheit gegolten, und es gilt erst recht für eine neue Freiheit, die sich mit der sozialen Gerechtigkeit zu verbinden hätte. Wir besitzen sie bisher nirgends..., aber sie läßt sich nur im Westen Deutschlands gewinnen.

In: Die Zeit, Hamburg, 18. März 1948

Dokument Nr. 50

Alfred Weber, Weststaat oder Provisorium? Eine Warnung:

Gewiß ist die Entscheidung für die Errichtung eines deutschen Weststaates und gegen die Fortführung eines Provisoriums im Westen an irgendeiner sehr entscheidenden Stelle wenigstens für den Augenblick gefallen oder in Erwägung. Aber dürfen diejenigen Deutschen, die ernsthaft die Wiederherstellung der gesamtdeutschen Einheit wollen, dieser Entscheidung zustimmen? Diese Entscheidung ist sachlich nicht notwendig für die wirtschaftliche Vereinigung der Westzonen und deren Einfügung in den Marshall-Plan. Sie birgt aber die ungeheuersten Gefahren für unsere gesamtdeutsche politische Zukunft in sich.

Ihrem Vollzug würde sofort die Errichtung eines deutschen Oststaates durch die Russen auf dem Fuße folgen. Es ist nicht leicht zu sehen, wie Berlin, das von den Westmächten ausdrücklich als Hauptstadt Deutschlands mitbesetzt, gehalten und geschützt wird, samt seiner tapferen seit Jahren für Freiheit und Demokratie kämpfenden Bevölkerung von 3,5 Millionen dann unter dem bisherigen Titel noch zu halten wäre, und wie vermieden werden könnte, seine Bevölkerung dem östlichen Terror zu opfern.

Ebenso ist es nicht leicht zu sehen, wie die Verhandlungen über die Erhaltung der Einheit der deutschen Währung bei ihrer notwendigen Reform, zu deren Weiterführung die Russen nach ihren Äußerungen bereit sind, fortgesetzt, und wie die darin liegenden Reste der Lebenseinheit zwischen Westen und Osten noch erhalten bleiben könnten. Überhaupt wäre die Brücke abgebrochen, die Berlin zwischen Osten und Westen trotz aller Spannungen noch bildet, und auf der in günstigerer Lage Verhandlungen mit den Russen wiederaufgenommen werden könnten.

Man stünde vor der auf geschichtlich absehbare Zeit definitiven Teilung Deutschlands. Kein frommer Wunsch kann die grausame Tatsache des vorläufigen Endes der gesamtdeutschen Geschichte, die damit gegeben wäre, und die weitere Tatsache aus der Welt schaffen, daß wir dann statt ein drittes, die beiden Rivalen auseinanderhaltendes Element zwischen Osten und Westen zu werden, nur noch das strategisch sehr entscheidende Kampffeld zwischen beiden wären.

Kann irgendein Deutscher diese Entwicklung, die nicht nur den Untergang Gesamtdeutschlands, sondern auch die entsetzlichsten sonstigen Perspektiven für uns eröffnet, mit seiner Stellungnahme decken wollen? Es müßten ja alsbald von beiden Seiten mitten durch Deutschland hindurch strategische Positionen bezogen werden. Das wäre dann einfach zur Vorsichtspflicht auf beiden Seiten.

Mir scheint, wir müssen bis zum letzten Augenblick, auch wenn wir das Gefühl haben, daß sehr entscheidende internationale Kräfte nach anderer Richtung wirken, dagegenstehen. Das deutsche Volk, vor allem dessen Jugend, wird keinen deutschen Politiker, der sich im gegenwärtigen geschichtlichen Moment anders verhält, begreifen können.

Beibehalten der Brücke für Verhandlungen, Versuche, mit den Russen in der Währungsfrage irgendwie technisch zu einer Verständigung zu kommen und provisorische Regelung im Westen, bei der wir politisch statt einer separaten Verfassung ein auf dem Boden des internationalen Rechts fußendes Besatzungsrecht erhalten, das die persönlichen Freiheitsrechte sichert, – das sollte weiterhin unsere Bitte an die Westmächte bleiben. Lieber jetzt noch eine Weile politische Einschränkungen auf uns nehmen, als unsere Zukunft faktisch preisgeben und schrecklichste kriegerische Möglichkeiten näherrücken lassen, das sollte unsere innere Einstellung sein.

In: Die Welt, Hamburg, 8. Mai 1948

Dokument Nr. 51

Auszug aus dem Protokoll der Konferenz der Rektoren der westdeutschen Universitäten zur Frage der Gründung einer Freien Universität im Westen Berlins, Braunschweig, 26. Juli 1948:

Prof. Hallstein (Univ. Frankfurt/Main) erklärt, daß er entschiedener Gegner des Projekts sei. Er zweifelt an der Realisierbarkeit, da die materiellen

Schwierigkeiten zu groß sind. Viel wichtiger sind jedoch folgende Bedenken: Wenn eine Freie Universität der Westsektoren errichtet wird, wird dadurch die Universität Unter den Linden zur reinen Universität des Ostens und geht so verloren oder leidet doch nicht wieder gut zu machenden Schaden. Bisher wurde gerade auch in den Hochschultagen immer fast bis zur Fiktion die Politik verfolgt, alles zu unterlassen, was die Universitäten der Sowjetzone vom Westen trennen könnte. Das hat tatsächlich eine außerordentliche intellektuelle und moralische Stütze für die Elemente bedeutet, die Verbindung mit dem Westen halten wollten. Wird die Universität Unter den Linden preisgegeben, so wird das eine symbolische Bedeutung haben. Die noch vorhandene Scheu, die Universitäten der Ostzone gänzlich abzutreten, wird dann fallen gelassen werden. So hat die Universität Unter den Linden für die Hochschulpolitik die gleiche Bedeutung wie Berlin für die allgemeine Politik. Wenn die Zentralverwaltung bisher bestrebt war, die Universität Berlin als Universität gesamtdeutschen Stils erscheinen zu lassen, wird sie es nicht mehr tun, sowie die Freie Universität errichtet ist. Es wird wenig mehr als eine politische Demonstration erreicht werden. Dafür sind die Universitäten jedoch zu schade und der Preis, der dafür zu zahlen ist, ist zu hoch. Die Universität Frankfurt hat auf die Anfrage des »Tagesspiegels« in diesem Sinne ihren Standpunkt dargelegt.

In: Archiv der Westdeutschen Rektorenkonferenz Bonn

Dokument Nr. 52

Vor dem Verfassungskonvent auf der Insel Herrenchiemsee (12. – 23. August 1948) erläutert Carlo Schmid in einer Grundsatzrede (17. August 1948) die politische Problematik einer Weststaatsgründung:

Will man einen Staat, so ergeben sich zwei Möglichkeiten. Die eine ist ein Weststaat, d. h. ein echter Staat, der sich aber bewußt auf das Gebiet Deutschlands beschränkt, das heute unter der Jurisdiktion der drei westlichen Besatzungsmächte steht. Eine solche Wahl setzt voraus, daß es ein Weststaatsvolk gibt, daß also die Menschen dieses Weststaats entschlossen sind, sich nur noch in der Gruppierung als Weststaatsvolk als oberstes Substrat zu fühlen. Eine solche Unterscheidung würde notwendig einen separatorischen Vorgang darstellen, auch wenn sie in bester Absicht getroffen würde. Die Folgen brauche ich Ihnen im einzelnen wohl nicht auszumalen.

Die andere Möglichkeit geht sehr weit: Das deutsche Volk, verkörpert in den deutschen Ländern des Weststaatsgebiets, erklärt, daß es in der Zeit, in der Mittel- und Ostdeutschland außerstande sind, sich auch nur relativ frei zu entscheiden, treuhänderisch für das gesamte deutsche Volk die Aufgabe übernimmt, die deutsche Bundesrepublik zunächst im Westen aufzurichten, dies aber ausdrücklich mit dem Anspruch auf Repräsentanz Gesamtdeutschlands. Das wäre also nicht ein Weststaat, sondern ein Rumpfdeutschland, das den Anspruch erhebt, Gesamtdeutschland zu repräsentieren, und dessen oberste Organe sich für befugt halten, zum mindesten eine legale Autorität auf dem gesamtdeutschen Staatsgebiet zu besitzten. Auch hier lohnt es sich, die Folgen einer solchen Lösung kurz zu überblicken. Eine Folge wäre, daß man die Bevölkerungsteile Mittel- und Ostdeutschlands als Irredenta anzusehen hätte, deren Heimholung mit allen Mitteln zu betreiben wäre. Demgemäß wären jene, die der gesamtdeutschen Regierung im Westen das Recht zur Vertretung aller Gebiete bestreiten und ihr eine aus anderem Recht abgeleitete Autorität entgegensetzen sollten, als Hochverräter zu behandeln und zu verfolgen. Dies hätte unter anderem auch die Konsequenzen, daß die Besatzungsmächte sich für oder gegen einen solchen Akt zu entscheiden hätten. Wahrscheinlich wäre, daß die westlichen Besatzungsmächte oder wenigstens zwei von ihnen sich für ihn entscheiden würden. Diese Entscheidung müßte sie zu einer wesentlichen Verschärfung ihrer Beziehungen zur östlichen Macht bringen. Man kann das für notwendig, man kann das für eine richtige Politik halten. Nur muß man sich dann darüber klar sein, daß man damit endgültig darauf verzichtet, die Einheit Deutschlands auf dem Wege einer Einigung der vier Besatzungsmächte herbeizuführen. Damit hätte man sich auch dafür entschieden, die Verwirklichung der Einheit Gesamtdeutschlands auf dem Wege der Katastrophe anzustreben. Dies waren unter anderen die Gründe, die mich seinerzeit veranlaßten zu empfehlen, von der Bildung eines Staates im eigentlichen, strengen Sinne des Wortes abzusehen und sich mit einem Weniger, das aber m. E. politisch ein Mehr wäre, zu begnügen. ...

Das Grundgesetz, das wir zu schaffen haben, ist die von dem Teil des in Länder gegliederten deutschen Volkes, der sich in wenigstens relativer Freiheit konstituieren kann, für das von ihm bewohnte Gebiet geschaffene Ordnung für die Organisation und Regelung der dieser relativen Freiheit korrespondierenden Hoheitsfunktion. Man kann und soll diese Ordnung so schaffen, daß sie bei Ausdehnung der Freiheitssphäre, die uns konstitutiv und politisch gelassen worden ist, fähig ist, diese ausgedehntere Sphäre voll auszufüllen. ...

Ich fasse das Gesagte zusammen in den Vorschlag zu einer Präambel für das Grundgesetz, die zu entwerfen ich mir erlaubt habe und in der alles enthalten ist, was ich für konstitutiv und integrierend für das Gebilde, das wir schaffen wollen, halte. Der Entwurf der Präambel, den vorzulegen ich mich beehre, lautet:

Das deutsche Volk in den Ländern Baden, Bayern ..., erfüllt von dem Willen, die endgültige Wiedervereinigung aller Gebietsteile Deutschlands in einer Bundesrepublik vorzubereiten und seine Freiheitsrechte zu schützen, und bestrebt, in dem Teile Deutschlands , der vorläufig durch die Gebiete dieser Länder begrenzt wird, eine den Aufgaben der Übergangszeit dienende Ordnung der Hoheitsbefugnisse zu schaffen, errichtet kraft seines unverzichtbaren Rechtes und aus eigener Gestaltung seines nationalen Lebens den Bund deutscher Länder, dessen Ordnung durch dieses Grundgesetz bestimmt wird.

In: AsD NL C. Schmid AK 1948

Dokument Nr. 53

Theodor Heuss, Vorschlag einer Präambel zum Grundgesetz der Bundesrepublik Deutschland, September/Oktober 1948:

Das deutsche Volk in den Ländern Baden, Bayern usw. hat sich in diesem Grundgesetz der Bundesrepublik Deutschlands die verfassungsmäßige Rechtsordnung eines staatlichen Lebens neu geschaffen. Es ist von dem Willen erfüllt, über die von der Notlage der Zeit erzwungene Teillösung hinaus an dem unverzichtbaren Recht auf die freie Gestaltung des nationalen Gesamtlebens festzuhalten. Das Volk in den übrigen deutschen Ländern bleibt aufgefordert, den Beitritt zur Bundesrepublik Deutschlands zu vollziehen, um in gemeinsamer Entscheidung und Verantwortung die nationale Einheit und Freiheit neu zu gründen.

In: Der Demokrat, Beilage in Das neue Vaterland, Nr. 21, Oktober 1948

Dokument Nr. 54

Otto Grotewohl verurteilt auf der 6. Tagung des Deutschen Volksrats die Arbeit und Zielsetzung des Bonner Parlamentarischen Rats und verteidigt den SED-Entwurf einer Verfassung der Deutschen Demokratischen Republik:

Die Widersacher der deutschen Einheit eines souveränen deutschen Staatswesens waren nicht weniger rührig als wir und haben mit enormem Aufwand, Pomp und Propaganda das Werk der Aufspaltung Deutschlands und der Zerstörung seiner Selbständigkeit in Szene gesetzt. Sie versuchen krampfhaft, ihrem ganzen Tun das Gesicht einer deutschen Staats- und Verfassungsschöpfung zu geben. Ich meine die Tätigkeit des sogenannten »Parlamentarischen Rates« in Bonn, der die ganze Misere einer Politik und Haltung widerspiegelt, die Verzicht leisten auf das fundamentalste Naturrecht jeder Nation, das

Recht auf seine nationale Selbstbestimmung. Das politische Tun dieses Rates wird, der Logik seiner eigenen falschen Politik folgend, mehr und mehr auf den Weg des nationalen Verfalls gedrängt.

Dies ist die Lage der Dinge, so wie sie im Westen abläuft und dieser Logik unterliegt die ganze sogenannte »Verfassungsschöpfung« in Bonn. Was in Bonn geschieht, hat mit einer deutschen Verfassungsschöpfung so viel zu tun, wie die Operation eines Kranken mit der Sektion einer Leiche. Es geht hier nicht um die Heilung eines Volkskörpers, man schneidet vielmehr so willkürlich an diesem Volkskörper herum, als ob kein Leben mehr in ihm wäre. Das deutsche Volk ist nur ein Handelsobjekt in dieser sogenannten Verfassung. Man kann mit Fug sagen: Nichts spielt in Bonn eine so geringe Rolle wie das Interesse des deutsches Volkes; dieses Interesse ist nur noch eine unbekannte Größe . . .

Soll Deutschland ein Herd des Friedens und des wirtschaftlichen Aufbaus werden, ein gleichberechtigtes und wertvolles Glied in der Kette der Völker der Welt, so trage man Sorge dafür, daß in Deutschland endlich ein demokratisches Staatswesen entsteht, in dem das deutsche Volk, das bisher immer nur mißbrauchtes Objekt der Staatsgewalt war, endlich zu einem Subjekt, zum Träger der Staatsgewalt, zum Gestalter seines Staates erhoben wird. Nur dadurch, daß man die am Frieden und der Demokratie als ihrem Lebenselement interessierten Menschen an die Staatsmacht bringt, kann der Staat selbst ein friedlicher und demokratischer werden. Das deutsche Volk aber will den Frieden und die Demokratie! Man gebe ihm die Möglichkeit, seinen Staat zu bauen, und der Friede wird gesichert sein. Der Aufbau einer deutschen demokratischen Republik ist die einzige Möglichkeit, die Lage in Europa zu entspannen und den Frieden zu sichern.

In: Tägliche Rundschau, Berlin, 20. März 1949

Dokument Nr. 55

Carlo Schmid bewertet am 8. Mai 1949 auf der 10. Sitzung des Parlamentarischen Rates die unmittelbar bevorstehende Abstimmung über die Annahme des Grundgesetzes:

Durch die Abstimmung, die wir in wenigen Minuten wahrnehmen werden, wird ein Gesetz beschlossen, durch das zum ersten Mal seit dem Zusammenbruch sich die Deutschen über das Gebiet einzelner Länder hinaus eine Ordnung ihres staatlichen Lebens geben werden. Diese Ordnung wird der Bauriß für einen Notbau sein. Diese Ordnung wird nicht die Verfassung Deutschlands sein. Die Verfassung Deutschlands besteht vorderhand in nichts als in dem »Plebiszit eines jeden Tages«, das nach den Worten Ernest Renans die Nation vergegenwärtigt. Diese Verfassung besteht vorderhand in nichts denn in dem Bewußtsein eines gemeinsamen Schicksals, das die Deutschen bejahen, auch in dieser Zeit der Not und der Passion, in die unser Volk nicht ohne seine Schuld gekommen ist. Diese Verfassung besteht vorderhand in nichts anderem als in dem unerschütterlichen Willen aller Deutschen, trotz aller Schranken, die man zwischen ihnen aufgerichtet hat, sich als ein einziges Volk, als ein Staatsvolk zu fühlen.

Und diese Verfassung besteht vorderhand in nichts, als in der Entschlossenheit der Deutschen, diese Phase der Nachkriegsgeschichte erst mit dem Tage als abgeschlossen anzuerkennen, an dem die Einheit des deutschen Volkes ihren konstitutionellen Ausdruck in einer Verfassung gefunden hat, die aus dem freien Willen aller Deutschen hervorgegangen ist.

Dieser Notbau schafft kein politisch und im geschichtlichen Sinne selbständiges staatliches Gebilde. Um im Bilde zu sprechen: Es ist so, als ob man in einem zerstörten Hause drei oder vier Zimmer, aus denen dieses Haus besteht, einigermaßen bewohnbar gemacht habe; nur drei, weil höhere Gewalt es noch unmöglich macht, das vierte Zimmer anzurühren, und weil sie seine Bewohner zwingt, noch im Trümmerschutt zu hausen. Genau so wenig, wie dadurch das alte Haus gespalten wird, genau so wenig haben wir einen neuen Staat geschaffen. Wir haben nur einen Teil des Raumes unseres zerstörten Staatsgebildes umgebaut: das ist alles. Hier im Westen wird unter der Ordnung des Grundgesetzes Gesamtdeutschland gegenwärtig sein, wie es das im Osten auch in der Brust der dortigen Bevölkerung ist und immer sein wird, auch wenn man diese Menschen daran hindert, ihr Wollen zu verwirklichen.

In: AsD NL C. Schmid AK 1949

Dokument Nr. 56

Unmittelbar nach dem Ende der Berliner Blockade (12. Mai 1949) schreibt Fritz Erler »Berliner Eindrücke« auf:

Man ist sich in Westdeutschland trotz des allgemeinen Mitleids mit der Berliner Bevölkerung doch wohl nicht ganz darüber im Klaren, unter welchen Bedingungen die Berliner das Blockadejahr eigentlich verbracht haben. Wer Freunde besucht, muß mit ihnen im Dunklen sitzen, wenn sie nicht gerade viel Geld für Kerzen und Petroleum ausgeben können; denn Strom gibt es in vielen Stadtteilen erst nachts von 1.00 – 3.00 Uhr. Was hieß es außerdem, einen ganzen Winter praktisch ohne Heizmaterial zu verleben. Die Berliner haben den alliierten Kommandanten ihre tägliche Kohleration von 43 g einmal in einem Brief überreicht, um ihnen zu zeigen, wie die Bevölkerung den Winter verlebt. Damit wollten sie sich nicht über die Unzulänglichkeit der Luftbrücke beklagen, sondern feststellen, wie sie leben. Seit fast einem Jahr ist die Bevölkerung auf Konservennahrung angewiesen. Man kann mit der Luftbrücke kein Wasser transportieren. Infolgedessen gab es kein Frischgemüse, keine Kartoffeln, kein Obst und nicht einmal Milch für die Kinder. Erst in den letzten Tagen vor der Aufhebung der Blockade tauchten in Berlin der erste Spinat und der erste Rhabarber auf dem Markt auf, allerdings zu fast unerschwinglichen Preisen. Über die von den westmarkgierigen Ostzonenbauern nach Berlin auf den Wochenmarkt geschmuggelten Kartoffeln sind sie recht glücklich, weil ihnen der Preis von 25 Pfennig je Pfund augenblicklich erstaunlich niedrig vorkommt.

Man mußte seine Abendbesuche sehr beeilen. Von 18.00 Uhr ab verkehrte keine Straßen- und keine U-Bahn mehr. Lediglich die ostzonal regierte Eisenbahn verband die verschiedenen Stadtteile noch miteinander. Für einen Westdeutschen kaum in aller Kürze zu durchschauen sind die komplizierten Bestimmungen über die Auszahlung von Löhnen und Gehältern in West- bzw. Ost-Mark mit den jeweils geltenden verschiedenen Umrechnungssätzen. Selbst nach der Aufhebung der Blockade wird es lange dauern, bis das Berliner Währungs- und Wirtschaftschaos auch nur einigermaßen geordnet ist.

Was heißt es für eine Stadt, wenn in ihr getrennte Währungen zirkulieren und vollkommen getrennte Verwaltungen bestehen. Die eine Straßenhälfte zahlt ihre Müllbeseitigungsgebühren in Ostwährung, die andere in Westwährung. Selbstverständlich sind daher auch alle diese Institutionen auf ostzonalen Befehl bis zum letzten Müllkutscher hin in einen östlichen und einen westlichen Teil zerlegt worden. Mit der Blockade fiel auch die Kontrolle der Polizei an den Sektorengrenzen. Damit ist eine Schikane gefallen, die Wirklichkeit einer getrennten Gesellschaftsverfassung aber geblieben. Auch hier wird es lange brauchen, bis Ostberlin allmählich nach eigener freier demokratischer Entscheidung wieder hineinschmilzt in das normale Leben der Gesamtstadt.

Die Berliner sind voller geworden in den letzten 2 Jahren, voller, aber blasser. Sie erhielten mehr Kalorien als die Westdeutschen, aber ohne frische Nahrungsmittel. Eine Berliner Karikatur zeigt einen russischen Soldaten vor dem in einem Käfig eingesperrten Bären, welcher bedauernd feststellt, daß das Biest fetter sei als vorher. Das gilt nicht für die ganz Alten und die Kinder. Berlins Greise sehen furchtbar aus, und seine Kinder sind blaß, krank und unterernährt, weil ihnen seit Jahren die Nahrung und vor allem im letzten Jahr die Milch fehlt.

Selbst die Tiere mußten sich umstellen. Die Affen des Berliner Zoologischen Gartens fressen Blumen, weil ihnen nichts anderes übrigbleibt. Sie haben so lange kein Gemüse gesehen, daß sie die von den Besuchern verfütterten Blumen mit größtem Appetit verspeisen.

Und dennoch ist der Mut der Berliner ungebrochen. Es ist eine gefährliche Stadt, in der immer noch Leute bei Nacht und Nebel verschwinden, über der immer noch die drohende Hand der Zwingherrschaft einer einzigen Partei ihren Schatten hält. Das hat aber die Berliner Bevölkerung nicht in Angst versetzt, sondern im Gegenteil ihren Mut und ihren Widerstandswillen nur gestärkt. Das Schönste, was man beim Abflug aus Berlin mitnimmt, ist der Ausspruch der Bevölkerung, wie er auf einem Plakat zu den Wahlen wiederkehrte, daß nämlich Berlin immer noch an der Spree liegt und nicht weiter östlich.

In: AsD NL Erler 6

Dokument Nr. 57

Der 3. Deutsche Volkskongreß beschließt am 30. Mai 1949 das »Manifest an das deutsche Volk«:

Erfüllt von ernster Sorge um den Wiederaufbau unseres Vaterlandes und das Leben unseres Volkes in dieser für Deutschlands Geschichte und Zukunft bedeutungsvollen Stunde, erhebt der Dritte Deutsche Volkskongreß aus Anlaß der Pariser Außenministerkonferenz seine Stimme für die Einheit Deutschlands und den baldigen Abschluß eines Friedensvertrages. ...

Vorbereitende Maßnahmen

1. Ausarbeitung von Grundsätzen für einen Friedensvertrag auf der Grundlage der Beschlüsse von Jalta und Potsdam.

2. Herstellung der administrativen und wirtschaftlichen Einheit Deutschlands.

3. Wiederherstellung der Währungseinheit für ganz Deutschland und Aufhebung der Wirtschafts- und Verkehrsschranken zwischen den Zonen.

4. Bildung einer vorläufigen zentralen demokratischen Regierung Deutschlands aus Vertretern der demokratischen Parteien und Organisationen. Ihre Zusammensetzung muß eine dauerhafte Friedenspolitik gewährleisten.

5. Einberufung einer Friedenskonferenz, an der die vorläufige demokratische Regierung Deutschlands teilnimmt.

Grundsätze für den Friedensvertrag

A. Pflichten des deutschen Volkes

1. Reparationsleistungen unter Wahrung eines gesicherten mittleren Lebensstandards. Feststellung der Gesamtforderungen unter Anrechnung aller bereits erfolgten Leistungen.
2. Endgültige Liquidierung des Kriegspotentials, besonders der Rüstungsindustrie.
3. Entmilitarisierung und Demokratisierung des staatlichen, wirtschaftlichen und gesellschaftlichen Lebens Deutschlands.
4. Bestrafung aller Kriegsverbrecher und Verbrecher gegen die Menschlichkeit.
5. Anerkennung einer befristeten und sachlich begründeten Viermächtekontrolle über die friedliche, wirtschaftliche und politische Entwicklung Deutschlands.

B. Rechte des deutschen Volkes

1. Schaffung einer Verfassung für ganz Deutschland, die die demokratische Gestaltung eines unabhängigen nationalen, politischen, wirtschaftlichen und kulturellen Lebens gewährleistet.
2. Freie Entwicklung der Produktion für alle friedlichen Zwecke aus eigener Kraft durch Arbeiter, Techniker, Bauern, Handwerker und Unternehmer unter Ausschluß der kapitalistischen Monopolherren und Großgrundbesitzer.

In: Tägliche Rundschau, Berlin, 31. Mai 1949

Dokument Nr. 58

Beurteilung der Entwicklung der deutschen Teilung durch die Bundesregierung am 21. Oktober 1949 vor dem Deutschen Bundestag:

Entgegen dem Potsdamer Abkommen vom 2. August 1945, in dem beschlossen wurde, Deutschland während der Besetzungszeit als eine politische und wirtschaftliche Einheit zu betrachten, trat schon sehr bald eine verschiedene Auffassung über die Deutschland gegenüber zu beobachtende Haltung unter den Alliierten zutage. In der Sowjetzone wurden schon im Jahre 1945 im Gegensatz zu den drei anderen Zonen Zentralverwaltungen eingerichtet, die den unverkennbaren Zweck hatten, die ganze sowjetische Zone staatlich einheitlich zu organisieren. Diese Bestrebungen wurden aufs nachdrücklichste gefördert durch die am 12. Juni 1947 erfolgte Bildung einer Wirtschaftskommission. Die wirtschaftliche und die politische Trennung der Sowjetzone von dem übrigen Deutschland wurde weiter gefördert durch die Einsetzung des sogenannten Ersten Volkskongresses am 6. Dezember 1947, die Einberufung des Zweiten Volkskongresses am 18. März 1948, die Schaffung eines Volksrates am gleichen Tag, die Erteilung des Auftrages an den Volksrat, eine Verfassung auszuarbeiten, und schließlich durch die Verabschiedung dieser Verfassung durch den Volksrat am 19. März 1949.

Diese Volkskongresse sind nicht aus Wahlen, das heißt aus freien Wahlen, an denen sich jeder hätte frei beteiligen können, hervorgegangen. Für den Dritten Volkskongreß durfte nur eine Einheitsliste aufgestellt werden. Die in der vom Volksrat beschlossenen Verfassung vom 19. März 1949 vorgesehenen Wahlen für eine Volkskammer wurden nicht abgehalten. Der Volksrat etablierte sich am 7. Oktober 1949 im Widerspruch mit der von ihm selbst beschlossenen Verfassung als provisorische Volkskammer. Gleichzeitig wurde erklärt, daß Wahlen, die schon mehrfach in Aussicht gestellt waren, bis zum 15. Oktober 1950 verschoben würden. Nach dem völligen Zusammenbruch aller staatlichen Organisationen in Deutschland mit der bedingungslosen Kapitulation kann aber eine Organisation in Deutschland nur dann den Anspruch darauf erheben, ein legitimer Staat zu sein, wenn sie auf dem freien Willen der Bevölkerung beruht.

Es wird niemand behaupten können, daß die nunmehr geschaffene Organisation der Sowjetzone auf dem freien Willen der Bevölkerung dieser Zone beruht. Sie ist zustande gekommen auf Befehl Sowjetrußlands und unter Mitwirkung einer kleinen Minderheit ihm ergebener Deutscher.

Im Gegensatz zu der Sowjetzone trat in den drei Westzonen bei den westlichen Alliierten das Bestreben, eine einheitliche staatliche Organisation für diese drei Zonen zu schaffen, erst auf der Londoner Konferenz der sechs Mächte – England, Frankreich, USA, Beneluxstaaten –, die vom Februar bis Juni 1948 abgehalten wurde, zutage. Dieses Bestreben zeigte sich also erst, als die Entwicklung in der Ostzone, die ich eben geschildert habe, schon weit fortgeschritten war, als der Erste und der Zweite Volkskongreß und der Volksrat schon geschaffen waren. Auf Grund der Empfehlungen der Londoner Konferenz wurde der Parlamentarische Rat zum 1. September 1948 einberufen. Das von ihm beschlossene Grundgesetz trat nach der Ratifizierung durch die Landtage am 23. Mai 1949 in Kraft.

Die Wahlen zum ersten Bundestag wurden am 14. August 1949 abgehalten. An ihnen beteiligten sich rund 25 Millionen von 31 Millionen stimmberechtigter Deutscher. Nur die 1,5 Millionen kommunistischer Stimmen, die abgegeben wurden, kann man als gegen die staatliche Neuordnung abgegeben bezeichnen, so daß rund 23 Millionen Wähler bei dieser Wahl bestätigten, daß sie die staatliche Neuordnung der drei Westzonen, die Schaffung der Bundesrepublik Deutschland billigten.

Ich stelle folgendes fest: In der Sowjetzone gibt es keinen freien Willen der deutschen Bevölkerung. Das, was jetzt dort geschieht, wird nicht von der Bevölkerung getragen und damit legitimiert. Die Bundesrepublik Deutschland stützt sich dagegen auf die Anerkennung durch den frei bekundeten Willen von rund 23 Millionen stimmberechtigter Deutscher. Die Bundesrepublik Deutschland ist somit bis zur Erreichung der deutschen Einheit insgesamt die alleinige legitimierte staatliche Organisation des deutschen Volkes. Hieraus ergeben sich innerpolitische und außenpolitische Folgerungen, die ich im einzelnen wiederzugeben, mir heute versagen muß.

Die Bundesrepublik Deutschland fühlt sich auch verantwortlich für das Schicksal der 18 Millionen Deutscher, die in der Sowjetzone leben. Sie versichert sie ihrer Treue und ihrer Sorge. Die Bundesrepublik Deutschland ist allein befugt, für das deutsche Volk zu sprechen. Sie erkennt Erklärungen der Sowjetzone nicht als verbindlich für das deutsche Volk an.

In: Aktenstücke zur Beurteilung des Grotewohlbriefes, hrsg. von der Bundesregierung, Bonn 1951, S. 21 f.

Dokument Nr. 59

Anonymer Brief aus der DDR an »Kameraden« in der Bundesrepublik, Ende Dezember 1949:

Da wieder einmal Gelegenheit ist, ein Schreiben sicher über die Grenze zu bringen, möchte ich den Kameraden einige Schlaglichter über die ostzonalen Zustände und meine Meinung über einige politische Fragen zukommen lassen, was man ja leider sonst nicht darf. Ich glaube, im Westen kann man sich überhaupt keine richtige Vorstellung davon machen, unter was für Umständen und unter welchem unangenehmen, ungeheuren politischen Druck wir hier vegetieren, welch mehr als unverschämten Lug und Trug wir uns täglich in Rundfunk und Presse bieten lassen müssen und welcher Gefahr für die persönliche Freiheit wir stündlich ausgesetzt sind. . . .

Wirtschaft:

Alles Lug und Trug. Rohmaterialien sind äußerst knapp, selbst oft für die russischen Gesellschaften. Die der Planwirtschaft gestohlenen, jetzt landeseigenen Betriebe sind fast alle pleite und mit riesigen Schulden belastet. Zeiß-Ikon in Dresden z. B., früher angesehendste Weltfirma, soll heute 50 Millionen Schulden haben. Die Verstaatlichung der Privatwirtschaft wird weiter voranschreiten trotz aller schönen Reden, die von verantwortlicher Seite mitunter vom Stapel gelassen werden. Antreibung und Ausnützung der Arbeiter ist eines der übelsten Kapitel hier. Früher waren die Gewerkschaften stolz, wenn sie den 8-Stunden-Tag erkämpft hatten und »Akkord war

Mord«. Heute sind 10- bis 12-Stundenschichten in manchen Betrieben an der Tagesordnung. Keiner darf dagegen mucksen, sonst wird er wegen Sabotage abgeführt. Früher arbeitete der Arbeiter »für den Profit der Kapitalisten«, jetzt »freiwillig« für die Bonzokratie der SED und des »Freien« Deutschen Gewerkschaftsbundes (FDGB) und natürlich vor allem für die Russen. Die Ausraubung und Ausbeutung der Ostzone durch die Russen geht längst in die Milliarden. 10 Milliarden Dollar Kriegsentschädigung sind m. E. längst überschritten. ...

Politik:

Die Sozialistische Einheitspartei (SED) beherrscht, von Russen gestützt und befohlen, natürlich zusammen mit den Massenorganisationen, die wie z. B. FDGB, Demokratischer Frauenbund und Freie Deutsche Jugend alle selbstverständlich auf dem Papier »überparteilich« sind, vollkommen das politische und öffentliche Leben. Die beiden sogenannten Bürgerlichen Parteien sind nur geduldet, damit man Demokratie spielen kann, und die beiden neuen Parteien: Nationaldemokraten und Bauernpartei sind reine Anhängsel der SED, um diejenigen Dummen zu fangen, die mit der SED nicht einverstanden sind, aber von den beiden bürgerlichen Blockparteien nichts wissen wollen. Die Führer der beiden letzteren sind alle ehemalige SED-Leute bzw. in Rußland geschult. Dort ausgebildet sind übrigens alle Ministerpräsidenten der 5 Länder der Ostzone und alle maßgebenden SEDisten. ...

Das allgemeine Spitzeltum ist eine Landplage, vor allem unter Arbeitskollegen in den Betrieben. In Geschäften und in der Bahn wird zwar viel geschimpft, aber jeder muß ständig gegenwärtig sein, daß er 1 Stunde später oder auf der nächsten Station von der schönen Volkspolizei abgeholt wird. Dieses ist ein Kapitel für sich. Natürlich soll sie ein sicheres Instrument in der Hand der SED bzw. des Russen sein. So hat man jetzt alle diejenigen Polizisten, selbst alte Marxisten, entlassen, die Verwandte in den Westzonen haben. Die Zahl wird auf ca. 400 000 geschätzt, was natürlich offiziell bestritten wird. Aber wozu überall die Kasernenbauten, Schulungslager, Ausbildung in allen Waffengattungen? Ein Schande bloß, daß so viele ehemalige Wehrmachtsoffiziere sich bereit gefunden haben, in diesem Söldnerheer für russische Interessen Dienst zu tun. Selbstverständlich wettert unsere SED-Presse gegen den Militarismus in den Westzonen. Was man selbst geheim oder offen betreibt, wirft man dem Gegner vor. ...

Zum Problem West-Ost:

Ich schließe mich einem Hamburger Rundfunkkommentator an, der kürzlich meinte, Ostdeutschland würde wohl auf lange Jahre hinaus noch vom Westen getrennt bleiben. Der Rummel, der hier aufgezogen worden ist mit dem Schlagwort »Nationale Front«, soll nur die Dummen vor den kommunistischen Wagen spannen, bzw. auf die Unentschlossenen den nötigen Druck ausüben, im Westen aber erst recht den Widerstand aller Einsichtigen gegen den Osten schüren und vor diesem warnen. Denn der Russe will ja gar keine wirkliche demokratische Vereinigung mit dem Westen und hat das nie gewollt, höchstens ein Gesamtdeutschland unter kommunistischer Führung. Die ganzen Spaltungserscheinungen hat er durch alle seine politischen Maßnahmen in der Ostzone zielbewußt herbeigeführt und die Westmächte dazu hineinmanövriert. Erstmal ein kommunistisches Ostdeutschland, dann ein kommunistisches Berlin und schließlich ein kommunistisches Ganzdeutschland. Das ist sein Ziel, das er stur verfolgt. Mal einen Schritt rückwärts, dann dafür zwei vorwärts.

Daß in der westdeutschen Republik nicht alles Gold ist, was glänzt, wissen wir, auch, daß dort vor allem noch sehr viel an einem wirklichen demokratischen Leben fehlt und daß Regierung und Bundestag seit ihrem Bestehen zu der Lösung der dringendsten Probleme noch nicht viel getan haben. Aber 10mal lieber und besser amerikanische Kolonie als russischer Satellitenstaat!

In: BA B 137 / 1043

Dokument Nr. 60

10-Punkte-Programm der Nationalen Front des demokratischen Deutschland vom 15. Februar 1950:

1. Schaffung eines einheitlichen, demokratischen friedliebenden und unabhängigen Deutschlands und Wiederherstellung der politischen und wirtschaftlichen Einheit Berlins als der Hauptstadt Deutschlands.

2. Beseitigung des Besatzungsstatuts, des Ruhrstatuts, des Sicherheitsstatuts, der sogenannten Saar-Autonomie und Beseitigung des Petersberger Abkommens, Kampf gegen die Werbung und Pressung junger Deutscher in Fremdenlegionen.

3. Kampf gegen die Aufstellung einer deutschen Söldnerarmee, gegen die Remilitarisierung Westdeutschlands und gegen seine Einbeziehung in den Atlantik-Kriegspakt und Europa-Rat.

4. Strikte Unterbindung und Verbot jeder Kriegshetze, Völker- und Rassenhetze auf deutschem Boden.

5. Kampf gegen die Demontagen, den Ausverkauf und die Überfremdung deutscher Unternehmungen durch die anglo-amerikanischen und französischen Imperialisten, sowie gegen jede Maßnahme, die auf die Einschränkung, Behinderung und Vernichtung der deutschen Friedenswirtschaft gerichtet ist und gegen die Auswanderung von Deutschen, die zum Schaden der deutschen Wirtschaft ist.

6. Bekämpfung der wachsenden Wirtschaftskrise in Westdeutschland durch die Schaffung völliger Freiheit für den deutschen Außenhandel und durch die Beseitigung aller ihm von den westlichen Imperialisten auferlegten Beschränkungen, Hemmungen und Kontrollen, Förderung des deutschen Außenhandels mit der Sowjetunion, der chinesischen Volksdemokratie und den anderen Volksdemokratien als den natürlichen Handelspartnern Deutschlands.

7. Entwicklung des Innenhandels zwischen der Deutschen Demokratischen Republik und Westdeutschland ungeachtet der Gegenmaßnahmen amerikanischer Interessengruppen.

8. Kampf um die Demokratisierung Westdeutschlands und gegen die Renazifizierung, die von den anglo-amerikanischen Imperialisten systematisch durchgeführt wurde und die alten traditionellen militaristischen und faschistischen Verderber Deutschlands, die Großkonzerninhaber, die Junker und kriegslüsternen Generale und ihren ganzen Anhang wieder zur Macht gebracht hat.

9. Kampf gegen die ständig wachsende doppelte Ausbeutung der Bevölkerung Westdeutschlands durch die anglo-amerikanischen Imperialisten und ihre deutschen Helfershelfer, die alten deutschen Konzernherren, Großbankiers und Junker.

10. Verteidigung der deutschen Kultur gegen die Westdeutschland und Westberlin überschwemmende Kulturbarbarei der amerikanischen Imperialisten.

In: Neues Deutschland, Berlin, 16. Februar 1950

Dokument Nr. 61

Allensbacher Institut für Demoskopie, 20. Februar 1950:

Frage: Welcher große Deutsche hat Ihrer Ansicht nach am meisten für Deutschland geleistet?

Antwort:		
	1. Bismarck	41%
	2. Friedrich d. Gr.	8 %
	3. Hindenburg	7 %
	4. Goethe	5 %
	5. Wilhelm II.	3 %
	6. Luther	3 %
	7. Frh. v. Stein	2 %
	8. Wilhelm I.	2 %
	9. Karl d. Gr.	2 %
	10. Stresemann	2 %

11.	Robert Koch	2 %
12.	Brüning	2 %
13.	Ebert	1 %
14.	Karl Marx	1 %

19 Prozent der Stimmen fielen auf 59 weitere Namen, darunter Hitler.

Dokument Nr. 62

Der amerikanische Hohe Kommissar McCloy machte am 8. Februar 1950 den Vorschlag gesamtdeutscher Wahlen. Das Bundespresseamt antwortet darauf am 22. Februar 1950:

Mit Genugtuung hat die Bundesregierung von dem Vorschlag des amerikanischen Hohen Kommissars McCloy, gesamtdeutsche Wahlen durchzuführen, Kenntnis genommen. Auch der britische Hohe Kommissar hat den gleichen Standpunkt vertreten. Die Bundesregierung ist überzeugt, daß auch der franz. Hohe Kommissar diese Auffassung teilt. Mitglieder der sowjetischen Regierung haben auf den Außenministerkonferenzen und in amtlichen Verlautbarungen erkennen lassen, daß die Sowjetunion ebenfalls ein geeintes Deutschland anstrebt.

Um dieses Ziel zu erreichen, kann nach Auffassung der Bundesregierung folgendermaßen verfahren werden:

1) Nach Erlaß eines Wahlgesetzes durch die vier Besatzungsmächte werden gesamtdeutsche Wahlen zu einer verfassungsgebenden Nationalversammlung ausgeschrieben.
2) Die Wahlen zur Nationalversammlung stehen in allen Teilen Deutschlands unter der Kontrolle von Kommissionen, die sich aus Vertretern der vier Besatzungsmächte oder aus Vertretern der Vereinten Nationen zusammensetzen.
3) Einzige Aufgabe der Nationalversammlung ist die Ausarbeitung einer deutschen Verfassung. Der Verfassungsentwurf wird dem deutschen Volke zur Bestätigung vorgelegt.

In allen Zonen muß persönliche und politische Bewegungsfreiheit als Voraussetzung für die Durchführung gesamtdeutscher Wahlen garantiert sein. Die Bundesregierung hält insbesondere für erforderlich:

1. Betätigungsfreiheit für alle Parteien in ganz Deutschland und Verzicht aller Besatzungsmächte, die Bildung und Betätigung politischer Parteien zu beeinflussen.
2. Die persönliche Sicherheit und der Schutz vor volkswirtschaftlichen Benachteiligungen aller für poltitische Parteien tätigen Personen muß von allen Besatzungsmächten und deutschen Behörden vor und nach der Wahl gewährleistet sein.

3. Zulassung und Vertriebsfreiheit für alle Zeitungen in ganz Deutschland.
4. Freiheit des Personenverkehrs innerhalb ganz Deutschlands und Fortfall des Interzonenpasses.

Schaffung und Sicherung dieser Freiheiten liegt bei den vier Besatzungsmächten. Den Deutschen muß die Möglichkeit gegeben werden, jederzeit zum Schutze dieser Rechte Vier-Mächteinstanzen anrufen zu können.

Die Bundesregierung richtet aus der Verantwortung heraus, die ihr Präambel und Schlußartikel des Grundgesetzes auferlegen, einen Appell an alle Deutschen, an sämtliche Besatzungsmächte und darüber hinaus an die gesamte Weltöffentlichkeit, dem deutschen Volk bei seiner Wiedervereinigung in Frieden und Freiheit zu helfen.

In: Bulletin der Bundesregierung, 22. März 1950

Dokument Nr. 63

Kurt Schumacher antwortet auf die Frage: »Müssen allgemeine, gleiche, direkte und geheime Wahlen an der Spitze einer Politik der deutschen Einheit stehen, wie der Hohe Kommissar Mr. McCloy und die Bundesregierung verlangen?«

Die Reihenfolge der Maßnahmen ist entscheidend. Allgemeine demokratische Wahlen müssen der erste Schritt zur Einigung Deutschlands sein. Die Kommunisten legen alles darauf an, die Wahlen erst vornehmen zu lassen, wenn durch Verhandlungen und Zusammenarbeit mit ihnen alle anderen Parteien geschwächt worden sind und Vertrauen bei dem Volk verloren haben. Nach der Einschätzung, wie sie von der Sozialdemokratie seit 1946 und auch in zwölf Punkten zur Pariser Viermächtekonferenz der Außenminister im Mai 1949 dargelegt worden ist, wollen die Kommunisten allgemeine Wahlen erst zu einem späteren Zeitpunkt. Vorher möchten sie mit Hilfe der Sowjetunion ihre Macht unerschütterlich etablieren. Daher die Heftigkeit ihrer Abwehr gegen den Vorschlag, mit den Wahlen zu beginnen. Der Vorschlag der Bundesregierung, daß die vier Besatzungsmächte gemeinsam die Wahlordnung erlassen, ist die Anerkennung der Tatsache, daß hier die Einigung zwischen den tatsächlichen Machthabern die Grundlage bilden muß. Der deutsche Einigungswille kann nicht durch Reden und Verhandlungen zwischen Deutschen bewiesen werden. Er ist die selbstverständliche Voraussetzung jeder aktiven demokratischen Politik nach dem Osten, auch für die Besatzungsmächte. Dabei ist die allein mögliche Plattform, daß die gleichen demokratischen Voraussetzungen für alle Parteien und Personen in allen vier Besatzungszonen erst allgemeine Wahlen ermöglichen.

In: Schleswig-Holsteinische Volks-Zeitung, Kiel, 8. April 1950

Dokument Nr. 64

Fred Oelssner, Die Rolle der akademischen Jugend im Kampf um die Unabhängigkeit und Einheit Deutschlands. Referat auf einem Studententreffen in Leipzig, an dem auch 156 Studenten aus der Bundesrepublik Deutschland teilnahmen:

Die Sowjetunion und die Westmächte haben gemeinsam gegen den Faschismus gekämpft und auch gemeinsam die Grundlage für eine demokratische Entwicklung Deutschlands geschaffen. In der Deutschen Demokratischen Republik ist verwirklicht, was im Potsdamer Abkommen von allen vier Mächten beschlossen wurde. Wir haben eine Bodenreform durchgeführt, die Kriegshetzer enteignet, die Konzerne zerschlagen und die Betriebe in Volkseigentum übergeführt.

Aber die Westmächte begannen nach Beendigung des Krieges – das Potsdamer Abkommen lag vor der Kapitulation Japans – das Steuer plötzlich herumzureißen. General Clay zog die Glacéhandschuhe aus. Die Politik der Spaltung begann. Zuerst die Spaltung der Arbeiterbewegung. Es folgte die ökonomische Spaltung Deutschlands, die ihren Höhepunkt fand in der Währungsspaltung. Die Einführung des Besatzungsstatuts, das statt des Friedensvertrages eine langanhaltende Besatzung vorsieht, des Ruhrstatuts, das unser größtes Industriegebiet aus Deutschland herauslöst und den amerikanischen Imperialismus in Deutschland einläßt, gehören ebenfalls dazu . . .

In Westdeutschland strebt man im öffentlichen Leben nicht nach Freiheit, sondern nach Herrschaft. Man sagt dabei in bürgerlichen Demokratien: Der Gipfelpunkt der Demokratie sind allgemeine und direkte Wahlen nach einzelnen Parteien. Das kann sich die herrschende Klasse leisten, weil sie alle öffentlichen Organe in der Hand hat.

Wir verstehen unter Demokratie etwas anderes. Wir verstehen darunter, daß die Staatsgeschäfte nicht von einem kleinen Klüngel Berufspolitiker gemacht werden, sondern, daß die Volksmassen zur Entscheidung der großen staatspolitischen Aufgaben herangezogen werden.

Wir wissen, daß man sich sehr dafür interessiert, daß unsere Wahlen nach Weimarer Muster unter Parteigezänk durchgeführt werden. Aber wir haben nicht umsonst die Nationale Front zum Kampf für die Einheit Deutschlands gebildet. Und wir sind sicher, daß alle antidemokratischen Kräfte an dieser gesammelten Kraft zerschellen werden.

Wir sind diesen Weg gegangen bei Einhaltung unserer Reparationsverpflichtungen und sind jetzt dabei, unsere Friedenswirtschaft aufzubauen. Wir haben keine Marshall-Anleihen bekommen und auch keine haben wollen, und können darum heute sagen: die Deutsche Demokratische Republik hat keine Schulden an irgendeine auswärtige Macht . . .

Die erste Pflicht der akademischen Jugend in diesen schweren Schicksalsjahren unseres Volkes, das einen erbitterten Kampf um die Erhaltung seiner nationalen Existenz führt, ist, sich Rechenschaft darüber abzulegen, wo die Wurzeln der nationalen Katastrophe liegen, wer die Einheit und Unabhängigkeit unseres Volkes bedroht, und nicht zu erlahmen im Kampf gegen die Feinde des deutschen Volkes.

Wenn Sie klar und konkret die Kampfziele festlegen, die zur Einheit und Unabhängigkeit unseres Volkes führen, so werden Sie logisch zum Kampfprogramm der Nationalen Front des demokratischen Deutschlands kommen: Einheit Deutschlands, Abschluß eines Friedensvertrages und Abzug der Besatzungstruppen. Die besondere Aufgabe der akademischen Jugend besteht darin, in der vordersten Reihe zu stehen im Kampf gegen den Verfall der deutschen Kultur und die ersten und besten Hüter des großen deutschen Kulturerbes zu sein.

In wenigen Wochen findet in Berlin das Deutschlandtreffen der Jugend statt. Die Jugend wird für die Einheit und Unabhängigkeit Deutschlands demonstrieren. Unsere Gegner haben uns den Gefallen getan und eine weltweite Propaganda für das Deutschlandtreffen gemacht. Schumacher schreit nach Panzern, und die Amerikaner machen im Grunewald Bürgerkriegsmanöver. Es zeigt, welche Angst man vor der deutschen Jugend hat, die sich aktiv in die Reihe der Friedenskämpfer eingliedert. Es zeigt sich auch, daß gewisse Kreise ein Interesse daran haben, die friedliche deutsche Jugend zu provozieren. Sie möchten nach Pfingsten nicht über die gewaltige Demonstration der deutschen Jugend berichten, sondern über eingeschlagene Fensterscheiben, umgefallene Straßenbahnwagen und möglichst noch Schlimmeres.

Aber die deutsche Jugend wird demonstrieren für die Unabhängigkeit und Einheit Deutschlands und der disziplinierte Aufmarsch wird der Beweis sein, wie groß das Friedenslager der deutschen Jugend heute ist. Die Friedensdemonstration wird zu einer weithin leuchtenden Fackel des Kampfes für den Frieden, die Unabhängigkeit und Einheit unseres deutschen Vaterlandes werden.

In: Neues Deutschland, (Ost-)Berlin, 19. April 1950

Dokument Nr. 65

Ende Juli 1950 ruft der RIAS/Berlin seine Hörer zu einem Wettbewerb unter dem Thema »Der nächste Schritt zu deutscher Einheit in Freiheit« auf. Bis zum Stichtag, den 18. 9. 1950, gehen 19 764 Zusendungen ein, davon 15 709 aus der DDR. Die ersten 3 Preise (je 1000 DM) gehen an mitteldeutsche Vorschläge. Ein nicht preisgekrönter aus der DDR lautet:

Ausgehend von der Überlegung, daß unter den aktuellen Bedingungen ein Erliegen der ostdeutschen Menschen unter der propagandistischen und »ideologischen« Moskauer Dampfwalze eine mentale Entfremdung zwischen den Zonen fördert, welcher entgegenzuwirken der nächste und tatsächlich durchführbare Schritt zur Einheit in Freiheit sein muß, schlagen wir ein großzügiges System der geistigen Patenschaft des Westens über den Osten vor. Im Verhältnis der Einwohnerzahlen von West zu Ost sollten westdeutsche Städte die Patenschaft über entsprechende ostdeutsche (z. B. Hamburg/Leipzig usw.) übernehmen. In der Hamburger Geschäftsstelle z. B. sollte genaues Material über die kommunalen Eigenheiten Leipzigs gesammelt werden, Einwohnerlisten, Listen von Körperschaften, Vereinen, Schulen, Krankenhäusern (zu beschaffen durch Verwandte, Interzonenreisende, Messebesucher usw.). Dann sollten in einer großzügigen Werbeaktion die Einwohner Hamburgs zur Übernahme von individuellen Patenschaften gewonnen werden, d. h. Familien etwa gleichen sozialen Niveaus sollten Partner im Osten durch Sendung von Briefen, Zeitschriften, Büchern, evtl. auch Lebensmitteln, das Gefühl der Einheit und Freiheit immer wieder induzieren, und so auch von Körperschaft zu Körperschaft, Schule zu Schule usw., aber rein privaten Charakters, um eine Unterbindung seitens der ostzonalen Machthaber unmöglich zu machen; und so wie hier das Beispiel Hamburg/Leipzig analog alle Städte und Landkreise, um die ganze Ostzone zu erfassen. Werbetechnisch geschickt aufgezogen, durch Presse und Rundfunk verkündet, von einem namhaften Staatsmann inauguriert und sozusagen zum nationalen Ehrendienst deklariert, versprechen wir uns davon einen Erfolg, halten den Vorschlag für praktisch durchführbar.

In: BA B 137/1056

Dokument Nr. 66

Im Brief an den Geschäftsführenden Vorsitzenden der Allierten Hohen Kommission, Sir Ivone Kirkpatrick, erläutert Bundeskanzler Adenauer den Beschluß des Deutschen Bundestages vom 14. September 1950 betr. die Wiederherstellung der deutschen Einheit:

Die Bundesregierung hat mit Genugtuung davon Kenntnis genommen, daß die vier an der Besetzung Deutschlands beteiligten Regierungen bei verschiedenen Anlässen der Auffassung Ausdruck gegeben haben, daß die Wiederherstellung der politischen und verwaltungsmäßigen Einheit Deutschlands ein Ziel ist, das sie durch ihre Besatzungspolitik anzustreben gewillt sind.

Nach Ansicht der Bundesregierung ist der erste und unerläßliche Schritt zur Erreichung dieses Zieles die Einberufung einer verfassunggebenden deutschen Nationalversammlung. Um dieses Ziel zu erreichen, kann nach Ansicht der Bundesregierung folgendermaßen verfahren werden:

1. Nach Erlaß eines Wahlgesetzes durch die vier Besatzungsmächte werden gesamtdeutsche Wahlen zu einer verfassunggebenden Nationalversammlung ausgeschrieben.

2. Die Wahlen zur Nationalversammlung stehen in allen Teilen Deutschlands unter der Kontrolle von Kommissionen, die sich aus Vertretern der vier Besatzungsmächte oder aus Vertretern der Vereinten Nationen zusammensetzen.

3. Einzige Aufgabe der Nationalversammlung ist die Ausarbeitung einer deutschen Verfassung. Der Verfassungsentwurf wird dem deutschen Volke zur Bestätigung vorgelegt.

Als Voraussetzung für die Durchführung gesamtdeutscher Wahlen muß in allen Zonen die persönliche und politische Bewegungs- und Betätigungsfreiheit garantiert sein. Die Bundesregierung hält insbesondere für erforderlich:

Betätigungsfreiheit für alle Parteien in ganz Deutschland und Verzicht aller Besatzungsmächte, die Bildung und Betätigung politischer Parteien zu beeinflussen.

Die persönliche Sicherheit und der Schutz vor wirtschaftlichen Benachteiligungen aller für politische Parteien tätigen Personen muß von allen Besatzungsmächten und deutschen Behörden vor und nach der Wahl gewährleistet sein. Zulassung und Vertriebsfreiheit für alle Zeitungen in ganz Deutschland.

Freiheit des Personenverkehrs innerhalb ganz Deutschlands und Fortfall des Interzonenpasses.

In: Deutsche Einheit in Freiheit und Frieden, Dokumente und Akten, Bonn 1951, Seite 55 f.

Dokument Nr. 67

Aufruf eines DDR-Flüchtlings an die Bundesregierung und die Bevölkerung der Bundesrepublik, Ende September 1950:

Seit Wochen wird die Bevölkerung der sowjetischen Besatzungszone mit allen Mitteln des staatlich gelenkten Terrors für die Wahlen am 15. Oktober 1950 präpariert. Wahlvergewaltigungen und Wahlbetrugsmanöver größten Ausmaßes werden systematisch vorbereitet, so daß in dem dichten Netz des Zwanges der scheinlegalen Wahltechniken kaum ein Deutscher der sowjetischen Besatzungszone die Möglichkeit hat, seiner wirklichen Meinung Ausdruck zu geben. Die geheiligten Grundsätze einer demokratischen Wahl, ihre Freiheit, ihre Unabhängigkeit und ihre absolute Geheimhaltung werden mit Füßen getreten und in einem Schwall von Phrasen, unter formalistischer Aufrechterhaltung dieser drei Prinzipien in ihr Gegenteil verkehrt. Zwanzig Millionen Deutsche werden gezwungen, ihren Peinigern ein Votum zu geben, aus dem diese das Recht ableiten werden, ihre Unterdrückungsmaßnahmen zu verschärfen und ein noch gewalttätigeres Regime an die Stelle des bisherigen Zwanges zu setzen.

Mit Ausnahme der kleinen Zahl überzeugter Kommunisten – vorwiegend Funktionäre und Nutznießer des sowjetischen Terrorsystems – ist jeder einzelne Deutsche der sowjetischen Besatzungszone einer Gewissensnot ausgesetzt, die unbeschreiblich ist.

Es ist unmenschlich, Menschen zu zwingen, die eigenen Peiniger zu wählen.

Es ist unmenschlich, diesen Zwang mit teuflischer Berechnung so zu organisieren, daß es für den einzelnen keinerlei Ausweichmöglichkeit gibt.

Es ist unmenschlich, zwanzig Millionen Deutsche in dieser Situation allein zu lassen.

Mit Recht beklagt sich die deutsche Bevölkerung der sowjetischen Besatzungszone, daß die Anteilnahme des Westens an ihrem Schicksal zu gering ist. Die Bevölkerung der Sowjetzone hungert nach einer überzeugenden Solidaritätserklärung, die jedem einzelnen Menschen in Sachsen oder in Thüringen, Brandenburg oder Mecklenburg die Gewißheit unserer sorgenden Teilnahme an seinem Schicksal wieder zurückgibt. Wundern wir uns nicht, wenn eines Tages aus der erpreßten und erzwungenen Zustimmung eine resignierende wird, ja, mehr als das, eine verzweifelte. Dann erst schlägt die Stunde des Sieges für die sowjetzonale Despotie. Immer noch hat der Kommunismus seine Ernten auf einem Boden eingebracht, der durch Verzweiflung und durch Hoffnungslosigkeit, durch Elend und Resignation gedüngt worden ist. Unsere Müdigkeit ist eine Art Stimmulanz für die Despoten.

In den letzten Wochen ist einiges geschehen im Bereiche des westdeutschen Bundesgebietes, das den festen Willen der Bundesregierung, der westdeutschen Länderregierungen und der westdeutschen Bevölkerung erkennen läßt, der fortschreitenden Aggression des Kommunismus ein entschlossenes »Halt« entgegenzusetzen, und es ist auch einiges dafür geschehen, daß die Initiative im Kampf für ein einiges Deutschland auf den Westen übergeht. Endlich scheinen wir zu erkennen, daß die Einheit und die Freiheit Deutschlands, Einheit und Freiheit in unlösbarem Zusammenhang, unsere eigentliche politische Aufgabe ist. Unsere Freiheit ist auch die Freiheit der Deutschen der sowjetischen Besatzungszone. In dem Maße, in dem wir zulassen, daß drüben zwanzig Millionen Deutsche unterdrückt werden, legitimieren wir unsere zukünfige Unterdrückung.

Wir rufen deshalb die Regierung der westdeutschen Bundesrepublik, die Regierungen der westdeutschen Länder und die gesamte Bevölkerung Westdeutschlands dazu auf, durch eine große und machtvolle Kundgebung am 15. Oktober 1950, am Tage der Vergewaltigung der Bevölkerung der Sowjetzone, unsere Anteilnahme und Trauer für dieses ungeheuerliche Geschehen auszudrücken. Wir rufen nicht nur auf, wir flehen und wir betteln darum, diesen Tag zu einem nationalen Trauertag in der Bundesrepublik zu erklären, in der ganzen Bundesrepublik die Fahnen auf Halbmast zu setzen und auch die Bevölkerung zu einer Trauerflaggung aufzurufen, die deutschen Schiffe in den Häfen und auf den Wasserstraßen zu bitten, dasselbe zu tun und so der ganzen Welt, aber vor allem der Bevölkerung der Sowjetzone zu zeigen, wie sehr wir ihr Unglück mitempfinden.

Wir fordern dazu auf, am Sonnabend, dem 14. Oktober 1950, von 12.00 bis 12.05 Uhr, im gesamten westdeutschen Bundesgebiet für 5 Minuten die Arbeit niederzulegen und der Brüder in Not zu gedenken!

Wir fordern dazu auf, am Sonntag, dem 15. Oktober 1950, von 12.00 bis 12.02 Uhr, für nur 2 Minuten eine Verkehrsstille über das ganze Land zu legen, unsere Radiostationen für 2 Minuten verstummen zu lassen und in einem einzigen Satz den Sinn dieser Kundgebung der Bevölkerung mitzuteilen!

Wir, die wir als Flüchtlinge der Sowjetzone genau wissen, in welcher Verzweiflung sich die Bevölkerung der Ostzone befindet, wir versichern Euch allen, daß diese Aktionen, getragen von dem Willen der Regierung, der Kirchen, der großen politischen und gesellschaftlichen Organisationen und der gesamten westdeutschen Bevölkerung, für die Menschen der Sowjetzone mehr bedeuten als es sich überhaupt in Worten ausdrücken läßt. Endlich einmal wird auf diese Weise über alle parteilichen und sonstigen Differenzen hinweg sichtbar, daß wir ein Volk sind, daß wir keinen anderen Wunsch haben, als in einer freien föderativen Republik vereinigt zu werden – vereinigt zu werden in einem Staatswesen, das auf der Achtung vor den Grundrechten des Menschen basiert ist.

Am 15. Oktober 1950 soll die Freiheit von zwanzig Millionen Deutscher endgültig begraben werden. Bekränzt wie zu einem Fest müssen die Opfer der Despotie ihren Henkern auch noch zujubeln.

An diesem Tage rufen wir der Bevölkerung der Sowjetzone zu:

> Verzweifelt nicht, wir wissen, daß Ihr bei dieser sogenannten Wahl keine Wahl habt!
>
> Wir wissen, daß das Ergebnis dieses Tages bei Euch und bei uns den Willen zum Widerstand nur verstärken wird!

> Wir sprechen Euch heute schon frei von jeder nominellen Unterstützung eines Teufelsregimes, und so sicher wie die Sonne an jedem Tag auf- und untergeht, so sicher werden wir Eure Peiniger und Henker eines Tages zur Verantwortung ziehen für das Verbrechen der Vergewaltigung zwanzig Millionen friedliebender Menschen!

In: BA B 137/1056

Dokument Nr. 68

Ministerpräsident Otto Grotewohl an Bundeskanzler Konrad Adenauer 30. November 1950:

Durch die Spaltung Deutschlands wurde ein nationaler Notstand herbeigeführt, der durch die Remilitarisierung und Einbeziehung Westdeutschlands in die Pläne der Kriegsvorbereitungen verschärft wurde. Das deutsche Volk ist tief beunruhigt über die Bedrohung seiner nationalen Interessen durch die imperialistischen Kräfte. Angesichts dieser Lage sind die Erhaltung des Friedens, der Abschluß eines Friedensvertrages sowie die Wiederherstellung der Einheit Deutschlands vor allem von der Verständigung der Deutschen selbst abhängig. Wir halten eine solche Verständigung für möglich, da das ganze deutsche Volk eine friedliche Regelung wünscht. Es würde den Wünschen aller friedliebenden Deutschen entsprechen, wenn ein Gesamtdeutscher Konstituierender Rat unter paritätischer Zusammensetzung aus Vertretern Ost- und Westdeutschlands gebildet würde, der die Bildung einer gesamtdeutschen, souveränen, demokratischen und friedliebenden provisorischen Regierung vorzubereiten hätte und den Regierungen der UdSSR, USA, Großbritanniens und Frankreichs die entsprechenden Vorschläge zur gemeinsamen Bestätigung unterbreiten würde. Gleichzeitig würde er die genannten Regierungen bis zur Bildung einer gesamtdeutschen Regierung bei der Ausarbeitung des Friedensvertrages konsultieren. Über diesen Vorschlag kann unter Umständen eine Befragung des deutschen Volkes durchgeführt werden.

Wir glauben, daß der Gesamtdeutsche Konstituierende Rat die Vorbereitung der Bedingungen zur Durchführung einer gesamtdeutschen Wahl für eine Nationalversammlung übernehmen könnte. So würde die Bildung eines Gesamtdeutschen Konstituierenden Rates sofort die Voraussetzung für die unverzügliche Aufnahme der Beratungen zum Abschluß eines Friedensvertrages schaffen, und gleichzeitig könnte der Rat die Vorbereitungen zur Regierungsbildung treffen.

Die Regierung der Deutschen Demokratischen Republik ist bereit, im Geiste ehrlicher Verständigung über alle Fragen zu verhandeln, die mit der Bildung und den Aufgaben eines Gesamtdeutschen Konstituierenden Rates verbunden sind.

Weite Kreise der Bevölkerung in Ost- und Westdeutschland sind der Meinung, daß der nächste Schritt zur Lösung der nationalen Lebensfrage unseres Volkes sein müßte, den vier Besatzungsmächten einen gemeinsamen deutschen Vorschlag zu unterbreiten. Von diesem Willen der friedliebenden Bevölkerung ausgehend, unterbreitet die Regierung der Deutschen Demokratischen Republik der Regierung der Bundesrepublik den Vorschlag, Besprechungen über die Bildung eines Gesamtdeutschen Konstituierenden Rates zwischen den beiden Regierungen aufzunehmen. Wir schlagen vor, daß dazu von jeder Regierung sechs Vertreter ernannt werden. Über Ort und Zeit könnte zwischen den Staatssekretären der Ministerpräsidenten eine Verständigung erfolgen.

In: Aktenstücke zur Beurteilung des Grotewohlbriefes, hrsg. von der Bundesregierung, Bonn 1951, Seite 63 f.

Dokument Nr. 69

Zwei nicht-amtliche Reaktionen auf den Grotewohl-Brief vom 30. November 1950:

1. Bund Deutscher Jugend, Frankfurt/Main, an Grotewohl, 21. Dezember 1950:

Ihr Brief an Bundeskanzler Adenauer ist auch uns zur Kenntnis gekommen (da ja in Westdeutschland die Verbreitung sowjetisch lizenzierter Druckerzeugnisse noch immer möglich ist, im Gegenteil zur Sowjetzone, deren Bevölkerung keine westliche Zeitung lesen darf). Im Namen der Jugend aller vier Besatzungszonen Deutschlands, die sich in rasch wachsenden Zahlen in unserem überparteilichen BUND DEUTSCHER JUGEND zum Kampf für die Einheit und Freiheit Deutschlands zusammenfindet, wollen wir Ihnen dazu einiges antworten und einige Fragen an Sie richten:

Sie geben vor, die Einheit Deutschlands zu wollen: wie erklären Sie dann, daß Sie und Ihre Parteigenossen alles tun, um die Sowjetzone hermetisch vom übrigen Deutschland abzuschließen – immer größere Schwierigkeiten für den Verkehr von Personen, Gütern, Post usw. machen?

Sie verlangen die Bildung eines Gesamtdeutschen Rates: wie bringen Sie diese Forderung in Einklang mit der ununterbrochenen Weigerung Ihrer Partei, einheitliche Wahlen in ganz Deutschland abzuhalten – ein Vorschlag, den die Regierung der Bundesrepublik schon vor vielen Monaten an Ihre Partei gerichtet hat? (Um Mißverständnissen vorzubeugen: unter »Wahlen«

verstehen wir eine *freie* Willensentscheidung aller Wähler – wie Ihnen aus Ihrer sozialdemokratischen Vergangenheit noch erinnerlich sein dürfte –, nicht ein totalitäres Scheinbekenntnis im Stil der »Nationalen-Front«-Komödie vom 15. Oktober!)

Sie wenden sich gegen die angebliche Remilitarisierung Westdeutschlands:

welche Gewähr können Sie dafür bieten, daß die Rüstungsmaßnahmen auf dem Boden der sowjetischen Besatzungszone rückgängig gemacht werden? (Geschähe dies nämlich, würde jede Debatte hinfällig werden!) Treten Sie dafür ein, daß ein erster Schritt zu dem von Ihnen geforderten Abzug der Besatzungstruppen – die russischen Truppen auf deutschem Boden zunächst auf die Stärke der drei westlichen Besatzungsmächte reduziert werden? Sind Sie bereit, Zahl, Ausrüstung und Ausbildungsprogramm der Volkspolizei auf das Niveau aller westdeutschen Polizeieinheiten herabzusetzen?

Sie verlangen die Beseitigung eines angeblichen Kriegspotentials in Westdeutschland:

sind Sie in der Lage, Vorschläge dafür zu machen, daß die sehr reale Aufrüstung in der Sowjetzone, der Uranerzbergbau, die vielfältigen Rüstungsaufträge für die russische Armee, Luftwaffe und Flotte, die Befestigungsbauten an der Ostseeküste usw. liquidiert werden?

Sie protestieren gegen den Anschluß der Bundesrepublik an den Europarat und gegen jeden sonstigen Anschluß der Bundesrepublik an den Westen:

können Sie uns beweisen, daß alle solche Bindungen Westdeutschlands – bestehend oder geplant – auch nur im entferntesten an die völlige Unterordnung der Sowjetzone unter die politische, ideologische, militärische und wirtschaftliche Hegemonie des sowjetischen Imperiums heranreichen?

Seit Jahr und Tag haben Sie und Ihre Partei uns mit Worten über die deutsche Einheit und andere schöne Dinge überschüttet:

> Das deutsche Volk, die deutsche Jugend sind der Worte, der Propaganda müde!
>
> Zeigen Sie uns durch Taten, daß Sie es mit Ihren Vorschlägen ernst meinen: bringen Sie unsere Landsleute aus Rußland heim, erlassen Sie eine Amnestie für die zehntausende politische Gefangener in der Sowjetzone, heben Sie die Zensur und andere Sperren zwischen der Sowjetzone und dem übrigen Deutschland auf!

Solange Sie keine Beweise Ihres guten Willens erbringen, solange Sie die Antwort auf grundlegende Fragen wie die obigen verweigern, können alle Verhandlungen und Konferenzen nur zu einer Wiederholung dieser Fragen und Forderungen, aber nicht zu einer positiven Lösung führen.

Wir wollen die Wiedervereinigung aller Teile Deutschlands auf der Grundlage der Freiheit und Selbstbestimmung des deutschen Volkes!

An Ihnen ist es, uns zu überzeugen, daß Sie das auch wollen!

In: BA B 137/1053

2. Privatbrief Margret Boveris, Berlin, 30. Dezember 1950:

Ich würde Herrn Grotewohl antworten: Im Hinblick auf das große Ziel, das uns beiden am Herzen liegt, müßten wohl beide Seiten etwas von ihren Ausgangspositionen, so wichtig ihnen dieselben auch sein mögen, aufgeben. Herr Grotewohl sei sich ja bewußt, daß für die Bundesregierung freie Wahlen der Ausgangspunkt für alles sein müsse, wogegen Herr G. zuerst ein gesamtdeutsches Gremium zu bilden wünsche. Vorausgesetzt, daß Grotewohl als zweiten Schritt in die Wahlen, wie sie im Vorschlag von Bundeskanzler Dr. Adenauer vom Sommer enthalten waren, einwilligt, könnte Bundeskanzler Dr. Adenauer in die Bildung eines vorbereitenden Gremiums nach Grotewohls Vorschlag einwilligen; allerdings gemäß den Prinzipien, die ja auch in der Deutschen Demokratischen Republik maßgebend sind, müßten die beiden Republiken in demselben entsprechend ihren Bevölkerungszahlen vertreten sein. Da die Angleichung der beiden Teile Deutschlands, die sich auf Grund der verschiedenen Besatzungsregime in den letzten 5 Jahren so verschieden entwickelt haben, nur ganz allmählich vor sich gehen könnte, damit keine Brüche entstehen, wäre vielleicht als Bedingung für die Arbeit dieses Gremiums von vornherein festzustellen, daß es sich nicht mit den internen Angelegenheiten der einzelnen Länder zu befassen hat, sondern sich auf gesamtdeutsche Fragen zu beschränken hätte. Ich bin ja der Meinung, daß man diesen Leuten ihrer Besatzungsmacht gegenüber ein gewisses Gewicht gibt, indem man sich überhaupt zu einem Gespräch bereiterklärt, und daß man damit einen ersten Schritt tut, sie aus ihrer Abhängigkeit herauszulösen. Wenn man allerdings von der Voraussetzung ausgeht, daß man es nur mit Bösewichtern zu tun hat, dann soll man lieber die Finger in den Schoß legen und auf die Ankunft der ersten Atombombe warten.

In: PA Abt. 2 202 – 04 – 2

Dokument Nr. 70

Bericht eines V-Mannes über Ulbrichts Ausführungen nach einer Moskau-Reise vor dem Politbüro der SED am 30. Dezember 1950:

Der Gegensatz zwischen der sozialistischen Ost- und der kapitalistischen Westwelt ist unüberbrückbar. Ihr Kampf um die Niederringung der anderen

charakterisiert unsere Epoche. Zwar können beide zeitweilig nebeneinander bestehen. Auf die Dauer aber muß und wird das immer machtvoller werdende sozialistische System das absterbende kapitalistische System besiegen. Dieser Sieg ist kein einmaliger Akt, kein alles umfassender dritter Weltkrieg, sondern ein Krieg der Permanenz, bald kalt, bald heiß, mit zeitweiligen Erfolgen des kapitalistischen Gegners, aber mit dem Endsieg des sozialistischen Weltblocks. Aber dieser Sieg fällt uns nicht in den Schoß, sondern muß Position um Position erkämpft werden.
Die Ereignisse in Ostasien haben diesen sozialistischen Block ungemein gestärkt und werden ihn noch mehr stärken, da wir niemals einen Waffenstillstand in Korea akzeptieren werden, der nicht den Abzug der amerikanischen Invasoren zur Voraussetzung hat und der Befreiungskampf in Korea daher mit einer Verstärkung des Ostblocks durch das koreanische Potential enden wird. Der Abschluß des Atlantikpakts, die Brüsseler Konferenz und die Hemmung der kapitalistischen Weltwirtschaftskrise durch die Rüstungsaufträge stärkten dagegen den kapitalistischen Block. Und der kapitalistische Block ist gerade jetzt dabei, seine Machtposition dadurch noch weiter zu stärken, daß er Westdeutschland mit seinem bedeutenden Wirtschaftspotential und seiner eventuellen militärischen Kraft in seine Machtsphäre einbezieht.

Das muß mit allen Mitteln, außer denen des heißen Krieges, verhindert werden. Einen Weltkrieg wegen Westdeutschland unter unmittelbarer Beteiligung der SU verbieten die ökonomischen und militärischen Verhältnisse des sozialistischen Blocks, die Friedenspropaganda und Einheitsfronttaktik. Wir müssen versuchen, Westdeutschland vom Westen abzulösen und zum Weltfriedensblock des Ostens hinüberzuführen. *Das ist unsere Hauptaufgabe.* Sie ist strategisch genau so wichtig wie der Krieg in Korea. Wir müssen verhindern, daß in Westdeutschland eine deutsche Armee aufgestellt wird, die gegen ihre Brüder im Osten kämpft, und wir müssen verhindern, daß in Westdeutschland für die kapitalistischen Mächte Rüstungsmaterial produziert und transportiert wird.

Wir müssen aber nicht nur Westdeutschland aus dem Westblock herausbrechen, sondern, was viel wichtiger ist, für ein einiges Deutschland, für den Zusammenschluß mit uns, mit denen es durch Sprache, Geschichte, Wirtschaft und Kultur verbunden ist, herüberzuziehen. Der Kampfruf der nächsten Monate muß die Einheit Deutschlands sein. Um jeden Preis müssen wir zu einem gemeinsamen Verhandlungsgremium Gesamtdeutschlands kommen, natürlich niemals um den Preis allgemeiner, freier und geheimer Wahlen.

Wir haben dabei bereits einige gute Erfolge zu verbuchen (Ulbricht zählt die Zustimmungsbekundungen westlicher Politiker, besonders der Kirchenleute auf), aber das alles ist noch viel zu wenig. Wir müssen in Westdeutschland unter Ausnutzung der überall verbreiteten Abneigung gegen Militärdienst eine ganz allgemeine Volksbewegung gegen die Remilitarisierung schaffen und besonders die wehrfähige Jugend für unsere Friedensgedanken begeistern. Grotewohls Brief war ein wichtiger Schritt dazu, aber der Druck auf die westdeutsche Bevölkerung, ihrerseits auf Adenauer zu Beantwortung des Briefes zu drücken, war noch viel zu schwach. Wir haben immer noch nicht die sozialdemokratischen Arbeiter in Westdeutschland richtig angesprochen. Wir müssen daher gerade sie mit den bewährten Mitteln der Einheitsfronttaktik zu gewinnen versuchen. Mit Hilfe der Einheitsfronttaktik müssen wir die sozialdemokratischen Arbeiter nicht nur von Adenauer, sondern vor allem von dem Verräter Schumacher loszulösen versuchen. Die Einheitsfronttaktik in Westdeutschland muß das A und O unserer innerdeutschen Politik für die kommenden Wochen werden.

Das Zustandekommen einer gesamtdeutschen Verhandlungskörperschaft ist um so dringlicher, als die SU jetzt den Frieden braucht und deshalb mit den Westmächten verhandeln muß. Für die Stellung der SU auf einer Viermächtekonferenz ist neben dem Endsieg in Korea eine Vereinbarung zwischen Ost- und Westdeutschland von höchstem Wert, aus der hervorgeht, daß Westdeutschland bereit ist, unter für die SU annehmbaren Bedingungen mit Ostdeutschland gesamtdeutsche Beschlüsse zu fassen. Solche Bereitschaft wäre für die SU ein Argument mehr, daß die westdeutsche Bevölkerung und unter ihrem Druck auch die westdeutsche Regierung sich der DDR näher verbunden fühlt als den Westmächten. Diese gesamtdeutsche Vereinbarung muß daher vor der Viermächtekonferenz erreicht werden. Unsere vordringliche Aufgabe ist daher : die innerdeutsche Gemeinschaftsaussprache vor einer Viermächtekonferenz. Das müssen mit allen Mitteln wir zu erzwingen versuchen. Gelingt uns diese Aussprache nicht, so erweisen wir uns unserer historischen Aufgabe als nicht gewachsen und büßen wir unser Ansehen im Kreise der Kominformmächte ein. Gelingt uns das Gespräch unter konkreten Vereinbarungen für eine gesamtdeutsche Lösung, so festigen wir nicht nur unsere Stellung, sondern die Macht des sozialistischen Weltfriedensblocks ganz gewaltig.

Aber auch wenn die gesamtdeutsche Vereinbarung zwischen Grotewohl und Adenauer nicht zustande kommt, dürfen wir natürlich die Hände nicht in den Schoß legen. Uns verbleiben vielmehr noch eine große Anzahl überaus wichtiger Aufgaben im Kampfe gegen den kapitalistischen Mächteblock. Wir müssen in Westdeutschland jede Beteiligung am Europaheer diskreditieren und verhindern. Wir müssen die westdeutsche Jugend durch alle Mittel der allgemeinen und persönlichen Beeinflussung daran hindern, sich freiwillig zum Heerdienst zu melden, wir müssen die Bevölkerung zu immer stärkeren Protesten gegen die Freimachung von Wohnraum für Truppenverbände mobilisieren und wir müssen jede Waffenproduktion und jeden Waffentransport durch Arbeitsverweigerung und Arbeitsbehinderung zu vereiteln versuchen. Alles, was bisher auf diesem Gebiet geschah, ist völlig unzureichend.

Es muß uns gelingen, die sozialdemokratischen und christlichen Arbeiter durch eine viel bessere Einheitsfrontpolitik zur absoluten Verhinderung einer Remilitarisierung Westdeutschlands zu bewegen. Eine umfassende Anleitung an unsere KPD wird dieser Tage hinausgehen.

In der DDR muß andererseits der kritischen Weltlage entsprechend alles getan werden, unser Rüstungspotential zu verstärken. Alle Mittel zur pünktlichen und vorzeitlichen Erfüllung des Fünfjahresplanes, die Steigerung jeder einzelnen Arbeitsleistung, die Neuingangsetzung der vorgesehenen Schwerindustriebetriebe, die Einbeziehung von mehr als 100 000 Frauen in den Produktionsprozeß, die gesteigerte Abführung von Maschinen, Roh- und Halbfabrikaten an die SU im Rahmen unserer Reparationsverpflichtungen sind dazu einzusetzen. Es muß rücksichtslos endlich mit den alten gewerkschaftlichen Tendenzen individueller und kollektiver Arbeitsfürsorge gebrochen und dafür durch Normverbesserungen und Aktivisteneinsatz, durch planmäßige Umgruppierung des Arbeitseinsatzes die Produktion und das Rüstungspotential der DDR gehoben werden.

In: PA Abt. 2/202 – 04 II

Dokument Nr. 71

Vor der Bundespressekonferenz erklären am 15. Januar 1951

1. Bundeskanzler Dr. Adenauer in einer ersten offiziellen Stellungnahme zum Grotewohl-Brief vom 30. November 1950 u. a.:

Die gegenwärtigen Machthaber in der sowjetischen Besatzungszone Deutschlands und ihre Auftraggeber haben, getreu der von ihnen verfolgten Taktik, eine Propagandakampagne geführt, deren Ziel es ist, im deutschen Volke den Eindruck zu erwecken, daß die Wiedervereinigung unseres Vaterlandes an dem bösen Willen der Bundesrepublik Deutschland scheitert.

Aber eine Unwahrheit wird dadurch noch nicht zur Wahrheit, daß man sie unaufhörlich wiederholt. Der Schwall der Worte kann nicht darüber hinwegtäuschen, daß die Bundesregierung am 22. März 1950 und am 1. Oktober 1950 ihren Plan über die Wiederherstellung der deutschen Einheit der Öffentlichkeit unterbreitet hat. Unsere klaren und genauen Vorschläge sind bis zum heutigen Tage ohne irgendeine Antwort geblieben. Daran hat auch das Schreiben des Herrn Grotewohl vom 30. November 1950 nichts geändert.

Wenn in den letzten Tagen und Wochen von der Sowjetzone aus eine zentral gesteuerte propagandistische Offensive geführt wird, in der wir aufgefordert werden, den sogenannten Grotewohl-Brief zu beantworten, so kann ich dazu

nur sagen: Warum schweigt Herr Grotewohl zu unseren Vorschlägen von September und Oktober und von März des vergangenen Jahres?
Nur 10 Tage nach dem Grotewohl-Brief wurde in der Ostzone das Gesetz erlassen, das den schönen Namen führt »Zum Schutze des Friedens«. Dieses Gesetz, dessen Name wiederum ein Beweis ist für die völlige Umkehrung aller Begriffe, für die Unaufrichtigkeit der Sprechweise des Kommunismus, stellt ein Instrument des Terrors dar, das den antikommunistischen Widerstand in der Ostzone brechen, aber auch die entschlossene freiheitliche Haltung der westdeutschen Bevölkerung und ihrer aus freien Wahlen hervorgegangenen Vertretungen erschüttern soll; denn dieses Gesetz, meine Damen und Herren, soll, wie ausdrücklich betont wurde, auch gegen Bürger der Bundesrepublik Deutschland Anwendung finden.

Sie haben gestern Nachrichten darüber bekommen, daß eine ganze Anzahl von Männern und Frauen, in Eisenketten gefesselt, an die Grenze der Bundesrepublik Deutschland gebracht und dort deutschen Behörden übergeben worden sind, und zwar, weil sie sich in der Bundesrepublik Deutschland aufgehalten haben. Diese, dazu noch unter empörenden Umständen, erfolgte Ausweisung ist erfolgt auf Grund dieses Gesetzes »Zum Schutze des Friedens«. Ich bin nicht der Auffassung, daß der Erlaß des Gesetzes »Zum Schutze des Friedens« und seine Ausführung dazu angetan sind, bei uns den Eindruck hervorzuheben, geschweige die Überzeugung hervorzurufen, daß unter einem solchen Regime in der Ostzone überhaupt freie Wahlen möglich sind. Ich habe heute früh in den Zeitungen gelesen, daß ein 16- oder 17jähriger Junge zum Tode verurteilt worden ist, weil er Plakate gegen das heutige Regime in der Ostzone angeklebt hat und weil er, als er darauf von Volkspolizisten verhaftet worden ist, angeblich mit einem Hirschfänger einen der Polizisten verletzt habe.

Meine Damen und Herren! Ein Gebiet, in dem solche terroristischen Handlungen vollführt werden, wie diese beiden letzten aus den allerjüngsten Tagen, das ist kein Land, das davon sprechen kann, daß es beabsichtige, freie, gleiche, direkte und geheime Wahlen durchzuführen. Unser fester und entschiedener Wille, die Einheit Deutschlands wiederherzustellen, muß Ausdruck finden in politischen Maßnahmen, die die Erhaltung und Sicherung der demokratischen Freiheiten garantieren. Wir werden vor allen Dingen nichts tun, was die Hoffnung der deutschen Menschen in Mittel- und Ostdeutschland auf ein freies und würdiges Leben zunichte machen könnte. Das darf und kann das ganze deutsche Volk von der Bundesregierung erwarten.

In: BA B 136/2126

2. Bundesminister Kaiser:

Nehmen wir z. B. den Vorschlag zur Bildung eines »Gesamtdeutschen Konstituierenden Rates«. Dieser Rat soll die Bildung einer provisorischen Regierung sowie einen Friedensvertrag mit Gesamtdeutschland vorbereiten. Und schließlich könne er auch – so wird ausgeführt – die Vorbereitung der Bedingungen von freien gesamtdeutschen Wahlen übernehmen. Schon die Reihenfolge dieser Aufgabenstellung für einen solchen Rat entspricht der kommunistischen Taktik, die ich selbst in der Politik um die Sowjetzone zur Genüge kennengelernt habe. Der Vorschlag einer paritätischen Zusammensetzung des Konstituierenden Rates zeigt trotz aller Gegenbeteuerungen der SED die Absicht, jede mögliche Übereinstimmung von vornherein auszuschließen.

Durch diese Taktik haben die Kommunisten in der Sowjetzone in vergleichbaren provisorischen Gremien genügend vollendete Tatsachen zu schaffen gewußt. Im übrigen hat ja auch Herr Grotewohl diese kommunistische Methode am eigenen Leibe erfahren. Er ist – wie alle Welt weiß – ihr Opfer geworden. Die scheinbare demokratische Grundlage derartiger Gremien dient lediglich dazu, Unerfahrenen Sand in die Augen zu streuen. Das gilt in diesem Falle nicht zuletzt für die Bevölkerung der Bundesrepublik.

Nach allen Erfahrungen und so wie die Dinge heute liegen, bedarf es keines Konstituierenden Rates. Sondern es bedarf der Durchführung freier gesamtdeutscher Wahlen für eine Nationalversammlung. Dieser Nationalversammlung muß es obliegen, alle weiteren Schritte im Namen des ganzen deutschen Volkes zu unternehmen. Nur so kann durch den freien Willen aller Deutschen die Einheit Deutschlands verwirklicht werden.

Wem es ehrlich um eine freie und nicht um eine kommunistische Einheit Deutschlands geht, der muß freie Wahlen zu einer Nationalversammlung an die Spitze aller Aktionen für die Einheit Deutschlands stellen. Der Grotewohlbrief kehrt die Reihenfolge um. Das läßt erkennen, daß man über den »Gesamtdeutschen Konstituierenden Rat« kommunistische Ziele zu erreichen hofft.

In: BA NL Kaiser 231

Dokument Nr. 72

Vertrauliches Aide-mémoire eines V-Mannes für Bundeskanzler Adenauer, 8. Februar 1951:

Die sowjetische Deutschlandpolitik möchte auf alle Fälle ein Eingehen der Bundesrepublik auf die von Grotewohl und der Volkskammer gemachten Vorschläge erreichen und lehnt darum im gegenwärtigen Zeitpunkt irgendeinen direkten Kontakt mit Bonn ab. Der Wunsch, zuerst einmal gesamtdeutsche Gespräche zwischen Pankow und Bonn in Gang zu bringen, entspricht dabei weniger der Rücksichtnahme auf die Regierung der DDR, es steht vielmehr in Übereinstimmung mit den Zielen, die die Russen mit ihrer Initiative im Hinblick auf die geplante Viererkonferenz verfolgen. Von sowjetischer Seite befürchtet man, daß die USA die Viererkonferenz möglicherweise zum Scheitern bringen könnten. Die durch den Grotewohl-Brief eingeleitete politische Aktion ist so angelegt, daß das Nahziel der sowjetischen Deutschlandpolitik, die Verhinderung der Remilitarisierung Westdeutschlands und die evtl. Neutralisierung Gesamtdeutschlands, auch bei einem Scheitern der Viererkonferenz, weiter verfolgt werden kann. Kommen Verhandlungen über die Wiedervereinigung Deutschlands zwischen der DDR und der Bundesrepublik vor der Viererkonferenz zustande, so wird es den Westmächten auf der Konferenz schwer gemacht, auf einer Politik zu bestehen, die die Teilung Deutschlands aufrechterhält. Ist erst einmal mit innerdeutschen Verhandlungen begonnen worden, so versprechen sich die Russen davon eine derartige Stärkung der im ganzen deutschen Volke vorhandenen Hoffnung auf die Wiedervereinigung, daß eine Politik des Westens, die dieser Hoffnung nicht Rechnung trägt oder sie gar zum Scheitern bringt, in scharfen Gegensatz zu dem ausdrücklichen Willen der Bevölkerung auch in Westdeutschland gerät. Die Frage, wie weit die Konzessionen gehen, die die Sowjets evtl. an Westdeutschland zu machen bereit sind, ist nicht einfach zu beantworten. Informierte Leute in der Sowjetzone und in Berlin sind der Ansicht, daß nicht einmal Grotewohl selbst darüber unterrichtet ist, wie weit unter Umständen die Konsequenzen seines auf sowjetischen Wunsch gemachten Schrittes gehen. Eine gewisse Andeutung liegt bereits in dem von der Volkskammer gemachten Angebot freier Wahlen in ganz Deutschland. Ich neige nach meinen Untersuchungen in Berlin der Meinung zu, daß die Sowjets tatsächlich bereit sind, freie und geheime Wahlen auch in der Sowjetzone zuzulassen. Völlige Klarheit darüber wird man aber wahrscheinlich auf keinem anderen Wege bekommen können, als daß man die Volkskammer beim Worte nimmt und in Verhandlungen über ein Wahlgesetz feststellt, ob man drüben unsere Voraussetzungen für wirklich freie Wahlen zu akzeptieren gewillt ist. Auch in dieser Frage ist die sowjetische Taktik geschickt so angelegt , ein Eingehen auf gesamtdeutsche Gespräche zu erzwingen. Für den Fall, daß das von der Volkskammer gemachte Angebot in Bonn wieder ausgeschlagen wird, ist nach meinen Informationen ein dritter Schritt geplant. Nuschke äußerte, daß man dann in der Sowjetzone Landtagswahlen nach dem alten Wahlgesetz abhalten werde, d. h. den Verzicht auf die »Einheitsliste« und das getrennte Wiederauftreten der bürgerlichen Parteien. Es würde damit eine Kräfteverlagerung innerhalb der DDR von der dominierenden SED zum bürgerlichen Lager stattfinden. Die Einheitswahlen waren vom Standpunkt der Sowjetpolitik notwendig, um die möglichst breite Anerkennung der Oder-Neisse-Linie durch die Volkskammer unter Einschluß der bürgerlichen Parteien zu erreichen. Nachdem diese nun darauf festgelegt sind, kann ihnen wieder mehr

Spielraum gelassen werden. In der Oder-Neisse-Frage werden die Russen zum gegenwärtigen Zeitpunkt auf keinen Fall Konzessionen machen. Dagegen kann man wohl als ziemlich sicher betrachten, daß sie es in Kauf nehmen werden, wenn die Rolle der SED außerordentlich beschränkt wird.

Ernst Niekisch, der ein sehr enges Verhältnis zu Grotewohl hat, ging in einem Gespräch mit mir so weit, zu sagen, die Russen seien bereit, »die DDR zu liquidieren«. Er sagte dann noch zweimal während des weiteren Verlaufes der Unterhaltung, man werde »die SED opfern«. Mein Frage, welche Einstellung denn in der SED zu dieser Entwicklung bestehe, wollte er nicht beantworten, sagte aber, daß es für die SED unmöglich sei, sich gegen den Willen der Sowjets zu stellen. Tatsächlich herrscht in der SED eine sehr gedrückte Stimmung, und es ist bezeichnend, daß dort der Hitler-Stalin-Pakt von 1939 zur Zeit ein oft erörtertes Gesprächsthema bildet.

Objektiv betrachtet, halte ich es für zu weitgehend, von einer »Opferung der SED« durch die Russen zu sprechen. Von sowjetischer Seite aus ist lediglich an eine Verlagerung der Aufgaben gedacht, die man der SED zuweist. Von der Regierungspartei in der DDR soll sie zu einer starken Oppositionspartei in einem evtl. gesamtdeutschen Staat werden. In diesem Zusammenhang sind die Schätzungen der Stimmenzahl der SED bei möglichen freien Wahlen in der Sowjetzone interessant. Sie gehen von 5 – 50 %, wobei die letztere Zahl allerdings sehr hoch liegt, da die meisten sich zwischen 10 und 30 % bewegen. Es ist nicht ausgeschlossen, daß die Zahl der Nutznießer der in der Ostzone seit 1945 getroffenen sozialen Veränderungen, dazu die zum großen Teil überzeugte Jugend der SED auch bei freien Wahlen bis zu 20 % der Stimmen einbringen. Vom westdeutschen Gesichtspunkt aus ist zu bedenken, daß durch das Hineinwachsen der Jugend ins wahlfähige Alter die Zahl derer, die das Regime unterstützen, im Laufe der Zeit wächst und nicht abnimmt. In den Kreisen der SED-Propagandisten Eisler und Norden glaubt man übrigens, durch Berichte der westdeutschen KP beeinflußt, daß bei freier Propaganda zu gesamtdeutschen Wahlen Zuwachs auch der KP in Westdeutschland zu verzeichnen sein wird.

In: PA Abt. 2 202 – 04 E

Dokument Nr. 73

Erklärung des Deutschen Bundestages, 9. März 1951:

Das deutsche Volk bekennt sich zu den unveräußerlichen und unverzichtbaren Grundsätzen der Menschheit und der Menschlichkeit. Aus den bitteren Erfahrungen der Vergangenheit und angesichts der weiterbestehenden totalitären Bedrohungen in der Welt hat sich das deutsche Volk eindeutig für die freiheitliche Ordnung des Staates und gegen jeden totalitären Zwang entschieden.

Freiheitliche Ordnung kann nur im Frieden mit allen Völkern gedeihen. Wir wollen diesen Frieden. Wir lehnen den Krieg und jede Kriegsvorbereitung ab. Wir wollen aber keinen Scheinfrieden, mit dem der Kommunismus seine Angriffsabsichten und Unterdrückungen verschleiert und die Welt in dauernder Unrast und Spannung hält.

Ein dauerhafter Frieden kann nur geschaffen werden, wenn es gelingt, die Ursache der Spannungen, die die Welt belasten, zu beseitigen. Wir begrüßen daher die von den Westmächten erklärte Absicht, daß die Prüfung dieser Spannungen und der Möglichkeiten zur Herbeiführung wirklicher und dauernder Verbesserungen in den Beziehungen zwischen den Mächten zum ersten Gegenstand der geplanten Konferenz der Außenminister gemacht werden soll.

Eine wesentliche Ursache für die Störung der europäischen Ordnung und damit des Weltfriedens liegt in der Spaltung Deutschlands. Die Überwindung dieser Spaltung dient dem Frieden. In diesem Geiste bekundet der Deutsche Bundestag seinen Willen, die staatliche Einheit des deutschen Volkes als unverzichtbares nationales Recht zu verwirklichen.

Grundlage dieser Einheit ist der Aufbau des Rechtsstaates in freier Selbstbestimmung, der jedem Einwohner Deutschlands die volle persönliche staatsbürgerliche Freiheit und Gleichheit sichert. Wir wollen, daß ganz Deutschland ein Rechtsstaat ist, in dem freie Menschen ohne Furcht in Verantwortlichkeit füreinander leben, kein Zwangsstaat einer alleinherrschenden Partei mit ihrem politischen, wirtschaftlichen und geistigen Terror.

Der Deutsche Bundestag, als das frei gewählte Parlament der Bundesrepublik Deutschland, fordert die Bundesregierung auf,

den vier Besatzungsmächten zugleich im Namen derjenigen Deutschen, denen bis jetzt das Recht der freien Wahl versagt ist, als dringendes Anliegen des ganzen deutschen Volkes das Ersuchen zu unterbreiten:

1. Die Viermächtekonferenz möge die Voraussetzungen dafür schaffen, daß so bald wie möglich freie, allgemeine, gleiche, geheime und direkte Wahlen zu einem Parlament für ganz Deutschland durchgeführt werden können.

2. Die Durchführung dieser Wahlen unter gleichen Bedingungen in allen Zonen setzt voraus, daß durch internationale Sicherungsmaßnahmen vor, während und nach den Wahlen die volle persönliche und staatsbürgerliche Freiheit und Gleichheit für alle Personen und politischen Parteien rechtlich und tatsächlich gewährleistet wird.

3. Das aus solchen Wahlen hervorgegangene Parlament hat als echte Volksvertretung allein die Vollmachten einer verfassungs- und gesetzgebenden Versammlung. Es ist allein befugt, eine Regierung zu bilden und zu kontrollieren.
4. Die so gebildete Regierungsgewalt muß durch geeignete Vorkehrungen gegen unbefugte und rechtswidrige Eingriffe wirksam geschützt werden.

Der Bundestag fordert die Bundesregierung auf, die Regierungen der Besatzungsmächte zu ersuchen, die Bundesregierung über alle Deutschland berührenden Fragen, die sich im Zusammenhang mit der Viermächtekonferenz ergeben, vollständig zu informieren, zu konsultieren und keinen Deutschland berührenden Beschluß ohne Zustimmung des deutschen Volkes zu fassen.

Der Bundestag stimmt den Darlegungen der Regierungserklärung zu und ersucht die Regierung, die Verwirklichung der aufgestellten Forderungen nachdrücklich zu betreiben.

Der deutsche Bundestag will dem Ziel der Wiedervereinigung Deutschlands mit allen Kräften dienen. Mit diesem Gelöbnis grüßen wir alle Deutschen. Wir begrüßen besonders die Deutschen in den Ländern der sowjetischen Besatzungszone und in Berlin. Wir sind mit ihnen untrennbar verbunden und erstreben wie sie den gemeinsamen Staat, in dem wir in Freiheit und sozialer Gerechtigkeit zusammenleben. So werden wir als gleichberechtigtes Glied in einem freien und vereinten Europa dem Frieden der Welt dienen.

In: Sitzungsberichte des Deutschen Bundestages 9. März 1951

Dokument Nr. 74

Analyse eines V-Mannes betr. Ulbrichts tatsächliche politische Lageeinschätzung, Mitte März 1951:

Im Falle eines Ausgleichs zwischen Ost und West wird Rußland sich dem Wunsch der Westmächte nach freien und geheimen Wahlen nicht widersetzen und als Preis den Abzug aller Besatzungsstreitkräfte fordern. Die SED bezweifelt keinesfalls ihre totale Niederlage bei diesen geheimen Wahlen.

Ulbricht tritt dafür ein, daß vor Abhalten dieser Wahlen beide Regierungen (ostzonale und westdeutsche) zurücktreten. Diese Wahlen würden in der Ostzone zweifellos ein Erfolg der bürgerlichen Parteien sein, die Wähler in den Westzonen jedoch würden sich für die »nationalen« Parteien entscheiden, die ideenmäßig auf der Linie der SED lägen. Diesen Wahlerfolg errechne sich Ulbricht aus der Einstellung dieser Parteien den westlichen Besatzungsmächten gegenüber. Jedenfalls wäre damit die von der SED erstrebte Schwerpunktverlagerung in Richtung Westen beachtlich gefördert.

Ulbricht soll geäußert haben, daß eine der »vorsorglichsten Eigenschaften« der SED das »Wartenkönnen« sei.

Er soll festgestellt haben, daß die SED ihre Spitzenkandidaten für Regierungsämter nicht zur Verfügung stelle, sie hätten sich ausschließlich in der Parteiarbeit zu betätigen, d. h. in Opposition zu gehen. Die SED würde es begrüßen, wenn vorerst die bürgerlichen Parteien herausgestellt würden, über deren Uneinigkeit bei Zusammenlegung beider Zonen kein Zweifel herrsche. Die einstige Übernahme der Schlüsselpositionen in der Ostmark durch reichsdeutsche Nationalsozialisten mit den daraus seinerzeit sich ergebenden Folgen stütze diese Spekulation. Ulbricht hält diese Entwicklung für zwangsläufig, für ihn ist es bereits eine »Tatsache«.

Die SED werde auf der Viererkonferenz darauf bestehen, daß die neue deutsche Regierung sämtliche Beamten zu übernehmen hätte, soweit sie durch die DDR ernannt wurden, es sei denn, daß die SED diese Beamten von sich aus abberufe. Diese Forderung hinsichtlich der Beamten geschehe vor allem zwecks Erhaltung der Volkspolizei. Ulbricht soll erklärt haben, daß er in erster Linie auf die Offiziere und Mannschaftsdienstgrade rechne, d. h. auf die linientreuen, die im Westen brotlos waren und nach dem Osten abgewandert sind, wo sie ihren Fähigkeiten entsprechend Verwendung fanden. Diese der SED zu Dank verpflichteten Beamten würden den Grundstock äußerst zuverlässiger linientreuer Cadres bilden.

Ulbricht prophezeit für die Zeit nach der Zusammenlegung Verteuerung und wirtschaftliche Schwierigkeiten, die zu einer Radikalisierung der Massen führen würden. Durch geschickte Propaganda würde es dann die in Opposition befindliche SED verstehen, diese Situation auszunutzen, um dann im Rahmen der entstehenden Unruhen und gestützt auf ihre Cadres eine machtlose, dem Volk verhaßte bürgerliche Regierung zu beseitigen und die Macht zu ergreifen.

Mit einem Eingreifen des Westens sei nicht zu rechnen, da sich die UdSSR ebenso wie die Westmächte vor Zusammenschluß der Zonen verpflichten würden, den letzten Akt des Eingreifens in »innerdeutsche Angelegenheiten« lediglich in der Überwachung der freien geheimen Wahlen zu sehen. Um die Legalität der von der SED eingesetzten Regierung unter Beweis zu stellen, würde eine Volksbefragung durchgeführt werden, über deren Ausgang Ulbricht keine Zweifel hege.

Diese Regierung würde es dann auf sich nehmen, alle die Elemente zur Verantwortung zu ziehen, die sich als »Staatsfeinde« bisher dem Zugriff des Volkes, geschützt durch eine bürgerliche Regierung, entziehen konnten.

In: BA B 137/1056

Dokument Nr. 75

Privatschreiben aus Herford an Bundeskanzler Adenauer vom 23. März 1951:

Ich gestatte mir, Ihnen, Herr Bundeskanzler, einen kleinen Vorfall aus einer Schule in der Ostzone mitzuteilen. Meine Tochter war bis vorgestern Lehrerin in Apolda, Thüringen. In einer Gegenwartskundestunde sollte Ihre Anwort an Grotewohl behandelt werden. Dabei machte ein zwölfjähriger Junge den Vorschlag, darüber abzustimmen, wer von den Schülern für Dr. Adenauer und wer für Pieck wäre. Meine Tochter wollte sich keiner Gefahr aussetzen und versuchte diesen Einwurf zu übergehen. Aber die Jungen wählten selbst unter großem Tumult. Pieck bekam keine Stimme, nicht einmal die der wenigen jungen Pioniere aus der Klasse. Wenn es auch nur Kinder waren, die ihre Meinung frei zum Ausdruck brachten, kann man doch versichert sein, daß die gesamte Ostzonenbevölkerung das gleiche Wahlergebnis zustande bringen würde.

In: BA B 137/1054

Dokument Nr. 76

Pressestimme zum (3.) Evangelischen Kirchentag in Berlin, Beginn 11. Juli 1951:

Der Eiserne Vorhang öffnet sich für kurze Zeit. Das größte Treffen zwischen Ost und West – 300 000 auf dem Kirchentag in Berlin.

Berlin steht im Zeichen des Mitte der Woche beginnenden Dritten Deutschen Evangelischen Kirchentages. Die Viersektorenstadt ist zum Schauplatz der größten Begegnung zwischen Menschen aus Ost und West nach Kriegsende geworden. Mit Flugzeugen, Autobussen und 12 Sonderzügen kommen über 15 000 Teilnehmer aus dem westlichen Ausland und der Bundesrepublik nach Berlin. Ein noch viel größerer Strom an Menschen – bisher sind 80 000 gemeldet – wird sich aus allen Teilen der Ostzone nach Berlin ergießen. Der Eiserne Vorhang öffnet sich für kurze Zeit, um auch Delegationen aus dem Osten durchzulassen.

Als prominentesten Vertreter der Bundesrepublik erwartet man den ehemaligen Innenminister Dr. Heinemann. Mit den Berlinern, die sich an der viertägigen Veranstaltung beteiligen werden, wird dieser Kirchentag 300 000 bis 400 000 Gäste zählen und somit die Teilnehmerzahl des vergangenen Kirchentages in Essen weit übertreffen. Der Präsident des Kirchentages, v. Thadden-Trieglaff, hatte West- und Ostberlin zum Tagungsort gewählt, um unter dem Motto »Wir sind doch alle Brüder« die Christen aus dem geteilten Deutschland zusammenführen zu können. Die Feierlichkeiten, Diskussionen und Ausstellungen sind auf beide Stadthälften verteilt. Ein 12 Meter hoher Glockenstuhl mit fünf Glocken wurde vor den Ausstellungshallen am Funkturm aufgestellt. Ein zweiter Glockenstuhl für die an den Veranstaltungen im Ostsektor teilnehmenden Gäste steht vor der Werner-Seelenbinder-Halle, sonst ein Forum für kommunistische Massenveranstaltungen.

Der Kirchentag, in normalen Zeiten ausschließlich ein Bekenntnistag des Glaubens, stellt heute unter dem Aspekt der Ost-West-Spaltung Deutschlands ein außerordentliches Politikum dar. Nicht nur, daß er auf dem heißen Boden Berlins stattfindet! Zugleich stellt er eine echte gesamtdeutsche Aktion dar – keine der bisher gewohnten verlogenen kommunistischen. Das Präsidium ist bereits stark engagiert, um sich vor politischen Unterstellungen des Ostens und Westens zu schützen. Die sowjetisch lizensierte Presse des Ostens versucht, dem Kirchentag ein gesamtdeutsches kommunistisches Friedensbekenntnis zu entlocken. Die Ostseite hat deshalb auch keine Mühe gescheut, den Kirchentag zu unterstützen. In einem Ostberliner Hotel sind jetzt schon 25 kommunistische Pfarrer der Ostzone zusammengezogen worden. Sie stellen die Spitze der ungefähr 200 sowjethörigen Geistlichen dar und haben den Auftrag, mit kommunistischen Friedensargumenten in die Diskussion des Kirchentages einzugreifen. Ihre Aussichten auf Erfolg sind gering, weil die Zuhörerschaft diesmal nicht schutzlos, wie es in der Ostzone der Fall ist, den kommunistischen Kanzelpredigern ausgesetzt ist.

Es scheint unmöglich, eine Prognose für den Ausgang des »an Leichtfertigkeit grenzenden Unternehmens« – wie die Kritiker des Kirchentages erklärten – zu stellen. Ausschlaggebend werden die Menschen sein, die zu Zehntausenden aus der Ostzone kommen, um gemeinsam mit ihren westdeutschen Glaubensbrüdern frei von Furcht ihr Bekenntnis ablegen zu können. Die freudige Erwartung der Menschen aus dem Osten wird der Spannung der westdeutschen Gäste gleichkommen: Beginnt hinter der Zonengrenze schon Rußland? Ist Berlin schon eine Kolchose? Sind sich die Menschen aus Ost und West schon fremd geworden? »Die Bundesregierung ist auf den Ausgang des Kirchentages gespannt, die Ostzonenregierung ist gespannt, wir sind gespannt und der liebe Gott auch«, erklärte ein Mitglied des Präsidiums des Kirchentages.

In: Der Mittag, Düsseldorf, 10. Juli 1951

Dokument Nr. 77

Der Präsident der Volkskammer der Deutschen Demokratischen Republik, Dieckmann, übermittelt am 15. September 1951 dem Präsidenten des Deutschen Bundestages, Ehlers, das Angebot freier gesamtdeutscher Wahlen (Auszug):

Über unsere Heimat ist eine drohende Gefahr heraufgezogen. Die Ereignisse der letzten Zeit beweisen, daß die Verweigerung eines Friedensvertrages für Deutschland, die weitere Fortsetzung der Remilitarisierung und die Aufrechterhaltung der Spaltung unseres Vaterlandes zum Kriege führen.

Wird aber Deutschland in einen neuen Krieg hineingezogen, dann wird unsere Heimat zum Schlachtfeld, zu einer grauen Zone der Vernichtung, und Millionen deutscher Menschen, besonders der deutschen Jugend, werden zugrundegehen. Das würde ein brudermörderischer Krieg Deutscher gegen Deutsche sein.

Aber das ganze deutsche Volk, alle deutschen Menschen guten Willens wollen den Frieden und eine friedliche Lösung der Lebensfragen unserer Nation.

Es ist das Recht und der Wille des Volkes, die Einheit Deutschlands wieder herzustellen, den Frieden zu erhalten und den wirtschaftlichen Aufbau zum Wohlergehen des Volkes zu sichern. Die Voraussetzung dazu ist, daß sich die Deutschen an einen Tisch setzen und eine Verständigung zwischen Ost- und Westdeutschland herbeigeführt wird.

Dieser Wille des Volkes muß verwirklicht werden, ehe es zu spät ist, ehe aggressive imperialistische Kräfte unser Vaterland in die schlimmste Katastrophe stürzen. Die Schaffung eines einheitlichen, demokratischen und friedliebenden Deutschland kann durch freie demokratische Wahlen zu einer

D e u t s c h e n N a t i o n a l v e r s a m m l u n g

gefördert werden.

Die Volkskammer der Deutschen Demokratischen Republik ist der Auffassung, daß Wahlen zu einer deutschen Nationalversammlung dringend notwendig und möglich sind, daß solche Wahlen unter gleichen Bedingungen für ganz Deutschland durchgeführt werden müssen, wobei für alle Staatsbürger die Freiheit und Gleichheit der Person, für alle demokratischen Parteien und Organisationen die gleiche Betätigungsfreiheit gewährt und gesichert werden müssen. Die demokratischen Parteien und Organisationen müssen das Recht haben, eigene Kandidatenlisten aufzustellen und nach eigenem Ermessen Listenverbindungen einzugehen und Wahlblocks zu bilden.

Ebenso ist es das Recht und der Wille des Volkes, daß baldmöglichst ein Friedensvertrag mit Deutschland abgeschlossen wird, der ihm wirkliche Souveränität und nationale Unabhängigkeit sichert und zum Abzug aller Besatzungstruppen führt.

Gemeinsam mit allen deutschen Patrioten sind wir der festen Überzeugung, daß die Verhinderung der Remilitarisierung und eine friedliche und demokratische Entwicklung den Interessen unseres eigenen Volkes wie den Interessen aller friedliebenden Völker Europas entspricht.

Im Interesse des Lebens und der Zukunft der Nation wendet sich daher die Volkskammer der Deutschen Demokratischen Republik mit dem Vorschlag an den Bundestag der Bundesrepublik Deutschland, eine gemeinsame gesamtdeutsche Beratung der Vertreter Ost- und Westdeutschlands durchzuführen, die über zwei Aufgaben zu entscheiden hat:

erstens über die Abhaltung freier gesamtdeutscher Wahlen mit dem Ziel der Bildung eines einheitlichen demokratischen und friedliebenden Deutschland,

und zweitens über die Beschleunigung des Abschlusses eines Friedensvertrages mit Deutschland.

Wir unsererseits sind entschlossen, die Verhandlungen mit Vertretern Westdeutschlands im Geiste ehrlicher Verständigungsbereitschaft zu führen und halten es für notwendig, die gesamtdeutsche Beratung baldmöglichst in Berlin, der Hauptstadt Deutschlands, durchzuführen.

In: BA B 136/2120

Dokument Nr. 78

An alle deutschen Künstler und Schriftsteller schreibt Bertolt Brecht am 26. September 1951:

Mit Entsetzen habe ich, wie viele andere, der Rede Otto Grotewohls, in der er eine gesamtdeutsche Beratung zur Vorbereitung allgemeiner freier Wahlen fordert, entnommen, wie ernst die Regierung der Deutschen Demokratischen Republik die Lage in Deutschland beurteilt.

Werden wir Krieg haben? Die Antwort: Wenn wir zum Krieg rüsten, werden wir Krieg haben. Werden Deutsche auf Deutsche schießen? Antwort: Wenn sie nicht miteinander sprechen, werden sie aufeinander schießen.

In einem Land, das lange Zeit seine Geschäfte einheitlich geführt hat und das plötzlich gewaltsam zerrissen wird, gibt es aller Orten und alle Zeit viele Konflikte, die geschlichtet werden müssen. Dies kann auf viele Weise geschehen. Wenn es Heere gibt, wird es auf kriegerische Weise geschehen.

Spätestens wenn die Gefahr auftaucht, daß solche Heere entstehen, muß unter allen Umständen eine neue Anstrengung gemacht werden, die Wiedervereinigung auf friedlichem Wege herbeizuführen, welche, abgesehen von den ungeheuren Vorteilen solcher Einheit, die Konflikte beseitigt. Die Menschen aller Berufe, alle gleich bedroht, müssen dazu beitragen, die Spannungen zu beseitigen, die entstanden sind. Als Schriftsteller wende ich mich an die deutschen Schriftsteller und Künstler, ihre Volksvertretungen zu ersuchen, in einem frühen Stadium der erhofften Verhandlungen folgende Vorschläge zu besprechen:

1. Völlige Freiheit des Buches, mit einer Einschränkung.
2. Völlige Freiheit des Theaters, mit einer Einschränkung.
3. Völlige Freiheit der bildenden Kunst, mit einer Einschränkung.
4. Völlige Freiheit der Musik, mit einer Einschränkung.
5. Völlige Freiheit des Films, mit einer Einschränkung.

Die Einschränkung: Keine Freiheit für Schriften und Kunstwerke, welche den Krieg verherrlichen oder als unvermeidbar hinstellen, und für solche, welche den Völkerhaß fördern.

Das große Karthago führte drei Kriege. Es war noch mächtig nach dem ersten, noch bewohnbar nach dem zweiten. Es war nicht mehr auffindbar nach dem dritten.

In: Institut für Weltwirtschaft Kiel

Dokument Nr. 79

Der Präsident der DDR, Pieck, schreibt dem Bundespräsidenten Heuss am 2. November 1951:

In einer für unser Vork überaus entscheidungsschweren Zeit wende ich mich an Sie. Die Entscheidungen der Regierung Adenauer in diesen Tagen und Wochen beeinflussen das Schicksal der deutschen Nation in der verhängnisvollsten Weise. Sie führen dazu, die Spaltung Deutschlands noch weiter zu vertiefen. Mit der durch die Washingtoner Beschlüsse beabsichtigten Eingliederung der Bundesrepublik in den aggressiven Atlantikpakt und der Remilitarisierung wächst die Gefahr, daß Deutschland zum Schauplatz eines unvorstellbar verheerenden Krieges gemacht und das ganze deutsche Volk sein Opfer wird.

Aus diesen Erwägungen heraus hat die Volkskammer der Deutschen Demokratischen Republik dem Bundestag vorgeschlagen, eine gesamtdeutsche Beratung abzuhalten, um die Durchführung freier, gesamtdeutscher Wahlen mit dem Ziel der Bildung eines einheitlichen, demokratischen und friedliebenden Deutschland und die dringend notwendige Beschleunigung des Abschlusses eines Friedensvertrages mit Deutschland zu erörtern.

Die Ablehnung aller Vorschläge der Regierung und der Volkskammer der Deutschen Demokratischen Republik durch die Regierung Adenauer und die Mehrheit des Bundestages läßt die Absicht erkennen, jede Verständigung zwischen Ost- und Westdeutschland zu verhindern.

Daraus erwächst den Präsidenten beider Teile Deutschlands entsprechend ihrer hohen Verantwortung gegenüber dem Volke die Pflicht, dafür zu sorgen, daß nicht fremde Entscheidungen über die Schicksalsfragen Deutschlands angerufen werden, sondern in erster Linie eine Verständigung der Deutschen untereinander erfolgt.

Ich mache Ihnen daher den Vorschlag zu einer Zusammenkunft, in der wir erörtern, wie der Weg gebahnt werden kann zur Einberufung einer gesamtdeutschen Beratung, um eine friedliche Einigung Deutschlands herbeizuführen und den zwingend notwendigen Abschluß eines Friedensvertrages mit Deutschland zu beschleunigen.

Was die Überprüfung der Voraussetzungen für die Durchführung freier Wahlen betrifft, so teile ich Ihnen mit, daß die Regierung der Deutschen Demokratischen Republik mit der Überprüfung in allen Teilen Deutschlands einverstanden ist. Sie ist aber der Meinung, daß eine solche Überprüfung am besten von den Deutschen selbst durchgeführt werden könnte durch eine aus Vertretern Ost- und Westdeutschlands zusammengesetzte Kommission unter der Viermächtekontrolle von Vertretern der UdSSR, der USA, Englands und Frankreichs.

Ich habe die Hoffnung, daß meine Beweggründe auch für Sie, Herr Präsident, maßgebend sein werden. Als Ort für eine Zusammenkunft schlage ich Ihnen Berlin, die Hauptstadt Deutschlands, vor. Ich wäre Ihnen dankbar, wenn Sie mir einen möglichst kurzfristigen Termin für die Zusammenkunft mitteilen würden.

In: BA B 136/2127

Dokument Nr. 80

In seinem Entwurf einer Antwort an Pieck schreibt Heuss:

Die Sorge, die Sie zu Ihrem Schreiben vom 2. November 1951 an mich veranlaßt hat, weiß ich wohl zu würdigen. Es wird keinen verständigen Menschen geben – das Maß seiner öffentlichen Verantwortung mag gering oder groß sein –, den der staatliche Zustand Deutschlands inmitten der weltpolitischen

Spannungen nicht bedrücken müßte. Aber es ist meine feste Zuversicht, daß es einen Krieg, der in Ihrem Schreiben als Gefahr beschworen ist und der auch von mir als grenzenloses Unheil verabscheut wird, nicht geben kann, wenn die Einsicht der Staatsmänner und der Völker den Weg zur Anerkennung des freien und sich selbst bestimmenden Lebensrechtes auch der Deutschen zurückgefunden haben wird.

Das aufmerksame Lesen Ihres Briefes mußte mir nun freilich auch deutlich machen, daß das von Ihnen angeregte Gespräch zwischen uns beiden im Elementaren nutzlos sein müßte und dann zur Quelle neuer Enttäuschungen würde. Sie setzen etwa als gegeben den »aggressiven« Charakter des Atlantikpaktes; die Formel ist uns aus der dortigen Presse vertraut genug. Ich müßte den vermutlich aussichtslosen Versuch machen, Ihnen darzutun, daß einer Konstruktion wie dieser der defensive Sinn ins Gesicht geschrieben ist. Ich fürchte auch, daß die Bemühung scheitern müßte, für das von Ihnen gebrauchte Tagesschlagwort »Remilitarisierung« oder für den Begriff des »Demokratischen« die gemeinsame Basis der Umgrenzung zu finden.

Es ist unrichtig, daß die Regierung und Bundestag in Bonn durch ihre Stellungnahme »jede Verständigung zwischen Ost- und Westdeutschland zu verhindern« beabsichtigen. Regierung und Bundestag haben das Gegenteil durch ihre positiven Vorschläge klar bewiesen. Beide erkennen in der Einheit das zentrale Problem des Volksschicksals, und wollte dies je einer vergessen, so würde die Anwesenheit der Millionen von Vertriebenen und Flüchtlingen aus den deutschen Ostgebieten eine bedrängende Mahnung bleiben.

Die »friedliche Einigung Deutschlands« wird sich aber nicht durch ein Gespräch mit ungewissen Voraussetzungen anbahnen, sondern wird sich als ein Akt der nationalen Selbst- und Neugestaltung vollziehen, wenn frei gewählte Vertreter des gesamten Volkes in freier Selbstverantwortung zu Rat und Beschluß zusammentreten.

Sie verwerfen, was die Voraussetzungen zur Durchführung solcher freien Wahlen betrifft, den Vorschlag von Bundesregierung und Bundestag, mit der Überprüfung eine neutrale Kommission der »Vereinten Nationen« zu beauftragen. Sie regen im Einverständnis mit Ihrer Regierung an, daß zu solchem Verfahren »eine aus Ost- und Westdeutschland zusammengesetzte Kommission unter Viermächtekontrolle der UdSSR, der USA, Englands und Frankreichs« bestellt werde. Ich halte diesen Vorschlag, der im Grunde eine Neubelebung des »Kontrollrats« bedeutet, in Übereinstimmung mit der Bundesregierung unter dem gesamtdeutschen Aspekt des Weges zur staatlichen Unabhängigkeit für einen Rückschritt. Es ist klar, daß, wer auch diese Überprüfung besorgt, der Mitwirkung deutscher Kräfte aus sachlichen und sprachlichen Gründen bedarf. Es ist ebenso klar, daß die Haltung der vier Besatzungsmächte für den Prozeß einer staatlichen Neugestaltung Gesamtdeutschlands von großem Gewicht bleibt. Aber der innere Sinn der Bonner Vorschläge, die ich nach den allgemeinen Erfahrungen der vergangenen Jahre – ich denke an die Vorgänge in Berlin und in Österreich – persönlich durchaus bejahe, ist doch der: für die politische Selbstbestimmung der Deutschen muß eine Formgebung gefunden werden, die aus den machtpolitischen Verkrampfungen und der gespenstisch gewordenen Abreden der Wochen nach dem Kriegsende gelöst ist und einen geschichtlich ganz neuen Start gewährleistet.

Die tatsächliche Antwort vom 7. November 1951 ist in der Sache gleich, aber im Ton härter.
In: PA Abt. 2 202–04 II (Entwurf) und BA B 136/2127 (Brief)

Dokument Nr. 81

Anonymer Brief aus der DDR, Ende 1951:

Liebe Schwestern und Brüder!

Die Regierung der DDR hat zu einem Volksentscheid die Bevölkerung aufgerufen gegen die Remilitarisierung und für den Abschluß eines Friedensvertrages im Jahre 1951.

Niemand hat mehr Sehnsucht nach Frieden als wir, Eure Brüder und Schwestern in der sowjetischen Besatzungszone.

Die Bevölkerung wird aufgefordert, Briefe nach drüben, an Euch zu schreiben, um unsere Sehnsucht nach Frieden hinauszuschreien. Wir tun es gern, wollen Euch schreiben, aufklären in Wahrheit, frei ohne Erfindung, so, wie wir es als Christen vor höchster Stelle verantworten können. Denn es gehen viele Briefe nach drüben. Diktiert von höherer Stelle, geschrieben unter Zwang, mit hochtragenden Namensunterschriften versehen, vermitteln sie Euch ein verzerrtes Bild; unklar stellt es dar eine Verfälschung der tatsächlichen Gefühle der Menschen in der Zone.

Wenn Ihr diese Zeilen empfangt, werdet Ihr prüfen: Wo kommen sie her, wer hat diesen Brief geschrieben? Ich bin einer, den Du kennst, Dein Bruder, Verwandter, Bekannter, Kamerad des Krieges oder Geschäftsfreund von früher, und ich verspreche Dir, Du wirst einst hören, wer an Dich geschrieben hatte. Heute zwingt die Gefahr um mich, einen anderen Namen zu wählen und ich bitte auch Dich, zu schweigen, wenn Du erahnen solltest, wer diesen Brief vermittelte.

Mit wenigen Worten übermittle ich Euch die Gefühle, die uns bewegen, die ein übervolles, leidgeprüftes Herz in sich birgt, Empfindungen, die Millionen

Menschen der Zone beseelen. Und mit diesen Zeilen geht hinaus der Wunsch und die Bitte, daß sie verstanden und empfunden werden, die Herzen unserer Schwestern und Brüder öffnet und aufreißt das Gewissen, welches zur Pflichterfüllung mahnt.

Die Zeit ist zu ernst, um sich mit Vorwürfen zu entzweien. Um so mehr zwingt sie zur Klärung und Aussprache. Immer und immer wieder stellen wir fest, wie die Dauer der Jahre zwischen Ost und West Grenzen zog, nicht von Zonengrenzen sei hier gesprochen, sondern von den Grenzen des Herzens und des Gemütes. Wir sind alle andere Menschen geworden.

Und während hier im Osten ein Volk in Armut, im Tempo der Arbeit unter Druck, ohne Freiheit heranwächst, ein Volk, das keine Ruhe mehr kennt, ist im Westen eine andere Welt entstanden. Wir stehen noch mitten in den Wirren der Zeit, während man sich jenseits der Grenzen in Frieden wähnt, welcher gar nicht existiert!

Wir verstehen besser als Ihr denkt Euer Aufhorchen, Eure Einwände, wenn Ihr diese Worte aus unserem Munde hört, die keine Anklage sein sollen und können, denn wir hören und kennen von Euren Sorgen mehr als vielleicht mancher bei Euch selbst verspürt. Wir verfolgen aber alles mit anderen Augen, lesen vieles aus den Zeitungen und hören den Funk.

Die Propagandamaschine der DDR,sie versteht Euch besser, Euer Barmen zu würdigen und nutzt es zur Hetze gegen die Organe, die der Halt Eures Staatswesens sind, worum wir Euch aber gerade beneiden! Hört Ihr die Sprache, welche von hier nach dort hinüberklingt, glaubt Ihr an das Mitleid, welches nur Heuchelei, welche Euch eine Besserung des Lebensstandards verspricht! Und hier mahnen wir Millionen und rufen Euch zu: »Westen erwache!«

Lüge ist das Mittel, um Menschen zu betören. Damit wurde die Ostzone bezwungen, das Volk überrumpelt, Charaktere vernichtet! Und wie der Ostzone, so erging es all den Ländern der Volksdemokratien, welche die Gefahren, welche der Kommunismus in sich birgt, verkannten. Und diese Lüge, sie versucht man nach dem Westen zu tragen wie eine Fackel, die Eure Herzen entzünden, aber nur vernichten kann. Tausende sind bereits kommunistischer Irrlehre verfallen, mancher Arbeiter, Bauer, Kaufmann, Fabrikant, Geistliche und träumten vom Paradies, das wir verdammen. Wir, die wir es kennen, sehnen uns nach Befreiung davon. Wie viele sehen im Kommunismus das kleinere Übel, und wir, die wir »Ost-Erfahrung« hinter uns haben, wir sind opferbereit, zu allem fähig, geben Haus und Hof, Hab und Gut, für unsere Freiheit! Opfer über Opfer bringen wir seit Jahren. Vergeßt es nicht: Für Euch! Aber wir warten, warten seit Jahr und Tag – umsonst – und wie lange noch – auf Eure Taten.

6 Jahre sind seit Beendigung des Krieges vergangen. Was hätte getan werden können und welche Leistungen des Friedens hätten das Vergangene verges-

sen lassen! Stattdessen beginnt sich eine Welt zu rüsten zur Verteidigung des Friedens.

Der Kommunismus, er steht vor der Pforte des Abendlandes! Ihm gilt es zu begegnen! Nur Stärke allein bietet dem Kommunismus Halt, verhindert neues Morden, ebnet den Weg zum Frieden. Dazu sind nötig Opfer über Opfer! Notwendig ist aber Würde im Ertragen von Opfern, welche Euch groß, uns aber klein erscheinen.

Bolschewismus, er machte Kaiser und Könige zu Bettlern, das Zepter zum Bettelstab! Glaube nicht, er verschont Dich, Du kannst durch Rückversicherung Deinem Schicksal entgehen! Wenn der Kommunismus Euch erreicht, Euch zerstampft, ist Euer Handeln zu spät! Zu spät ist jedes Opfer, zu welchem Ihr heute noch nicht fähig scheint. Waffen, die Ihr heute verneint, nach Ihnen werdet Ihr schreien! Mit der Besinnung kehrt bei Euch ein die Erkenntnis der Sünde, begangen an uns.

Liebe Schwestern und Brüder! Warum ich dies alles schreibe? Unsere Hochschule wurde zur Hochschule des Kommunismus. Auch ich kehrte einst heim, hörte nicht auf ehrliche Worte, welche mir beim Betreten der Zone zugerufen wurden, und ich kannte nur ein Bedauern darüber, warum ich die Heimat so lange gemieden hatte und Vorwürfe gegen meine Lieben wurden laut.

Jahre sind seitdem vergangen. Sie ließen mich erkennen: Kommunismus ist keine Ware, die man über den Ladentisch handelt. D. h. mit wenigen Worten setzt man sich über den Kommunismus nicht auseinander. Kommunismus muß man erleben, studieren! Dazu braucht man Zeit, Monate, Jahre! Kommt Ihr einmal zu uns, so ist es ein kurzer Besuch. Erinnerungen werden ausgetauscht, das Bestmögliche wird geboten an Gastfreundschaft, aber vergessen wird, politische Gespräche zu führen. Und das ist das Verhängnis. Sind wir bei Euch zu Gast, gibt es ebenfalls ein Ausschweigen über die Fragen der Zeit, nur, um solche kurze Zeit der Besinnung nicht durch Mißverständnisse zu stören.

Heute begreife ich darum, warum ich in die Zone rückkehren mußte, das »Warum« des Unsnichtverstehens unserer Lieben dort drüben! Es ist kein Nichtverstehenwollen, nein, Ihr könnt es einfach nicht, weil diese »Osterfahrung« fehlt!

Darum soll dieser Aufschrei überall vernommen werden, und immer und immer wieder warnen.

Bei den Wahlen im Westen stellten wir fest: Es sind nur wenige Kommunisten, welche drüben zu finden sind, nur 2 – 3 %. Genügen aber nicht diese Wenigen, Millionen zu terrorisieren? Denkt Ihr, hier gibt es mehr Kommunisten als bei Euch? Niemand will sie, niemand wählt sie, aber jeder haßt sie.

Aber nur freie Wahlen können den Terror unterdrücken, uns aber schenken sie Freiheit. Und diese müßt Ihr erzwingen!

Dieser Brief vermittelt Euch etwas von dem Feuer, der Begeisterung, die in uns steckt. Er ist nicht dazu geschrieben, dem Empfänger zu dienen, sondern er hat eine Mission zu erfüllen. Er fordert von Euch ein Opfer, und diese Mission ist, dafür Sorge zu tragen, daß er unser Erleben Euren Herzen nahebringt. Verbreitet den Brief überall durch Aushang an Fenstern und in Betrieben, in Presse, Funk, damit unser Hilferuf, unser Aufbäumen erhört und gespürt wird bis in die obersten Regierungsstellen, schreibt ihn selbst ab, 3 – 5 mal. Schickt ihn weiter an Freunde, Verwandte, Geschäftsfreunde, die ihn ebenso weiterreichen und verbreiten mögen!

Möge so eine Kette entstehen, die unsere Ketten der Knechtschaft sprengt, eine Kette, die unzerreißbar fest zusammenschließt, ein geeintes

Deutschland in Freiheit!

In: BA B 137/1043

Dokument Nr. 82

Interview Ernst Friedländers mit Bundeskanzler Adenauer im NWDR am 24. April 1952:

Friedländer:

Herr Bundeskanzler, ich möchte mit einer Frage beginnen, die jetzt viele Menschen in Deutschland beschäftigt: Werden Sie alles im Bereiche des Möglichen tun, damit Viermächte-Besprechungen über eine Wiederherstellung der deutschen Einheit zustandekommen?

Bundeskanzler:

Das ist eine merkwürdige Frage, Herr Friedländer. Sie klingt so, als ob diese Viermächte-Besprechungen mir unerwünscht sein könnten.

Friedländer:

Genau das wird von nicht wenigen Menschen befürchtet.

Bundeskanzler:

Dann ist es mir besonders lieb, daß ich diese Befürchtungen zerstreuen kann. Die Wiederherstellung der deutschen Einheit in Freiheit ist nicht allein nach dem Willen des Bundestages, sondern auch nach meiner eigenen Überzeugung das vornehmste politische Ziel der Bundesrepublik. Da dieses Ziel nur auf dem Wege über Viermächte-Besprechungen erreicht werden kann, ist es selbstverständlich meine Aufgabe und mein Wille, solche Besprechungen zustandezubringen.

Friedländer:

Herr Bundeskanzler, es sagt Ihnen das vielleicht niemand ins Gesicht, aber hinten herum hört man immer wieder, Sie könnten vielleicht aus parteipolitischen oder womöglich aus konfessionellen Gründen die achtzehn Millionen Deutschen aus der Sowjetzone als einen nicht unbedingt willkommenen Zuwachs zur Bundesrepublik ansehen.

Bundeskanzler:

Das ist eine sehr häßliche Verdächtigung. Parteipolitik und Konfession spielen hier überhaupt keine Rolle. Ich will mich gar nicht zu der Frage äußern, ob bei gesamtdeutschen freien Wahlen die SPD die stärkste Partei werden wird. Aber so viel kann ich mit aller Bestimmtheit sagen: Ein freies Gesamtdeutschland mit der SPD wäre mir jederzeit weit lieber als eine von der Sowjetzone getrennte Bundesrepublik mit der CDU als stärkste Partei. Hier steht wirklich das Vaterland über der Partei, und hier beginnt der Staatsmann jenseits der Partei. Er beginnt erst recht jenseits der Konfession. Ich wäre außerdem ein schlechter Christ, wenn ich es vorzöge, die Deutschen in der Sowjetzone wegen ihres mehrheitlich evangelischen Glaubens der Sklaverei zu überlassen. In der gesamtdeutschen Frage gibt es keine CDU-Politik und keine katholische Politik. Es gibt sie ebensowenig, wie es hier eine SPD-Politik oder eine protestantische Politik geben könnte.

Friedländer:

Aber es gibt vielleicht eine europäische Politik, die in Konflikt mit der gesamtdeutschen Politik geraten könnte? Ist insbesondere Ihre europäische Politik, Herr Bundeskanzler, in vollem Einklang mit dem gesamtdeutschen Anliegen? Es besteht vielleicht der Eindruck, als solle jetzt mit europäisch vollendeten Tatsachen die gesamtdeutsche Tür zugeschlagen werden.

Bundeskanzler:

Das Argument mit der zugeschlagenen Tür hört man nun schon seit der Währungsreform. In Wahrheit hat die europäische Politik der Bundesregierung die Sowjets überhaupt erst dazu gebracht, in der gesamtdeutschen Frage eine Initiative zu ergreifen. ...

Friedländer:

Es will vielen Deutschen nicht einleuchten, daß die UN-Kommission ein unerläßlicher Bestandteil des Zustandebringens der Einheit in Freiheit ist. Die Viermächtebesprechungen dürfen doch nicht daran scheitern, daß man sich vorher nicht darüber einigen kann, wer die internationale Kontrolle der freien Wahlen ausüben soll.

Bundeskanzler:

Davon ist bisher nicht die Rede. Aber es kann von den Westmächten nicht erwartet werden, daß sie ohne weiteres auf die UN-Kommission verzichten. Schließlich ist die bewiesene Anteilnahme der Vereinten Nationen an der gesamtdeutschen Frage für den Westen und besonders für Deutschland von hohem Wert. Ich glaube aber nicht, daß, wenn die anderen westlichen Fragen durch den Notenwechsel geklärt werden können, ein Zustandekommen von Viermächtebesprechungen an dieser Frage scheitern würde. Es wäre durchaus möglich, sie erst innerhalb der Konferenz endgültig zu klären.

Friedländer:

Die Sorge in Deutschland gilt ganz allgemein der Gefahr, daß eine wenn auch noch so geringe Chance zur Wiederherstellung der deutschen Einheit verpaßt werden könnte. Die Frage der UN-Kommission ist hier nur ein Beispiel.

Bundeskanzler:

Die Sorge ist unbegründet. Ich jedenfalls werde alles tun, was in meinen Kräften steht, um jede irgendwie vorhandene gesamtdeutsche Chance auszunutzen. Aber niemand kann von mir erwarten, daß die Bundesrepublik heute auf ihre Europapolitik verzichtet oder daß sie sich damit einverstanden erklärt, eine gesamtdeutsche Regierung vor ihrem Bestehen auf einen solchen Verzicht festzulegen.

Friedländer:

Heißt das aber nicht umgekehrt, daß Sie, Herr Bundeskanzler, die gesamtdeutsche Regierung noch vor ihrem Bestehen auf diese Europapolitik festlegen wollen, wenn nicht mit der Unterschrift, so doch mit der Ratifizierung der Verträge? Die Westmächte haben bestätigt, daß sie die gesamtdeutsche Regierung in den Viermächtebesprechungen nicht auf das westliche Verteidigungssystem verpflichten wollen. Aber erfolgt diese Verpflichtung nicht auf anderem Wege, nämlich durch die Ratifizierung der Verträge?

Bundeskanzler:

Nein, denn der Generalvertrag sieht für den Fall der Wiedervereinigung Deutschlands die Überprüfung aller Verträge vor. Von hier aus gesehen wäre sogar die Ratifizierung der Verträge durch den Bundestag und Bundesrat keine endgültig vollendete Tatsache für einen gesamtdeutschen Staat.

Friedländer:

Das ist eine außerordentlich wichtige Feststellung. Wenn die Westmächte dieser Auffassung ausdrücklich zustimmten, so hieße das, daß die Freiheit der Entscheidung Gesamtdeutschlands unter allen Umständen gewahrt bliebe, auch wenn es erst sehr viel später zu einer Wiedervereinigung käme.

Es würde vor aller Welt klarstellen, daß die Westmächte Gesamtdeutschland überhaupt nicht, die Sowjets dagegen in ihrem Sinne binden wollen. Die sowjetische Forderung einer Neutralisierung Deutschlands wäre dann erst recht ein völlig einseitiges Verlangen. Im übrigen glaube ich,daß die Westmächte sich ruhig auf das Risiko einlassen könnten, ob ein gesamtdeutsches Parlament von sich aus für die Sowjets oder für die Neutralität optieren würde. Die Sowjetzone gehört ihrer Gesinnung nach nicht weniger zum Westen als die Bundesrepublik. Die deutsche Einheit in Freiheit ist gleichbedeutend mit einer deutschen Entscheidung für den Westen.

Bundeskanzler:

Die Neutralisierung dagegen wäre der Verzicht auf diese Freiheit. In der Ablehnung einer deutschen Neutralisierung ist der Bundestag fest. Sie würde Deutschland nicht nur unfrei, sondern auch hilflos machen. Die von den Sowjets jetzt angebotene deutsche Nationalarmee würde hieran nichts ändern. Man weiß, welche nationalen Streitkräfte die Sowjets den Japanern zugedacht hatten. Sie hätten niemals im entfernten ausgereicht, eine japanische Neutralität zu verteidigen. Das wäre bei uns nicht anders. Eine deutsche Neutralität wäre nur dann sinnvoll, wenn sie von allen Großmächten ehrlich gewollt, garantiert und von uns selbst mit ausreichender Kraft verteidigt wäre. Keine dieser Voraussetzungen trifft zu. Es ist überhaupt keine deutsche Nationalarmee denkbar, die bei der gegebenen geographischen Lage mitten im politischen Spannungsfeld Europas aus eigener Kraft Deutschland schützen könnte.

Friedländer:

Das hieße letzten Endes, daß wir gar nicht in der Lage wären, den Sowjets für die deutsche Einheit in Freiheit einen wirklichen Preis zu zahlen.

Bundeskanzler:

Jedenfalls nicht, wenn der Preis für die Einheit in Freiheit in der Freiheit selbst besteht. Das nämlich wäre ein Widerspruch in sich. Man soll doch nicht glauben, wir könnten uns das große Ziel dadurch erkaufen, daß wir die Unterzeichnung der Verträge um ein paar Wochen oder Monate verzögerten. Wir würden uns damit nur zwischen zwei Stühle setzen. So einfach liegen die Dinge nicht. Es kommt nicht auf die Zeit an, sondern ganz grundsätzlich auf den guten Willen der Sowjets. Solange sie auf deutscher Neutralität und auf der Oder-Neiße-Linie beharren, ist dieser gute Wille nicht ersichtlich.

In: PA Abt. 2 202 – 06 II

Dokument Nr. 83

Fritz Erler, Zur Frage der Ratifizierung des Deutschland-Vertrages:

Jede Politik ist ein Wagnis. Geht aber wirklich gleich die Welt unter, wenn die Deutschen Generalvertrag und Europaarmee nicht ratifizieren oder mindestens die Zeit für eine gründliche Prüfung in Anspruch nehmen? So sehr sind seit der vor einigen Jahren in Gang gesetzten westlichen Aufrüstung die Russen gar nicht auf einen Waffengang mit Amerika aus, daß sie sofort aus purem Übermut zur militärischen Aggression schreiten, wenn die Deutschen nicht mit Blitzeseile ihre Soldaten in die Europaarmee stecken. Und so verrückt sind auch die Amerikaner nicht, den Sowjets die Bundesrepublik nur deshalb zum Fraße vorzuwerfen, weil sie das ihr jetzt präsentierte System der Militärallianz nicht für der Weisheit letzten Schluß halten.

Man sollte nicht immer von Verständigung sprechen, wenn man Militärbündnis meint. Das ist wirklich zweierlei. Der Generalvertrag und die Europaarmee zusammen zerstören nahezu jede Hoffnung auf eine friedliche Wiederherstellung der deutschen Einheit. Sie legen ausdrücklich die Bundesrepublik auf eine Politik fest, die ein künftiges Gesamtdeutschland gleichfalls in das System der amerikanisch beherrschten Militärbündnisse einbringen muß. Mit dieser Aussicht vor Augen werden die Russen nie aufgeben, würden nie gesamtdeutsche freie Wahlen möglich sein. Geld und Leben heißt, zuviel auf einmal fordern. Ohne den Verzicht auf die Teilnahme der Deutschen an einer Armee unter amerikanischem Kommando wird die Freiheit von 18 Millionen Deutschen nicht zu haben sein. Das Vorrücken der Freiheit von Lübeck vorerst nach Stettin lohnt aber wahrhaftig diesen Preis. Um eine echte, friedliche Lösung der Deutschlandfrage auf einer Viererkonferenz ist bisher ernsthaft überhaupt nicht verhandelt worden. Osten und Westen wollen – jeder auf seine Weise – das *ganze* Deutschland politisch und militärisch beherrschen. Solange man das Ganze nicht haben kann, sucht jeder wenigstens seinen Teil in sein militärisches System zu »integrieren«. Jede der Weltmächte läßt sich durch die Stärke der anderen vielleicht von einem eigenen Angriff abhalten – keine aber ist durch Drohungen dazu zu bringen, aufzugeben, was sie in Händen hat. Diese Politik der »Einheit durch Stärke« heißt in Wahrheit Einheit durch Krieg. Das wäre der Untergang unseres Volkes. Zunächst einmal aber werden die beiden Teile Deutschlands zu einander waffenstarrend gegenüberliegenden Festungen der Weltmächte gemacht, gespalten für immer und bereit zum Bruderkrieg.

Lohnte es nicht für die ganze Menschheit, dem Wettrüsten an einem Punkte Einhalt zu gebieten und in Deutschland einen Zustand zu schaffen, der jedem der beiden Blöcke garantiert, daß dieses Deutschland nicht in der Armee des anderen dient? Ein Deutschland, das in freier Wahl seinen eigenen politischen Standort wählt, wird zweifellos politisch, ökonomisch und sozial zum

Kreise der freien Völker gehören, muß doch aber nicht unbedingt der Revolver Amerikas an den Rippen Rußlands sein.

Jede solche friedliche Regelung schließen die jetzt beabsichtigten Verträge aus. In die Europaarmee sollen wir auf 50 Jahre hinein. Die Revisionsklausel des Generalvertrages ist wertlos, denn der Vertrag kann nur einstimmig geändert werden. Frankreich oder Luxemburg haben damit ein Veto gegen die deutsche Einheit. Der Bundesregierung ist jede eigene außenpolitische Initiative in Fragen der deutschen Einheit im Vertragstext ausdrücklich verboten. Wer meint, mit 12 deutschen Divisionen sähe die Welt anders aus und änderten sich die Verträge von selbst, der zerstört jeden Glauben an deutsches Wort und deutsche Unterschrift. Wir dürfen nur unterschreiben, was wir ehrlich halten wollen, können und werden. Wir dürfen nicht die ewigen Revisionisten oder Vertragsbrecher sein. Damit wäre jede deutsche Außenpolitik überhaupt zu Ende.

Niemand weiß, wer eigentlich die 40 Mrd. für die erste Aufstellung der deutschen Verbände zahlen soll, nachdem die Amerikaner kaum über eine Milliarde Dollar hinausgehen wollen. Aber jeder weiß, daß die Stärke der Europaarmee automatisch durch die Frankreichs gebremst wird. Jeder weiß, daß die Sowjetunion auf jede westdeutsche mit zwei ostdeutschen Divisionen antworten und ihre Satelliten aus Furcht vor den Deutschen nun endlich zu treuen Bundesgenossen haben wird. Der Westen wird relativ an Stärke nicht gewinnen, sondern verlieren. Jeder weiß ferner, daß uns der Generalvertrag keine Freiheit bringt, sondern ganze Bündel von Besatzungsrecht und -Vorrecht verewigt – vom Verzicht auf 35 Mrd. Auslandswerten bis zum Requisitionsrecht der Besatzungstruppen. Jeder weiß, daß die Notstandsklausel den Besatzungsmächten praktisch die gesamte Regierungsgewalt vorbehält, wenn sie an eine Gefahr glauben.

Man sollte aufhören, die Militärallianz und die Montanunion als »die« Europapolitik zu bezeichnen. Selbst das nichtrussisch beherrschte freie Europa ist gottseidank größer als das Gebiet der Schumanplanländer. Der Kampf um Zoll- und Währungsunion, Vollbeschäftigung und echte Freizügigkeit von Menschen, Waren und Kapital in *ganz* Europa würde der Europaidee dienlicher sein als ihre fälschliche Gleichsetzung mit der Aufrüstung.

In: Norddeutsche Zeitung, Hannover, 28 Juli 1952

Dokument Nr. 84

Karl Georg Pfleiderer erläutert in seiner Denkschrift »Vertragswerk und Ostpolitik« (abgeschlossen am 2. September 1952) Grundgedanken einer gesamtdeutschen Politik; deren Ziel soll es sein, »zwischen Ost und West eine ausgleichende politische Mitte zu schaffen« (Auszug):

Die Sowjetzone bildet einen besonders wichtigen Teil im europäischen Staatensystem der Sowjetunion. Mit der Zone verfügt die Sowjetunion über die Ufer der Ostsee bis vor die Tore Lübecks, bis zum Ausgang zur Nordsee, bis in die Nähe Hamburgs: sie verfügt über das eminente Politikum der deutsch-polnischen Grenze; sie beherrscht mit dem Eisernen Vorhang die Außenpolitik nicht nur der Deutschen Demokratischen Republik, sondern mittelbar auch die der Bundesrepublik; sie beherrscht durch die Sowjetisierung die Innenpolitik der Zone und beeinflußt die unsrige; sie beeinflußt mit dem Wechselspiel zwischen Eisernem Vorhang und Potsdamer Abkommen in hohem Maße die Politik der europäischen Mächte und selbst Amerikas.

Die Industrie der Zone – Chemie, Metall, Textil usw. – spielt eine hervorragende Rolle im Wirtschaftsleben des gesamten Sowjetblocks, und zwar sowohl für die Binnenwirtschaft als auch für die Außenwirtschaft, sowohl für den Friedens- als auch für den Kriegsbedarf. Mit ihren 18 Millionen Einwohnern fällt die Sowjetzone auch für die Aufstellung militärischer Verbände erheblich ins Gewicht. . . .

Eine Wiedervereinigung der Sowjetzone mit der Bundesrepublik, die der Sowjetunion in innerdeutschen Angelegenheiten irgendwelche Befugnisse, Mitsprache- oder Vetorechte, sei es auf dem Gesamtgebiet des wiedervereinigten Deutschlands, sei es auf Teilgebieten, einräumen würde, wäre für Deutschland unannehmbar. Eine Wiedervereinigung, der die Bundesrepublik und die Westmächte zustimmen könnten, hätte vielmehr den Abzug der Sowjettruppen und die Liquidierung des SED-Systems zur Voraussetzung. . . .

Niemand kann annehmen, die Sowjetunion würde einer deutschen Wiedervereinigung zustimmen, ohne nicht für den damit verbundenen politischen, militärischen und wirtschaftlichen Verlust einen Ausgleich zu fordern. Dieser Ausgleich ist das, was man als den an die Sowjetunion zu entrichtenden »Preis« für die Wiedervereinigung bezeichnet hat.

Es ist sicher zweckmäßig und gut, wenn auf deutscher Seite unter Rückgriff auf naturrechtliche Vorstellungen behauptet wird, die Wiedervereinigung sei unser ewiges und unabdingbares Recht. Auf der anderen Seite ginge es aber an der politischen Wirklichkeit vorbei, wenn man den sowjetischen Sieg vergäße und die außerordentliche politische, militärische und wirtschaftliche Kräfteverschiebung zwischen Ost und West außer Betracht ließe, die eine Loslösung der Zone aus dem Sowjetbereich und ihre Eingliederung in die westliche Welt nach sich zöge.

Worin müßte aber der Preis bestehen, der für eine Wiedervereinigung im Sinne einer völligen Loslösung der Sowjetzone aus dem Sowjetbereich zu entrichten wäre? Dieser Preis wäre zunächst ein wirtschaftlicher. Es müßten die Wirtschaftsbeziehungen Gesamt-Deutschlands zur Sowjetunion so geordnet werden, daß sie für diese mindesten gleich nützlich wären, wie ihre derzeitigen Beziehungen zur Zone, unter Hinzurechnung des Interzonenhandels. Diese wirtschaftlichen Gesichtspunkte dürfen im Hinblick auf die innerrussische Versorgungslage, auf die großen wirtschaftlichen Pläne des Sowjetstaates und die an ihn gestellten Ansprüche Chinas nicht gering geachtet werden.

Zum anderen aber müßten – zunächst ganz allgemein gesprochen – die politischen und militärischen Verhältnisse im Westen so gestaltet werden, daß sie dem sowjetischen Sicherheitsbedürfnis entgegenkämen, ohne freilich das westliche Sicherheitsbedürfnis zu beeinträchtigen. Das Sicherheitsbedürfnis der Sowjetunion ist der politische Angelpunkt der deutschen Wiedervereinigung. ...

Wenn der Bonner Vertrag davon ausgeht, daß ein wiedervereinigtes Deutschland ebenso in den Westen integriert werden müsse, wie es jetzt für die Bundesrepublik vorgesehen ist, dann schließt der Vertrag die Wiedervereinigung aus. Zu glauben, daß die Sowjetunion den von ihr besetzten Teil Deutschlands räumen, gutwillig und im Frieden räumen würde, um nachher die NATO-Truppen und die EVG, soweit diese einen Teil von jener bildet, an der Oder-Neiße-Linie stehen zu haben, trägt den Gesichtspunkten des Gegners keine Rechnung und ist dadurch unwirklich. Das vertraglich festgelegte Ziel der vier Partner des Bonner Vertrages, nämlich die friedliche Wiederververeinigung der getrennten Teile Deutschlands unter mittelbarer Integrierung des neuen Gesamtdeutschlands in die NATO, ist ein Widerspruch in sich selbst, und die deutsche Politik, wenn sie solches gleichfalls zu wollen vorgibt, setzt sich im eigenen Lande Mißdeutungen aus. Ohne mit der Sowjetunion im Gespräch zu sein, ist es schwierig, anzugeben, wie das europäische und atlantische Staatensystem aussehen müßte, um dem Sicherheitsbedürfnis der Sowjetunion zu entsprechen, ohne dabei das des Westens zu verletzen. Der Gedanke der Neutralisierung durch Dritte oder einer auf eigenen Willen und eigener Verteidigung beruhenden Neutralität der Bundesrepublik kann hierbei ebenso beiseite gelassen werden, wie der sowjetische Verhandlungsvorschlag, wonach die Bundesrepublik keinem westlichen System angegliedert werden dürfe. Die Gefahren dieser Scheinlösungen sind so häufig und so gründlich erörtert worden, daß es zu sagen genügt, die Ablehnung in Deutschland sei ziemlich allgemein. Das beste Vorbild vielmehr, das für die beiderseitige Sicherheit in Betracht kommt, und von dem man um so mehr ausgehen kann, als es jahrelang ausgezeichnet gearbeitet hat, ist das ehemalige europäische Vertragssystem, wie es in den Jahren 1925/26 durch den Locarno-Pakt, den Eintritt Deutschlands in den Völkerbund und den zwischen Deutschland und der Sowjetunion geschlossenen Berliner Vertrag vom 24. April 1926 geschaffen wurde. Hierbei soll aber von Anfang an die Frage offen bleiben, ob die Besonderheit der Mittellage heute nur für Deutschland oder aber für einen ganzen Kreis europäischer Staaten gilt.

Der Sinn des erwähnten europäischen Vertragssystems bestand darin, daß Deutschland durch Locarno und Völkerbund in klarer und deutlicher Weise vertraglich mit dem Westen verbunden wurde, sein Verhältnis zum Osten, d. h. zur Sowjetunion, aber entsprechend den Besonderheiten seiner Mittellage in eigenen Abmachungen ordnete, und zwar mit Zustimmung seiner westlichen Partner. Deutschland erhielt eine eigene politische Entscheidungsbefugnis zwischen West und Ost. Dies drückte sich am deutlichsten in dem den Berliner Vertrag begleitenden deutsch-sowjetischen Notenwechsel vom 24. April 1926 aus, wo bestimmt wurde, daß sich Deutschland zur Mitwirkung bei Maßnahmen des Völkerbundes gegen einen Angriff der Sowjetunion nicht für verpflichtet hielt, wenn es nicht selbst die Frage des Angriffs bejahte.

Des weiteren wurde die besondere Lage Deutschlands in der Anlage F zum Locarno-Pakt anerkannt, in welcher die alliierten Außenminister gegenüber der deutschen Delegation unter dem 16. 10. 1925 die Völkerbundssatzung dahingehend auslegten,

> »daß jeder der Mitgliedstaaten des Bundes gehalten sei, loyal und wirksam mitzuarbeiten, um der Satzung Achtung zu verschaffen und jeder Angriffshandlung entgegenzutreten, in einem Maße, das mit seiner militärischen Lage verträglich sei und das seiner geographischen Lage Rechnung trage.«

In der Anerkennung der Besonderheit der deutschen Lage durch den Westen und in der richtigen Handhabung dieser Besonderheit durch Deutschland lag ein Element der sowjetischen Sicherheit und des Weltfriedens beschlossen. ...

Die Prüfung des Deutschland-Vertrages legt die Vermutung nahe, daß sich die Westmächte ausdrücklich und absichtlich das Recht vorbehalten wollten, die Bundesrepublik von der Ostpolitik auszuschließen und Verträge wie die von Rapallo und Berlin zu verhindern. So, wie die Sowjetpolitik unter dem Invasionskomplex leidet, so leidet die Alliierte Politik unter dem Rapallo-Komplex. Komplexe aber sind geeignet, die Gesundung der Verhältnisse zu verzögern. Zum Rapallo-Komplex ist von deutscher Seite zu sagen, daß er insofern besonders gefährlich ist, als er in Nachwirkung des verständlichen Schockes, den der überraschende Abschluß des Vertrages seinerzeit hervorrief, die davon Befallenen glauben macht, auch der sachliche Gehalt des Vertrages sei verdammenswert gewesen.

Der Vertrag von Rapallo aber, ebenso wie der von Berlin, hatte nichts anderes im Auge, als die Folgerungen aus der unabänderlichen, in Erdkunde und Geschichte gleich tief begründeten Mittellage der Deutschen zu ziehen. ...

Wenn man von der Tatsache ausgeht, daß eine Wiedervereinigung Deutschlands unter Ausdehnung der NATO, insbesondere unter Vormarsch der amerikanischen Streitkräfte, an die Oder-Neiße-Linie von der Sowjetunion ohne Krieg schlechterdings nicht zugestanden oder hingenommen werden würde, dann muß man unausweichlich zu dem Ergebnis gelangen, daß jede Art Verhandlungen mit der Sowjetunion von der Frage auszugehen hat, welche politische und völkerrechtliche Stellung das neue Gesamtdeutschland im europäischen und atlantischen Staatensystem einnehmen, insbesondere wie sein Verhältnis zur Sowjetunion, zu den anderen europäischen Staaten, zu NATO und EVG gestaltet werden soll. Alle anderen Fragen, einschließlich der gesamtdeutschen Wahlen und der Bildung einer gesamtdeutschen Regierung, rücken damit in die zweite Linie. Will man aber mit der Frage der gesamtdeutschen Wahlen beginnen und läßt die Frage nach der Stellung Gesamtdeutschlands im Staatensystem offen, dann versucht man, da freie Wahlen gegen die SED ausfallen würden, der Sowjetunion den in ihrer Hand befindlichen Preis – eben die Zusage freier Wahlen in der Zone – vorab zu entwerten und ihn ohne Bezahlung, d. h. ohne die Verhandlungen über die Stellung Gesamtdeutschlands im Staatensystem, von der doch die sowjetische Sicherheit abhängt, wegzunehmen. Dies wäre genau so, als wolle ein Land mit Atomüberlegenheit in Abrüstungsverhandlungen mit der Sowjetunion zunächst die Frage der Herabsetzung der konventionellen Waffen, in denen die Sowjetunion überlegen ist, behandeln und dann erst die Atomfrage erörtern.

Mit Beschlüssen über gesamtdeutsche Wahlen beginnen zu wollen, verrät deutlicher als irgend etwas anderes die Absicht, den Verhandlungen mit der Sowjetunion überhaupt auszuweichen und die Möglichkeiten einer deutschen Wiedervereinigung im Keime zu ersticken.

Wenn man eine Regelung der Wiedervereinigung erstrebt, bei der die Sowjet- und die SED-Stellung in der Zone liquidiert werden würde, dann werden die Angelegenheiten wie Wahlen, Regierungsbildung, Entnazifizierung, Wirtschaftsordnung usw. zu Gegenständen der deutschen Innenpolitik. Die gesamtdeutsche Regierung, die dann aus freien, auf Bundesgesetz beruhenden Wahlen hervorgehen würde, erhielte von selbst »volle Macht über die inneren Angelegenheiten«. Von diesem Grundsatz abzugehen, wäre nicht nur ein Rückschritt gegen Art. 1 Abs. 1 des Bonner Vertrages, es würde nicht nur innerdeutsche Angelegenheiten von neuem der Einwirkung auswärtiger Mächte aussetzen, sondern auch, wie oben Ziffer 4 ausgeführt, die einzige für die Sowjetunion annehmbare Tagesordnung für eine Viermächte-Konferenz ausschließen. . . .

Je länger die deutsche Frage ungelöst bleibt, desto schwerer wird eines Tages die Wiedervereinigung vonstatten gehen, desto weiter werden sich die beiden Teile Deutschlands auseinandergelebt haben.

Wenn man die heutige Lage zusammenfassend betrachtet, dann müssen wir unterstellen, daß die Alliierten es ablehnen, mit der Sowjetunion die deutsche Frage in ihrem eigentlich auswärtigen Bezug zu verhandeln; wir müssen ferner annehmen, daß es den Westalliierten auch in einem verschärften kalten Krieg, einschließlich des Notenkrieges, nicht gelingen wird, die Zone zu gewinnen oder die Russen zur Räumung zu veranlassen. Somit bliebe nur, alles beim Alten zu lassen, beim Eisernen Vorhang und einem sich wahrscheinlich verschärfenden Druck des Ostens auf die Bevölkerung der Zone und der Bundesrepublik.

Eine Veränderung der Lage durch die Aufstellung deutscher Divisionen zu erzielen, ist bis auf weiteres fragwürdig. Die Aufstellung dauert lange; die Rüstungen in England und Frankreich sind eher rückläufig und unsere Divisionen werden dann vielleicht nur die entstandenen Lücken ausfüllen müssen.

Abgesehen davon ist aber militärische Stärke überhaupt noch keine Politik; sie ist ein Hilfsmittel der Politik; wenn nicht bekannt ist, welcher Politik sie dient, wirkt sie nur als Drohung und beschwört den Gedanken an eine unbedingte Kapitulation herauf. Militärische Stärke für sich allein führt beim Gegner nur zu einer Versteifung der Haltung und erzielt noch keine Bereitschaft zum Verhandeln. Der militärische Weg führt ohne eine klare Ostpolitik in die Sackgasse oder in den Krieg.

In: PA Abt. 2 202 – 03 II

Dokument Nr. 85

Privatbrief aus der DDR an Verwandte in der Bundesrepublik, 22. März 1953:

Wir haben hier in der Ostzone wieder eine dolle Woche hinter uns; auch wir bei uns in X. Die Flucht ganzer Familien und Verhaftungen wechseln miteinander ab. Wer es sich leistet, 3 Tage zu verreisen, muß damit rechnen, daß die entsprechenden Organe bereits seine Wohnungseinrichtung und übrigen Besitz »beschlagnahmt« haben, bzw. ausgeräumt und verkauft. Die Rechtsunsicherheit ist so groß, wie sie selbst zu Zeiten des 3. Reiches nicht war. Die Vorgänge sind nur mit der Judenverfolgung des 3. Reiches zu vergleichen. Gefährdet ist jeder, der etwas mehr besitzt als die breite Masse. – Die Lage der Landwirtschaft ist katastrophal und die Aussichten für die zukünftige Ernährung entsprechend. Wir rechnen in absehbarer Zeit wieder mit Brotmarken. Auch rechne ich damit, daß, im Herbst spätestens, wir alle – auf jeden Fall aber die Frauen – als freiwillige Zwangsarbeiterinnen auf den Feldern der Kolchosen stehen. Die Verbitterung unter der Bevölkerung nimmt ständig zu; vor allem auch unter der Arbeiterschaft. Wir in unserem Beruf können ja gerade nicht von diesen Dingen schweigen. Und wenn wir auch schon besonnen davon reden, so ist schon die Tatsache, daß wir es tun, etwas, das man uns zur gegebenen Zeit als Verbrechen ankreiden wird.

Über die Ostseebäder ist eine Verhaftungs- und Enteignungswelle gegangen und hat dort vieles auf den Kopf gestellt. Der Pensionsinhaber, bei dem wir vor Jahren wohnten und auch jetzt wieder anfragten, hat nicht geantwortet. Die Reisebüros sagen, daß sie nichts vor Anfang April wüßten. Ihr Lieben, aus Vorsichtsgründen schreibe ich allgemein und das relativ Ungefährlichste. Natürlich könnte ich viel mehr sagen. Doch kommt es mir in meinem Bericht nicht so sehr auf Vollständigkeit an, als darauf, daß Ihr wißt, daß das »Unglaubliche« leider bittere Wirklichkeit ist. Ich halte es für meine Pflicht als ein Mensch, der in der Ostzone leben muß, dafür zu sorgen, daß Ihr im Westen ganz klar und nüchtern seht. Ich schreibe nicht aus sentimentaler Geschwätzigkeit oder um Eure Sorgen um uns persönlich damit zu vergrößern. Ich schreibe, um meine Lieben vor den Propagandanebelwerfern des Ostens zu warnen.

In: AsD NL C. Schmid AK 7

Dokument Nr. 86

Privatbrief aus Leipzig vom 19. Juni 1953:

Liebe Kinder!

Hiermit möchte ich Euch einige Zeilen von uns und den Ereignissen senden. Nochmals vielen Dank für das Päckchen. Wir haben uns sehr darüber gefreut. Sicherlich möchtet Ihr wissen, ob bei uns alles auf dem Damm ist. Jawohl, so einigermaßen sind wir noch gesund. Um auf die Ereignisse sprechen zu kommen, muß ich vorgreifen. Glaubt mir, Ihr könnt Euch nicht vorstellen, wie es uns hier geht. Wir hungern nicht bloß, sondern wir vegetieren nur noch. Wir können nicht sagen, was wir morgen bekommen. Wenn man 1 Pfd. Nudeln oder Graupen erwischen will, muß man großes Glück haben. Fettigkeiten gibt es lange nicht mehr. Gestern gab es mal Schweinekopf, das Kilo DM 5,–. Mutter hat für DM 3,– gekauft, da sieht man nicht viel von. Das Gemüse ist sehr teuer. Blumenkohl von DM 1,– bis DM 2,–. Ihr könnt Euch nicht vorstellen, wie verzweifelt wir alle waren. Was heißt waren? Trotz Hunger gibt es jetzt viel strahlende Gesichter seit dem Bekenntnis für unsere über alles geliebte Regierung durch riesenhafte Demonstrationen in Leipzig. Ihr könnt Euch vom Mittwoch kaum einen Begriff machen. Diese Massen auf den Straßen. In der Ritterstraße wurde ein ganzes Polizeiauto einfach umgeworfen, auf dem Markt der Pavillon angebrannt. Das Gefängnis in der Beethovenstraße gestürmt, die Gefangenen befreit. Die Wut und Verzweiflung war beispiellos. Das große Scherengitter vor dem Amtsgericht wurde buchstäblich mit Händekraft ab und zerrissen. Die Akten und Einrichtungsgegenstände zum Fenster hinausgeworfen, das Tor eingedrückt. Da schossen unsere Volksbehüter aus den Fenstern, auch die Volkspolizistinnen. Die Wut wurde zum Orkan. Die Menge ging zum Sturm über. Es gab Tote und Verwundete. Ein junges Mädchen bekam einen Bauchschuß und schrie fürchterlich. Einer Polizistin, die geschossen hatte, haben sie den Kopf zertreten. Auch in der Innenstadt gab es Tote und Verwundete. Lieber Junge, das Volk, vor allem die Jungens sind nirgends gewichen. Die Wut der Massen wurde erst nach dem Zeitpunkt, als auf sie geschossen wurde, hemmungslos und kannte keine Grenzen mehr. Auch die Wassermassen der Feuerlöschpolizei hielt der 8-jährigen, erbitterten und verzweifelten Menscheit in ihrem Freiheitskampfe nicht stand. Wir wollten Abtritt der vom Volk nicht gewählten Regierung, freie Wahlen, Freilassung aller politschen Gefangenen und bessere Ernährung.

In der Stadt sieht man keine Propagandaplakate. Die Parteigenossen (SED) tragen keine Abzeichen mehr. Die Volksverräter (Polizisten) waren machtlos. Da setzte man russische Panzer ein. Die konnten jedoch in der Masse nicht vor- und rückwärts, bis sie in die Menge hineinstürmten.

O du trauriges Elend. Freiheit bringender Kommunismus. Vor Verzweiflung kamen mir die Tränen. Wie lange wird diese Knechtschaft und dieses Hungern nur noch dauern. Ich bin bloß noch ein Skelett, aber mit feuchten Augen und mutigem Herzen kämpfen wir und hoffen auf ein geeinigtes und freies Deutschland.

Liebe Kinder, Ihr wißt, ich habe mir immer zu helfen gewußt, aber glaubt mir, ich weiß nicht mehr, wo ich für meine Familie etwas holen soll. Auf die geringsten Kleinigkeiten gibt es jetzt viele Jahre Zuchthaus. Man hat bei Edith (Lehrmädchen in der HO) kleine Mädchen für geringe Vergehen, wie Mundraub mit 1 – 2 Jahren Zuchthaus bestraft. Auf ein Stück trockenes Holz aus dem Wald gibt es ebenfalls Zuchthaus, ins Unendliche könnte ich berichten. Liebe Kinder, auch in Schkeuditz (Pelzstadt bei Leipzig) hat alles gestreikt. Das »Aufklärungs«-Lokal hat das Volk gleich in Brand gesetzt. Ebenso in Halle, Magdeburg, Weißenfels und überall.

Wir wollen nicht mehr, wir machen einfach nicht mehr mit, wir können nicht mehr. Es hat Tote und Verwundete gegeben, wieviele, ist noch nicht bekannt. Ich teile es Euch im nächsten Brief mit. Vorerst haben wir noch Ausnahmezustand. Von 9 Uhr abends bis früh 5 Uhr darf keiner auf die Straße. Überall sind russische Panzer und kasernierte Volkspolizei. Das Volk ist aber in Bewegung. Mit Wut und Erbitterung nehmen wir von den Schreibereien der Schmierblätter Kenntnis, wonach angeblich Westprovokateure für den Massenaufstand verantwortlich sind. Es erinnert sehr an die Kartoffelkäferpropaganda vor 3 Jahren, die hat auch niemand geglaubt. Wir drücken unser tiefstes Mitgefühl für den unschuldigen, von den Russen standrechtlich erschossenen Willi Göttrich aus Westberlin sowie unser innigstes Beileid aus.

Es herrscht hier keine Ruhe und es wird auch keine mehr geben, bis wir frei von diesem schmachvollen System sind. Ihr Lieben, glaubt mir, es war nichts vorbereitet. Wie die Bienen kamen sie aus den Fabriken und Häusern. Unbekannte Menschen umarmten sich gegenseitig. Rüttelt auch bei Euch die Herzen der Menschen auf, helft uns. Allein können wir es nicht schaffen. Es ist doch auch Eure, also unserer aller Sache.

Ich hoffe, daß Euch mein Brief erreicht und Euch ein Bild von unserem Kampf und unserem furchtbaren Elend gegeben hat. Für die Margarine und das andere Gute meinen innigsten Dank. Wir nehmen alles gern entgegen, wenn ich mich auch manchmal dessen schäme, aber wir haben jetzt Tage hinter uns, wo es kein Brot gab, von Fettigkeiten gar nicht zu sprechen. Diejenigen, die Geld haben, haben die paar Lebensmittel in der HO aufgekauft und wenn es Gemüse gibt, stehen Schlangen, alles ist teuer und schnell alle. Ja, etwas gibt es bei uns, viel Hunger und viel Panzer!!!

Euer Papa

Bemerkenswert bei diesem Brief ist, daß der Schreiber desselben während der Hitlerzeit aktiver kommunistischer Funktionär war, der einige Jahre als politischer Häftling in Torgau war und von dort zur Abteilung 999 versetzt wurde, von wo man ihn auf Grund einer Magenoperation entließ. 1945 von den Amerikanern in den Stadtrat gerufen, gab er einige Monate nach Übernahme des Gebietes durch die Russen sämtliche Ämter ab und trat aus der kommunistischen Partei aus. Seitdem gehört er keiner politischen Organisation mehr an.

In: Bulletin des Presse- und Informationsamtes der Bundesregierung 30. Juni 1953

Dokument Nr. 87

Hans Zehrer, Volk, aber nicht Nation:

Vor drei Monaten, am 8. Februar, endete die Berliner Konferenz und mit ihr die Hoffnung des deutschen Volkes auf seine baldige Wiedervereinigung. Was ist seitdem geschehen? Nichts von alledem, was bei manchem andern Volk geschehen wäre. Es gab keine Massenflucht aus der Sowjetzone. Die Zahlen liegen um über die Hälfte niedriger als im vorigen Jahr. Es gab auch keinen moralischen Zusammenbruch. Die Menschen im Osten sind niedergedrückt, aber sie harren weiter zähe und geduldig aus. Es gab auch kein leidenschaftliches Aufflammen in Westdeutschland.

Andererseits erreichen die Brief-, Paket- und vor allem Reisezahlen zwischen Westdeutschland und der Sowjetzone in diesen Monaten Rekordhöhen. Das bedeutet: das deutsche Volk lebt unterhalb der Ebene des Politischen und des Staatlichen kräftig weiter. Es bleibt seltsam unberührt von dem, was sich über ihm abspielt. In dieser Unberührtheit liegt politisch gesehen seine Schwäche. In ihr liegt aber auch seine geschichtliche Stärke.

Warum reagieren wir aber dann anders als andere Völker? Warum tun wir nicht, mit stärkerer Berechtigung, das, was die Franzosen von 1871 an nach dem Verlust von Elsaß-Lothringen taten? Weil wir nur Volk und keine Nation sind: Die Verteilung unseres Volktumes in Europa über alle Staatsgrenzen hinweg hat uns daran gehindert, die geschichtliche Entwicklung der anderen Völker zu Nationalstaaten und Nationen mitzumachen, die mit dem 17. Jahrhundert begann. Bei uns fehlten dafür die Voraussetzungen, weil wir jene Einheit von Staat und Volkstum nicht schaffen konnten. Wo die anderen zu Nationen wurden, blieben wir »das deutsche Volk« und teilten diesen Begriff mit den beiden anderen Völkern Europas, dem Pueblo español und dem Popolo italiano. Mit einem Satz: Wir blieben im Mittelalter und träumten von der verlorenen Einheit des Abendlandes, vom »Reich«. Als wir dann in der Torschlußpanik des ausgehenden 19. Jahrhunderts den Nationalstaat nachahmen wollten, trug er das Odium des »Kleindeutschen«. Als wir nach 1933 das Reich verwirklichen wollten, zeigte sich, daß wir mit der »großdeutschen« Lösung Europa und die Welt sprengen mußten.

Der Deutsche hat damit leidvoll die Wirklichkeit seines Wesens erfahren: er ist zum Nationalstaat zu groß und zum Reich zu klein. Er kann weder kleindeutsch noch großdeutsch existieren. Diese Erkenntnis, die im Volk nicht bewußt ist, aber instinktiv gespürt wird, hat uns im Augenblick jedes nationalen Zieles beraubt, weil es immer wieder zwischen Bismarck und Hitler liegen und trotzdem unserem Wesen nicht gerecht werden würde. Das nimmt der Idee der staatlichen und nationalen Einheit Deutschlands die zündende Kraft und beschränkt uns im Augenblick auf das politisch und staatlich ungeformte, vegetative, aber deshalb nicht kraftlose Gebiet einer Verbundenheit, in dem die lebendigen Wirklichkeiten des Volkes, der Heimat, der Familie und der Freundschaft ihr unpolitisches Leben führen. Geschichtlich sind wir, nachdem wir ein Dreivierteljahrhundert lang den gescheiterten Versuch unternahmen, es den anderen Völkern gleichzutun, die Epoche der Neuzeit nachzuholen und eine Nation zu werden, ein mittelalterliches Volk, das sich in den Kategorien der Neuzeit nicht verwirklichen kann. Das war und das ist unsere Schwäche, solange die Neuzeit mit ihren Ideen repräsentativ ist.

Diese Neuzeit aber endet heute und bricht vor unseren Augen zusammen, und mit ihr die geschichtliche Wirklichkeit des Nationalstaates. Das ist zugleich die große Chance des deutschen Volkes, das seinem Wesen nach im mittelalterlichen vornationalen Raum beheimatet ist und sich nur in einem übernationalen, nachnationalen Raum entfalten kann. In diesem Raum kann man nicht als Nation, sondern nur als Volk leben. Wer in diesen Raum eintritt, muß zuvor alles das abstreifen, was Nation an ihm ist. Wer nur als Nation zu leben vermag, ist in ihm verloren. Das deutsche Volk hat aber heute nichts abzustreifen. Es hat alles das in den 75 Jahren Nationalstaat – Aufstieg, Glanz und Untergang – vorweggenommen. Es ist heute nur wieder Volk und nichts anderes. Das ist seine Stärke und seine große Hoffnung für die Zukunft. Das ist zugleich seine große Not in einer Gegenwart, die zwar die Agonie, aber noch nicht das Ende des Nationalstaates zeigt.

In diesem Interregnum, in dem sich vor- und nachnationale Elemente langsam zur Einheit Europas formen, ist Deutschland seiner nationalen Ziele beraubt, was auch bei uns von all denen, die noch von den Erinnerungen der letzten 75 Jahre bewegt werden, als quälend empfunden wird. Die Mehrheit des Volkes aber weiß, daß sie wartet; sie weiß nur noch nicht, worauf sie wartet. Sie ahnt, daß auf dem Wege von Bismarck zu Hitler keine Zukunft liegt, weil er ausgebrannt ist. Sie träumt von einer größeren Einheit, in der man leben und Luft holen kann. Deshalb ist das deutsche Volk seinem Wesen und seiner Geschichte nach heute wahrhaft das europäische Volk. Es wird durch die Einheit Europas von dem Zwiespalt zwischen Volkstum und Staatsgrenze befreit, den ihm die Neuzeit mit der Idee des Nationalstaates aufgezwungen hatte, und es kehrt damit in die abendländische Einheit zurück, in der es im Mittelalter zu Hause war.

Warten müssen, bis die anderen soweit sind, ist eine passive Haltung, die immer mit Leiden verbunden ist. Das deutsche Volk leidet deshalb unter diesem Interregnum, aber es beweist zugleich seine vegetative Stärke, die sich nicht nur in der Steigerung seiner Arbeitskraft auswirkt, sondern die auch unerschüttert an der Einheit des Volkes festhält, selbst wenn ihre politische und staatliche Verwirklichung in weite Ferne gerückt zu sein scheint.

In: Die Welt, Hamburg, 1. Juni 1954

Dokument Nr. 88

Stefan Andres sagt auf der Konstituierenden Tagung des Kuratoriums der Volksbewegung für die Wiedervereinigung am 14. Juni 1954 u. a.:

Wenn die ehemaligen Gegner den Zustand der deutschen Spaltung nicht in seiner Tragik und seiner sowohl unsere wie die Zukunft Europas bedrohenden Gefährlichkeit erkennen mögen, so ist das schon fast unbegreiflich. Wenn aber die Deutschen selber in ihrer Mehrzahl diesen quer durch unser Land gezogenen Limes des XX. Jahrhunderts mit solcher befremdenden Gelassenheit ertragen, dann sollen wir uns nicht wundern, wenn die Nutznießer dieses Limes sich an sein Vorhandensein gewöhnen und ihn nach und nach nicht mehr missen mögen. Die Gerechtigkeit gebietet allerdings, darauf hinzuweisen, daß die Gleichgültigkeit gegenüber der Wiedervereinigung zum größten Teil in einem gewissen Tabu zu suchen ist, mit dem dies Thema aus rein taktischen Gründen belegt ist. Dieses Tabu heißt einfach: Unmöglichkeit.

Die Idee eines wiedervereinten Deutschlands bekam nach und nach eine janushafte Zwiegesichtigkeit: von der einen Seite gesehen sah sie wie Krieg, von der andern wie Knechtschaft aus. Und da die Mehrzahl der Deutschen im Westen und Osten keines dieser beiden Gesichter ertragen konnte, blickte sie weg und begann sich mit dem Zustand der Trennung abzufinden. Man lebte sich in den Bewußtseinszustand des ewigen Provisoriums ein, schob die Verantwortung an der deutschen Spaltung ganz und gar den ehemaligen Gegnern zu, und nachdem man sich durch solchen Sprung aus aller Verantwortung in den Zustand willenloser Dinglichkeit versetzt hatte, gelang die Resignation vor der Fratze des Unmöglichen um so besser. Kurz: die Lage war fatal, die D-Mark aber stabil – und aus dieser allerdings schwermütig stimmenden und widerspruchsvollen Seelenlage eines Volkes entstand die Sage vom deutschen Wunder.

Und nun stelle man sich vor, die deutschen Regierungen im Westen und Osten hätten, seit sie bestehen, jede ihrer Unternehmungen offen oder verborgen auf dies eine Ziel gerichtet: Deutschland wird wieder eins! Und weiter stelle man sich vor: bei jeder feierlichen Regierungshandlung, bei jeder Eröffnung des Bundestages, kurz bei jeder sich bietenden Gelegenheit hätte sich die Stimme des deutschen Gewissens mit catonischer Beharrlichkeit erhoben und ihr ernstes und zur Wiedervereinigung mahnendes Ceterum Censeo in die Welt hinein gesprochen! Und in den Schulen hätte der Lehrer es täglich einmal seinen Schülern gesagt, beim Kommen oder beim Gehen: durch unser Vaterland geht der Trennungsschnitt auf Leben und Tod. Vergeßt es nicht, die jenseits der Grenzen sind Deutsche.

Gewiß, man hat in den Schulen gesammelt und sammelt noch. Man feiert den 17. Juni. Man hört und liest in der Presse gelegentlich nachdenkliche Aufsätze über dieses Thema. Es gibt Gruppen, die sich der Wiedervereinigung widmen. Sogar in Kreisen der Politiker beginnt man langsam, vielleicht weil man das Wasser der Katastrophe schon kalt an den Waden spürt, das verhängte Tabu mehr und mehr zu mißachten und einfach ins Unreine zu reden. Aber all diese mehr tastenden als zielbewußten Bewegungen zur Wiedervereinigung hin zeigen, soweit sie überhaupt nicht im Dienste von zielfremden oder sogar dem Ziele feindlichen Ideologien stehen, einen rührenden Zug von Unsicherheit, ja gewissermaßen Schuldbewußtsein. Man glaubt über etwas Auswegloses, über das Unmögliche schlechthin zu reden – und gewiß viel Ketzereien vorzubringen; denn es hat sich auch, was die Wiedervereinigung angeht, schon eine richtige Orthodoxie herausgebildet. So fürchtet man sich allen Ernstes, gegen Dogmen zu verstoßen und läßt lieber, um nicht Anstoß zu erregen und sich selber wegen seines Eifers in ein schädliches Zwielicht zu stellen, die ganze Sache auf sich beruhen. In dieser Orthodoxie steht sogar der Friedensschluß mit den ehemaligen Gegnern *vor* der Wiedervereinigung. Als ob ein Frieden Deutschlands mit Deutschland diesem anderen doch mehr formalen Frieden nicht meilenweit vorangehen, ja ihm sogar als Grundlage dienen müßte.

Um in diese Gleichgültigkeit der Deutschen und diesen Wirrwarr von Fragen und in die allgemeine Unlust und Niedergeschlagenheit Mut, Tatkraft und Klarheit zu bringen, haben wir uns hier versammelt. Möge es uns gelingen, durch unsere Worte und Taten alle Deutschen von den Forderungen dieser Notwendigkeit, vor deren Augen wir stehen, zu überzeugen.

Wenn wir das auf der Wiedervereinigung liegende Tabu des Unmöglichen durchbrochen haben; wenn wir fest glauben, daß es nicht nur geschehen *kann*, sondern geschehen *muß* – und zwar nicht zu irgendeinem von den Regierenden für richtig befundenen Zeitpunkt, sondern bald schon, heute und morgen; und wenn wir die Wiedervereinigung Deutschlands zu einem allgemeinen Verlangen nach der Wiedergeburt unseres Volkes erheben und sie darum zu einer überpolitischen Sache werden lassen, die vom Volke selbst und nicht nur von seinen Politikern getragen und verfochten wird, dann dürfen wir hoffen.

In: BA NL Kaiser 236

Dokument Nr. 89

Carlo Schmid, Wege zur deutschen Wiedervereinigung

Regierung und Opposition sind sich darüber einig, daß die Wiedervereinigung Deutschlands das vornehmste Ziel jeder deutschen Außenpolitik zu sein hat, daß also nichts geschehen darf, was die Erreichung dieses Zieles unmöglich macht. Sie stimmen weiter überein, daß die Wiedervereinigung in Frieden und Freiheit geschehen muß. Sie darf also weder auf eine Weise betrieben werden, die die Gefahr eines Krieges heraufbeschwören könnte, noch darf sie dazu führen, daß auch das Gebiet der Bundesrepublik dem totalitären Regime unterworfen wird, unter dem unsere Brüder jenseits des Eisernen Vorhanges seufzen. Regierung und Oppositon wissen, daß die Wiedervereinigung Deutschlands nur das Ergebnis einer Einigung der vier Besatzungsmächte sein kann, die entweder auf einer Konferenz oder im Wege diplomatischer Verhandlungen erstrebt und erzielt werden kann. Weder der Westen allein, noch der Osten allein, noch die Deutschen allein können heute die beiden Hälften Deutschlands zusammenfügen; nur alle zusammen können es tun. Bei diesen Verhandlungen sollen die Alliierten von einst nach Möglichkeit allein vorgehen, natürlich unter dauernder Konsultierung der Deutschen. Die Wiedervereinigung darf nicht zum Gegenstand von eigenhändigen Verhandlungen zwischen der Bundesrepublik und der sogenannten Deutschen Demokratischen Republik gemacht werden: die sogenannte DDR hätte es sonst in der Hand, die Bedingungen für die Formen und Inhalte der Existenz eines wiedervereinigten Deutschlands zu bestimmen. Jedoch sind Regierung und Opposition der Meinung, daß die Bundesregierung sich nicht weigern sollte, alliierten Verhandlungen als Beobachter beizuwohnen, selbst dann, wenn Vertreter der sogenannten DDR in der gleichen Funktion auftreten sollten.

Einmütigkeit besteht weiter darüber, daß die Wiedervereinigung nur als Ergebnis freier Wahlen in allen Besatzungszonen zustandekommen kann. Aus diesen freien Wahlen muß eine deutsche Nationalversammlung hervorgehen, die die deutsche Verfassung schafft, eine Regierung bildet und die Gesetze der Übergangszeit erläßt. Allein diese Nationalversammlung kann das Recht haben, die politischen und gesellschaftlichen Lebensformen des wiedervereinigten Deutschlands zu bestimmen. Diese können weder durch Auflagen der Sieger des zweiten Weltkrieges, noch durch Vereinbarungen zwischen Bonn und Pankow bestimmt werden. Schließlich hat sich die Auffassung der Opposition nun auch bei den Regierungsparteien durchgesetzt, daß Wiedervereinigung und Sicherheit die zwei Seiten eines und desselben politischen Vorganges sind: Sicherheit ist nicht möglich auf der Grundlage eines gespaltenen Deutschland; die Wiedervereinigung Deutschlands ist nicht möglich, ohne die gleichzeitige Schaffung eines Systems kollektiver Sicherheit, dem außer den westeuropäischen Staaten auch die Sowjetunion und die USA angehören müssen.

In: Generalanzeiger, Bonn, 24. Dezember 1955

Literaturhinweise

Akten zur Vorgeschichte der Bundesrepublik Deutschland 1945 – 1949, Bde. 1 – 5, München/Wien 1976 – 1983

W. Benz / G. Plum / W. Röder, »Einheit der Nation«. Diskussionen und Konzeptionen zur Deutschlandpolitik der großen Parteien seit 1945, Stuttgart 1978

DDR-Handbuch, Wiss. Leitg. P. Ch. Ludz, hrsg. v. BMB, Köln 1979, 2. Aufl.

Geschichte der Bundesrepublik Deutschland. Bd. 1: Th. Eschenburg, Jahre der Besatzung 1945 – 1949, Stuttgart/Wiesbaden 1983. Bd. 2: H.-P. Schwarz, Die Ära Adenauers, Stuttgart/Wiesbaden 1981

A. Hillgruber, Deutsche Geschichte 1945 – 1975. Die »deutsche Frage« in der Weltpolitik, Ullstein-Tb 3851, Frankfurt 1978

Ch. Kleßmann, Die doppelte Staatsgründung. Deutsche Geschichte 1945 – 1955, Göttingen 1982

E. Kosthorst/K. Teppe, Die Teilung Deutschlands und die Entstehung zweier deutscher Staaten, 3 Hefte: Lehrerheft, Materialheft, Arbeitsheft, Paderborn 1976

W. Marienfeld, Das Deutschlandproblem in seiner geschichtlichen Entwicklung, hrsg. v. d. Niedersächsischen Landeszentrale f. Pol. Bild., Hannover 1981

M. Overesch, Deutschland 1945 – 1949. Vorgeschichte und Gründung der Bundesrepublik, Königstein 1979

M. Overesch, Chronik deutscher Zeitgeschichte: Politik – Wirtschaft – Kultur. Bd. 3: Das besetzte Deutschland 1945 – 1949, Düsseldorf 1985

H.-P. Schwarz, Konrad Adenauer. Seine Deutschland- und Außenpolitik 1945 – 1963, dtv-Tb 1151, München 1975

H.-P. Schwarz, Vom Reich zur Bundesrepublik. Deutschland im Widerstreit der außenpolitischen Konzeptionen in den Jahren der Besatzungsherrschaft 1945 – 1949, Stuttgart 1980, 2. Aufl.

R. Steininger, Deutsche Geschichte 1945 – 1961. Darstellung und Dokumente in zwei Bänden, Fischer-Tb 1680, Frankfurt 1983

Th. Vogelsang, Das geteilte Deutschland. dtv-Weltgeschichte des 20. Jahrhunderts, dtv-Tb 4011, München 1980, 10. Aufl.

W. Weidenfeld (Hrsg.), Die Identität der Deutschen, München 1983